Dorothee Sölle

Mutanfälle

Texte zum Umdenken

Deutscher Taschenbuch Verlag

Von Dorothee Sölle
sind im Deutschen Taschenbuch Verlag erschienen:
Gott im Müll (30040)
Atheistisch an Gott glauben (30400)
Es muß doch mehr als alles geben (30480)
Den Himmel erden (30520, zusammen mit Luise Schottroff)

Ungekürzte Ausgabe
Juni 1996
Deutscher Taschenbuch Verlag GmbH & Co. KG, München
© 1993 Hoffmann und Campe Verlag, Hamburg
ISBN 3-455-08531-8
Umschlaggestaltung: Helmut Gebhardt
Umschlagfoto Rückseite: epd-Bild/Niemz
Satz: Alphabeta Gerds GmbH, Hamburg
Druck und Bindung: C. H. Beck'sche Buchdruckerei, Nördlingen
Printed in Germany · ISBN 3-423-30541-X

Inhalt

I. Die Rettung der Utopie

II. Jenseits des Patriarchats

III. Aus dem babylonischen Exil

IV. Die Lehre der Armen

V. Das Eis der Seele spalten

I. Die Rettung der Utopie

Der Vogel Wunschlos fliegt nicht weit

Ein Plädoyer für das utopische Denken

Glauben Sie denn immer noch dran, Kindchen?« fragte mich eine alte jüdische Freundin in den USA. »Sehen Sie, Moses am Sinai, Jesus von Nazareth und Karl Marx aus Trier, das sind drei jüdische Versuche, die Menschheit zu humanisieren . . . Ziemlich vergeblich, scheint mir.« Dieses Bonmot fiel mir wieder ein, als ich auf einer Häuserwand in der früheren DDR den Satz las: »Marx ist tot und Jesus lebt!« Meine alte Freundin hatte die drei Juden aus der Weltgeschichte zusammengestellt, weil sie alle an bestimmten historischen Wendepunkten die Bedingungen für eine gerechtere Gesellschaft formuliert haben: Moses, auf dem Übergang von der nomadischen zur ackerbautreibenden Gesellschaft, benannte die Menschenrechte in der Gestalt der Zehn Gebote; Jesus von Nazareth, unter der Zwangsherrschaft und dem Militarismus des Imperium Romanum lebend, verkündete eine gewaltfreie Ethik, die der Bergpredigt; und Karl Marx unter dem industriellen Kapitalismus gab den alten Hoffnungen der Menschen eine neue Gestalt im wissenschaftlichen Sozialismus. Sind sie alle drei tot? Moses, der »Du sollst nicht morden« als Botschaft des rätselhaften Gottes entzifferte? Jesus mit seiner absurden Idee, die Feinde nicht totzurüsten oder wegzubomben, sondern sie zu lieben? Und Karl Marx, der »alle Verhältnisse, in denen der Mensch ein erniedrigtes, ein verlassenes, ein verächtliches Wesen ist«, umwerfen wollte? Sind sie nicht alle drei tot, weil durchaus unbrauchbar für den Golfkrieg und die Umrüstung der NATO, für den Internationalen Währungsfonds und den Dauerkrieg gegen die Ärmsten? Sind nicht diese jüdischen

Versuche des anderen Lebens im Schalom, der aus Frieden und Gerechtigkeit besteht, endgültig gescheitert?

»Marx ist tot und Jesus lebt« – sollte Karl Marx deswegen tot sein, *weil* Jesus lebt und gesiegt hat? Davon sehe ich leider nicht viel. Ich möchte drei einfache Fragen stellen:
– Wer hat gesiegt?
– Wer hat verloren?
– Wo steht Gott?
Die erste Frage, wer hat eigentlich gesiegt?, wurde mir sehr deutlich, als eine christliche Zeitschrift aus den USA mich in einem Interview fragte: »Einige lesen die gegenwärtigen Ereignisse in Osteuropa und der Sowjetunion als Triumph der Demokratie im besten Sinne, andere sehen sie als Triumph des Kapitalismus und des Individualismus im schlechtesten Sinne. Wie verstehen Sie die Wende?« Mit diesem Entweder-Oder kam ich nicht weiter, ich mußte mich dazu bequemen, einen Begriff in mein Denken aufzunehmen, dem ich bislang ausgewichen war: das ist der des »demokratischen Kapitalismus«, von dem christliche Vordenker der Rechten in den Staaten in schöner Offenheit sprechen. Dieser Begriff scheint mir klarer als der bei uns bevorzugte von der »sozialen Marktwirtschaft«, bei dem ich nie genau weiß, wie weit das Adjektiv »sozial« denn bei Mieten, Grundstückspreisen, Arbeitslosigkeit, medizinischer Versorgung und vielen anderen Fragen wirklich reicht. Ich denke, gesiegt über den bürokratisch-zentralistischen Zwangsapparat haben die beiden genannten Elemente, Demokratie *und* Kapitalismus. Die Menschen haben tatsächlich Bananen *und* Pressefreiheit, Italienreisen *und* Respekt vor den Menschenrechten, freies Unternehmertum *und* Arbeitslosigkeit gewählt. Der staatssozialistische Versuch, eine solidarische Gesellschaft aufzubauen ist gescheitert, übrigens nicht nur für Europa.

Die Ursachen für dieses Scheitern lassen sich an vielen Stellen benennen: eine politische Machtkonzentration ohne Opposition; eine Bürokratie, die die Menschen rechtlos und apathisch machte; die Kommandowirtschaft ohne individuelle Anreize; die Korruption ohne jede demokratische Kontrolle durch die Medien, der extreme Militarismus, der sich –

in der Sowjetunion – auch heute noch selbst beauftragt und selbst bedient. Die Abschaffung des Privateigentums an Produktionsmitteln hat die naturwüchsigen Interessen und Ungleichheiten der Menschen keineswegs beseitigt, sondern sie in anderen Formen der Herrschaft von Menschen über Menschen vervielfacht.

Die staatssozialistische Erziehung führte zu Eigenschaften wie Anpassung, Kriechertum gegen Vorgesetzte und Zynismus den eigenen kritischen Überzeugungen gegenüber. Ein geschichtsphilosophischer Determinismus, der den Untergang des Kapitalismus und den Sieg des Sozialismus als wissenschaftliche Voraussagen behauptete, war von keinem Realitätssinn getrübt; er hat entscheidend mit zur Dogmatisierung bestimmter Denkpositionen beigetragen. Ein falsch verstandener Materialismus nahm die Leiblichkeit des Menschen und unsere Zugehörigkeit zur Natur gerade nicht wahr; die Natur wurde statt dessen als Objekt der Unterwerfung unter die Herrschaft des Menschen angesehen. Daß wir Menschen Natur sind und nicht nur in einem Ausbeuterverhältnis zu den natürlichen Lebensgrundlagen stehen, wurde im östlichen wie im westlichen Denksystem des Industrialismus übersehen.

Der Sieg des demokratischen Kapitalismus über den Staatssozialismus bedeutet allerdings nicht nur Befreiung von Menschen aus verschuldeter und verhängter Abhängigkeit. Dieser Sieg hat schon heute seinen Preis und wird in Zukunft noch schrecklichere Opfer fordern. Ich denke dabei einmal an die schwächsten Glieder der staatssozialistischen Gesellschaft, die durch die bisherige Ordnung einen zwar unzureichenden, aber doch existierenden Schutz ihrer Behausung, ihrer Krankenversorgung, ihrer Arbeitsplätze besaßen. Ich denke an die vielen unqualifizierten, älteren, in unserem System unbrauchbaren Menschen, die von den Betrieben mitgeschleppt wurden. Eine Psychiaterin erzählte mir von ihren genesenden Patienten, die sie nun nicht mehr in die Betriebe schicken kann, weil die Betriebe ja jetzt nur noch eine einzige Aufgabe kennen, nämlich Profit zu machen. Verloren haben viele gerade der Schwächeren, die in dem unproduktiven System eine Nische, einen Schlupfwinkel gefunden hatten zu überleben. Verloren haben die Frauen, die keinen Kindergartenplatz einklagen können und die entlassen werden, weil sie der Kinder wegen manchmal fehlen müssen. Verloren haben auch die älteren Frauen mit den kleinen Renten, wenn die Fahrschein- und Postgebühren sich vervierfachen. Die Feminisierung der Armut ist schon eingeplant.

In einem globalen Kontext haben aber noch ganz andere Gruppen und Völker etwas verloren. Ich meine die noch zwei Drittel, bald drei Viertel der Weltbevölkerung, die zu den Armen gehören. Schon lange hat die marxistische Theorie ihr Augenmerk von dem Industrieproletariat als Hoffnungsträger weg und auf die verelendeten Massen der Dritten Welt gerichtet. Die Wende vom Marxismus zum Neomarxismus, der eben die Welthandelsbeziehungen zur Dritten Welt einbezog, war eine grundlegende Veränderung der marxistischen Theoriebildung.

Mit dem Zusammenbruch des Staatssozialismus ist eine Hoffnung der entrechteten Völker gestorben. Vielleicht sollte ich einschränkend sagen: Das Recht, von einer anderen Lebensweise zu träumen, ist ihnen genomen. Der Kapitalismus braucht keine Angst mehr zu haben, die unterworfenen Völker könnten ein anderes Modell bevorzugen. Sie haben keine Wahl mehr. Daß Kuba in seiner bisherigen Form zugrunde gehen wird, ist nur eine Frage der Zeit. Man mag darüber streiten, ob die Befreiungsbewegungen der Völker der Dritten Welt den östlichen Staatssozialismus angestrebt haben. Sicher war es nicht das Moskauer System von Spitzeln und Arbeitsnormen, von Bürokratie und Militarismus, das sie anzog. Viele von ihnen haben immer wieder betont, daß ihr eigener Weg zur Freiheit ein dritter sein müßte. Nicaragua mit seinem Versuch einer gemischten Wirtschaft und einem Mehrparteiensystem ist sicher auch hierin Vorbild für manche andere Länder gewesen. Aber die Supermacht konnte diese Abweichung vom alleinseligmachenden Weg des freien Unternehmertums nicht tolerieren.

Daß der kapitalistische Weg für die Völker der Dritten Welt Hunger, Elend und wachsende Verschuldung bringt, ist schon lange klar und seit der Schuldenkrise auch von den hartnäckigen Verfechtern demokratisch-kapitalistischer Entwicklung nicht mehr zu leugnen. In den letzten Jahren haben die armen Länder mehr Gelder an die reichen transferiert, als sie an Entwicklungshilfe erhalten haben. Die Frage, die sich aus der Analyse der Dritten Welt ergibt, heißt, ob es denn unter der Alleinherrschaft des Kapitalismus keinerlei Hoffnung mehr für die Verelendeten gibt. Müssen sie die Rolle der Rohstofflieferanten und billigen Arbeitssklaven für immer spielen, müssen sie ihre Länder für Militärbasen und Giftmülldeponien hergeben und ihre Kinder der Prostitution?

Das demokratische Element, das den Kapitalismus in seinen Zentren erträglich, profitabel und – begrenzt – rechtssicher macht, fällt an der Peripherie aus: Die barbarischsten Militärdiktaturen wurden jahrzehntelang von den Supermächten unterstützt, wenn sie nur dem Kapital genügend Privilegien, Macht, Absatzmärkte und Steuervorteile garantierten. Daran hat sich auch durch den Fetisch der freien Wahlen nichts geändert. Es gehört zum Wesen des demokratischen Kapitalismus, daß er auf der Ebene der Welthandelsbeziehungen die demokratische Maske nicht oder nur als gelegentliche Verkleidung braucht.

All das, was die sozialistische Bewegung in Europa in einem über hundertjährigen Kampf dem Kapitalismus abgerungen hat – die Aufhebung der Kinderarbeit, die Lohnfortzahlung im Krankheitsfall, die Verkürzung der Arbeitszeit vom 14-Stunden-Tag auf die 40-Stunden-Woche, die gewerkschaftliche Organisation und der Schutz, den sie hergibt, das Streikrecht und die geringen Formen der Mitbestimmung –, all diese längst selbstverständlichen Leistungen des bei uns in seiner Brutalität gezähmten Kapitalismus fallen innerhalb der Dritten Welt fort. Die Verhältnisse sind dort schlimmer als im Manchester oder Wuppertal des Frühkapitalismus. So haben sich die Probleme des auf der Profitgier der Individuen aufgebauten Wirtschaftssystems heute in die Dritte Welt verlagert.

Der europäische Sozialismus hat nicht dabei versagt, den Kapitalismus zu demokratisieren und zu vermenschlichen.

Versagt hat er beim Versuch, ihn zu ersetzen. Er hat eine historische Rolle bei der Humanisierung des industriellen Systems gespielt, aber diese Rolle war begrenzt. Er hat die Arbeitsverhältnisse in den Industrieländern entscheidend verbessert, aber den Imperialismus und seinen menschheitsfeindlichen Schatten, den Militarismus, hat er nicht einmal angetastet. Wer heute bei uns von sozialer Marktwirtschaft redet, ohne den Todesmarkt, die Rüstungswirtschaft, zu erwähnen, der verschleiert die Realität.

Der Kapitalismus hat über den Staatssozialismus gesiegt und sich als das stabilere, lebenswertere Modell erwiesen. Verloren haben die Armen, das eine Drittel hier und die drei Viertel der ganzen menschlichen Familie. Aber es steht zu befürchten, daß noch jemand Opfer des freien Unternehmertums sein wird, nämlich unsere Mutter, die Erde. Werden die Mechanismen des Marktes die ökologische Katastrophe aufhalten können? Das Zivilisationsmodell des Nordens läßt sich nicht verallgemeinern, es läßt sich auch für die reichen Länder nicht halten. Eine Welt mit drei Milliarden Automobilen, einem Verbrauch von 400 Millionen Tonnen Fleisch, 40 Millionen Gigawattstunden Elektrizität, 12 Milliarden Tonnen Öl pro Jahr ist auf diesem unserem Planeten nicht zu haben. So ist das Versprechen des Kapitalismus, alle an Reichtum und Wohlergehen zu beteiligen, sozial nicht eingelöst, aber auch ökologisch völlig aussichtslos, ohne Zukunft. Hat der Kapitalismus nicht dasselbe Verhältnis zur Natur wie der Staatssozialismus? Er behandelt sie wie Frauen, wie Wilde, wie etwas, das man erforschen und durchdringen, penetrieren muß, um es verfügbar und nutzbar zu machen. Eine andere Vorstellung von Schöpfung als die der Benutzbarkeit hat er nicht.

Der Kapitalismus ist nicht nur zu kritisieren wegen der Ausbeutung, die er der Mehrheit antut, sondern auch wegen der Zerstörung der Wünsche der Menschen. Ich zitiere aus der Bergpredigt: »Rafft keine Reichtümer auf der Erde zusammen. Motten und Würmer werden sie fressen, und die Einbrecher werden sie stehlen. Sammelt Schätze im Himmel: die werden weder Motten und Würmer zerfressen noch die

Einbrecher stehlen! Bedenkt: Wo euer Schatz ist, da ist auch
euer Herz« (Matthäus 6,19–21).

Die Fähigkeit zu wünschen, zu träumen, sich zu sehnen
gehört zum Menschsein. Wir kennen einen anderen Menschen nicht, wenn wir seine Vision nicht kennen. Wir wissen
zuwenig von uns selber, wenn wir nicht wissen, wo der
Schatz, von dem Jesus spricht, liegt. Ich erinnere mich, daß
ich als hungriges Nachkriegskind von Spaghetti träumte.
Meine Wünsche waren auf einen winzigen Punkt reduziert.
Die Unterdrückten im römischen Weltreich nennen ihre
Vision in der Bibel einen »neuen Himmel und eine neue
Erde«. Zwischen diesem kleinen, verkleinerten Wunsch und
den großen Utopien leben wir, fliegt der Vogel, der wir sind.
Eine zentrale Aufgabe des alternativlosen Kapitalismus ist es,
dem Vogel die Flügel zu stutzen, er soll seine Wünsche
umdeuten. Der Mensch muß zum *homo oeconomicus* erst
gemacht werden, der Geldfetisch erst entgrenzt und omnipo-
tent gemacht werden. Ein junger Mann sagte auf seine
Zukunft hin befragt: »Wenn ich mit 30 nicht Millionär bin,
war ich ein Versager und bringe mich um.« So ist der Vogel
wunschlos gemacht worden.

Der Staatssozialismus ist tot, aber der Sozialismus als
Utopie einer solidarischen und schöpfungsangepaßten Gesellschaft wird noch dringend gebraucht. Der von Lenin
bereits entdemokratisierte, von Stalin zum Terrorinstrument
gemachte Staatssozialismus hat keine Chance mehr. Aber die
Armen der Erde sind deswegen nicht verschwunden, und die
Probleme, die eine andere, auf Solidarität gegründete Gesell-
schaftsordnung brauchen, sind mit dem erleuchteten Selbst-
interesse der Aufklärung, auf dem der Kapitalismus ethisch
beruht, nicht gelöst und nicht lösbar.

Wenn wir fragen, wo denn Gott ist in diesen beiden Ideologien, die so lange miteinander gerungen haben, dann ist die
Antwort, die wir so oft hören: »bei den Siegern« schlicht
falsch. Moses nannte solche Antworten Götzendienst, und es
gibt auch unter uns eine Art, das Goldene Kalb anzubeten, als
hätte es die Menschen aus der DDR in die Wiedervereinigung
geführt. Der biblische Gott ist aber nicht dieser phallische

Stier, sondern er hat unwiderruflich die Partei der Armen genommen und fragt uns zuerst danach, wie wir uns zu ihnen verhalten. Zu sagen: »Marx ist tot und Jesus lebt« ist nach meiner christlichen Meinung eine Beleidigung: für Jesus, der schließlich nicht gekommen ist, das kapitalistische System abzusegnen. Sollte sich Jesus freuen, daß Marx tot ist? Diese Art von Konkurrenzdenken finden wir heute am rechten Rand der großen Kirchen, aber dem Jesus, der gekommen ist, die Verelendeten zu befreien, dürfte doch niemand unterstellen, daß er die Anbetung des Mammon für wünschenswert hält. »Niemand kann zwei Herren dienen . . . Ihr könnt nicht Gott und dem Mammon dienen.«

Das Interesse Jesu ist es, daß Menschen dem Willen Gottes gemäß miteinander leben können. Daß sie sich nicht vor Hunger prostituieren müssen, wie die zehn- bis zwanzigtausend Kinder in Manila. Deswegen fragt Jesus heute die Menschen innerhalb des Kapitalismus, wie sie sich zum geringsten ihrer Geschwister verhalten und wie sie den Willen Gottes, der das Leben in Fülle für alle will, verwirklichen. Diese Frage schließt vermutlich einen umfassenderen Begriff von Gerechtigkeit ein als den im Horizont des bisherigen Sozialismus sichtbar gewordenen, aber daß sie das moralische Niveau des Kapitalismus transzendiert und eine andere Wirtschaftsethik fordert, scheint mir unumgänglich.

Der angebliche Tod des Sozialismus bedeutet, daß der Kapitalismus sich als der einzig mögliche Inhalt der menschlichen Existenz bestätigt. Ein für allemal: Der Kapitalismus ist unumgänglich und besitzt – ideologisch gesprochen – auch den Willen, die Hoffnung und die Solidarität in der sozialen Spiritualität jedes menschlichen Wesens zu vernichten. Wo euer Schatz ist, nämlich in der Bank, da ist euer Herz. Das bedeutet, daß im totalen Kapitalismus die Lebenswelt kolonialisiert wird. Die Erde ist eine Kolonie des Kapitalismus geworden. In allen vorindustriellen Gesellschaften war der Mensch nicht ausschließlich als *homo oeconomicus* definiert. Er und sie waren auch das mythenschaffende, sinnstiftende, singende, betende, spielende Wesen Mensch, das jetzt als überflüssig, nicht zweckrational angesehen wird. Die ökonomisch-instrumentelle Vernunft stutzt dem Vogel die Flügel, daß er nicht mehr fliegen kann. Er stürzt in die Falle von arbeiten und konsumieren, er ignoriert die Begrenztheit der Natur ebenso wie die Begrenztheit der materiellen Bedürfnisse. In einer Art Produktionswut – ohne Grenze, ohne Sabbat, ohne Todesbewußtsein – nimmt er die alternativlos gewordene materielle Weltkultur als die einzig mögliche. Jürgen Habermas spricht von der »stumm-alternativlosen Gewalt« unserer Kultur: »Was sich einst in Kolonialherren und Missionaren verkörpert hat, besorgen heute auf anonyme Weise Weltmarkt und Fernsehen alleine, selbst wenn es nicht zur Barbarei einer hochtechnisierten Kriegführung kommt« (Vergangenheit als Zukunft, Zürich 1991, S. 126).

Daß wir uns dieser stumm-alternativlosen Gewalt unterwerfen, ist der spirituelle Tod, indem wir leben: Der Vogel Wunschlos bleibt von selbst im Käfig. Im Fernsehen erscheint dieser Käfig als unbegrenzt, unendlich und allmächtig. Warum sollte der Vogel ihn verlassen wollen? Die Religionen der meisten Völker haben gelehrt, daß wir sterben müssen und daß wir Gottes fähig sind, sie haben emphatisch über unsere Begrenztheit und solidarisch über unsere Entgrenzung gesprochen und beide Grunderfahrungen dramatisiert. Sie gingen nicht von der Reduktion des Menschen unter der ökonomischen Gewalt aus.

Ich habe Angst vor einer rein kapitalistischen Welt, in der die Armen immer ärmer und immer entbehrlicher werden. Bald wird man uns einreden, es sei doch nur gut, wenn sie als Kinder verhungern, sonst vermehrten sie sich ja doch nur. In solchen Denkmustern des Alltags wird der darwinistische Pferdefuß einer angeblich vernünftigen Wirtschaftsordnung sichtbar. Ich habe Angst vor der Begrenzung auf das Machbare, vor dem Verbot, noch einen anderen Welttraum zu haben. Natürlich waren Jesus und seine Freundinnen und Freunde Träumer und Utopisten, das heißt Leute ohne Ort in dieser Welt des systemgewordenen Unrechts und des Elends. Das Utopische nannte der arme kleine Mann aus Nazareth mit einem Wort der jüdischen Tradition »Gerechtigkeit«: »Trachtet am ehesten nach dem Reich Gottes und seiner

Gerechtigkeit, so wird euch alles andere zufallen.« Es gibt Bibelübersetzungen, in denen dieses Wort »Gerechtigkeit« seltener auftaucht, als es dasteht. Kann man nicht auch von Milde, Freundlichkeit, Nettigkeit Gottes reden? Hat Gerechtigkeit nicht diesen leichten Beigeschmack von Kommunismus? Sollte man den Ausdruck nicht schon deswegen besser vermeiden? Schließlich ist Marx doch tot!

Aber ich glaube nicht, daß wir Jesus von seinem jüdischen Hintergrund trennen dürfen und ihn zu einem Privaterlöser für Einzelseelen machen dürfen. Da leuchtete doch noch etwas ganz anderes im Christentum auf, das die Kultur von Geld und Genuß, von Gewalt und Karriere, in der wir leben, empfindlich stört. Der Anspruch an uns selber, wie er im Neuen Testament erscheint, war größer, unsere Sehnsucht reichte weiter. Auch wir inmitten der reichen Welt haben diese Sehnsucht, daß wir nicht auf Kosten anderer Kaffee trinken, Bananen essen, unseren Müll in die armen Länder verschieben, sexuelle Lustobjekte kaufen und verkaufen und an exportierten Waffen und Giftgas reich werden. Auch in uns steckt etwas von dieser Utopie Jesu, daß wir alle, miteinander, den Willen Gottes tun, eine andere Weltwirtschaftsordnung aufbauen als diese mörderische, eine andere Art Frieden suchen als den auf A-, B- und C-Waffen beruhenden. Auch in uns lebt der Wunsch, die Schöpfung des Lebens auf dem kleinen blauen Planeten nicht zugrunde zu richten. Auch in uns steckt »das von Gott«, wie die Quäker sagen, diese Kraft, das Leben zu heiligen und es nicht dem Profit unterzuordnen. Jesus ist gekommen, »das von Gott« in uns wiederaufzuwecken, das will heraus und frei und sichtbar werden.

Die Religionen haben viele verschiedene Namen für Gott, die auf die Frage, wo Gott zu finden sei, antworten. Manche denken in der Stille, in der Einsamkeit des Herzens, in der Versenkung ins kollektive Unbewußte. Aber die biblische Tradition hat den verschiedenen Namen Gottes einen hinzugefügt, der in dieser Strenge und Genauigkeit bei den anderen Religionen selten erscheint. Das ist der Name »Gerechtigkeit«. Sie ist das Herzstück unserer, der jüdischen und christlichen Tradition. Ohne sie kein Gebet, kein Weihrauch, keine

Versenkung. Ohne die Armen keine Nähe zu Gott. Gerechtigkeit ist der Weg zu Gott, den wir finden können. Sie ist der Wille Gottes, ihretwegen spricht die Bibel so unaufhörlich von den Armen und meint, daß der Reichtum, den wir zwischen uns und den Armen aufhäufen, uns auch Gott verstellt und den Weg zu Gott verbaut. Hat Gott denn etwas mit der Wirtschaftsordnung zu tun? Die Bibel meint: ja, und sie ergreift die Partei der Ärmsten.

Wenn wir uns den Traum, daß die Hungrigen satt werden, verbieten lassen, dann haben wir uns von Gott getrennt, jedenfalls von dem der Bibel. Der Kapitalismus verbietet diesen Traum zwar nicht, weil das eine unmoderne Methode ist, aber er sorgt dafür, daß wir ihn vergessen. Wenn das, auch wegen dieser Störelemente wie Jesaja und Jesus, nicht so recht gelingt, so wird eine andere Methode eingesetzt: Der Traum wird lächerlich gemacht.

Die Akzeptanz für Utopien ist geschwunden, der Traum vom täglichen Brot für alle ist nicht auf der Höhe des postmodernen Bewußtseins. Die eintausend Kinder, die jeden Tag allein in Brasilien verhungern, haben keinerlei News-Wert. Vielleicht ist der milde Zynismus unserer Kultur die beste Abschreckung gegen dieses Glauben- und Sich-vorstellen-Können, gegen dieses Hoffen und Träumen von einer größeren Freiheit, gegen dieses Lieben und Handeln, das mehr im Leben sucht als das, was wir schon haben. Aber auch diese Abschreckung wird nicht für alle und gewiß nicht für immer funktionieren: Glaube, Hoffnung und Liebe haben etwas Unausrottbares an sich. Ich kann auch einfach sagen: Sie kommen von Gott. Man mag die Anthropologie des bisherigen Sozialismus kritisieren, weil sie zu optimistisch war. Aber die zynische Anthropologie des real existierenden Kapitalismus ist für das geistbegabte Wesen Mensch schlechterdings unerträglich. Das, was jetzt ist, kann doch nicht alles gewesen sein! In uns rumort eine Transzendenz, die sich nicht abspeisen läßt, und es wird auch einem für einige wirtschaftlich stabilen Kapitalismus nicht gelingen, dieses Rumoren zu ersticken, Gott selber will ja in uns glauben, hoffen und mit der Liebe eins werden.

Eine Erinnerung um der Zukunft willen

Zur Politischen Theologie

Politische Theologie ist ein Begriff, der heute eher in die jüngste Theologiegeschichte als in die Gegenwart gehört. Die vor Jahren unter diesem Titel Angetretenen benutzen das Wort selbst kaum noch; nicht weil es obsolet geworden wäre und einer vermeintlich unpolitischen »rein« religiösen Spiritualität habe weichen müssen, sondern weil andere das, was wir Ausgang der sechziger Jahre mit Politischer Theologie meinten, indessen eindeutiger gesagt haben. Meine Erinnerung an das, was sich unter diesem Stichwort in der westdeutschen Theologie vollzog, zielt auf die immer noch ausstehende, aber theologisch jetzt besser formulierbare Zukunft des damals Gemeinten.

Der Terminus »Politische Theologie« hat in dem gesellschaftlichen Aufbruch am Ende der sechziger Jahre, der für eine kurze Zeit die Verkrustungen und Verschleierungen einer den eigenen Verbrechen gegenüber blinden Gesellschaft bloßlegte, eine Rolle gespielt. Er wurde getragen und gefüllt von einer Generation von Theologen und Theologinnen, deren innere Zusammengehörigkeit mir erst im Rückblick ganz deutlich wird. 1964 veröffentlichte Jürgen Moltmann seine »Theologie der Hoffnung«, 1968 erschien »Zur Theologie der Welt« von Johann Baptist Metz und 1971 meine »Politische Theologie«. Ich nenne diese drei hier zusammen, weil sie – trotz verschiedener Herkünfte und Realerfahrungen – einige essentielle Gemeinsamkeiten haben. Jürgen Moltmann stammt aus der norddeutschen reformierten Tradition, die immer schon ein weltläufigeres, politisch waches, den Untertanentraditionen des deutschen Luthertums entgegengesetztes Bewußtsein hatte; seine Wirkung ist über den deutschen Protestantismus hinaus in der Ökumene am stärksten gewesen. Johann Baptist Metz, der nach eigener Äußerung aus einer »erzkatholischen bayrischen Kleinstadt«, gleichsam aus dem Mittelalter kommt, wird von der Hierarchie seiner Kirche mit Mißtrauen beobachtet und gelegentlich massiv unterdrückt. Ich stamme aus einem nicht sonderlich christlichen Bildungsbürgertum, habe aber wegen des kleinen Unterschieds, als Frau also, im Sexismus der westdeutschen Universitätstheologie keinen Fuß auf den Boden dieser Institutionen bekommen können.

Aber sehr viel wichtiger als diese verschiedenen Orte, an denen wir zu kämpfen und zu leiden hatten, scheinen mir heute die Gemeinsamkeiten einer theologischen Generation, die von den ihr vorgegebenen, wenn auch keineswegs von allen ergriffenen Voraussetzungen aus, Theologie nicht anders als politische Theologie betreiben konnte. Ich will hier einige Punkte dieser Generationszusammengehörigkeit nennen.

Der erste und existentiell notwendige Punkt ist mit dem Stichwort »Auschwitz und kein Ende« angegeben. Deutsche zu sein in der zweiten Hälfte dieses Jahrhunderts hat eine spezifische, Konfessionsgrenzen sprengende Bedeutung. Es mag biographisch auf sehr verschiedene Weisen geschehen sein, aber jedenfalls hatten die drei hier stellvertretend für viele genannten keine Wahl, dem historischen Thema, dem größten Unheil der deutschen Geschichte nach dem Dreißigjährigen Krieg, auszuweichen oder es zu einem Theologieirrelevanten Thema zu machen.

Wie konnte das, was geschehen war, mitten in einem christlich sozialisierten Volk geschehen? Was war falsch an einer Theologie, die die Menschen kaum zu Erkenntnis der Lage und fast nie zum Widerstand gegen den deutschen Faschismus befähigt hat? Welche theologischen Konsequenzen waren aus dem Ereignis zu ziehen? Wie sollte unsere Beziehung zum Judentum sein? Wie überwinden wir den so tief in uns steckenden christlichen Antijudaismus?

Es gab allerdings in diesem historischen Kontext noch ein

zweites zu lernen, das, wir mir scheint, gerade für die deutsche Theologie der letzten zwanzig Jahre charakteristisch ist. Politische Theologie beginnt nämlich mit einem anderen Verständnis von Sünde, als die herkömmlich individualisierende und abstrakte Theologie es vermitteln kann. Angesichts von Auschwitz – und der indirekten oder direkten, zulassenden oder befördernden Mittäterschaft eines Volkes – befördert ein theologischer Begriff von Sünde, der sich an der Onanie oder der Lüge den Eltern gegenüber abarbeitet, eine unglaubliche Verrohung und Verleugnung. Wir hatten ja – schlicht aufgrund unserer Geburtsdaten – eine historische Situation vor Augen, die das Christentum entweder als vollständig irrelevant zu einer bloßen bourgeoisen Farce deklarierte oder es eben – mit Dietrich Bonhoeffer, mit Reinhold Schneider, mit Franz Jägerstetter – ernst nahm in einem Sinn, der über die in den Universitäten gelehrte Theologie hinausgehen mußte. Wenn man überhaupt versuchte, als Deutsche weiterzuleben und nicht wie Oskar, der Trommler, einer unserer anderen Generationsgenossen vorzog, mit drei Jahren das Wachsen einzustellen, dann mußte die Frage nach Schuld und Sünde anders, radikaler, verantwortlicher gedacht werden.

Das zweite wesentliche Moment, das ich als konstitutiv ansehe, ist mit dem Stichwort Vietnam angegeben. Der Vernichtungskrieg gegen die Reisbauern dieses kleinen Landes hat uns alle in einen Lernprozeß versetzt, der sich dann in Begriffen wie »Dritte Welt« oder »Dependenztheorie« niederschlug. Vietnam bedeutete, jedenfalls für mich, daß Auschwitz nicht mit Auschwitz zu Ende war. Natürlich waren wir schon vorher kritisch gegen die Bundesrepublik, ihre Wiederbewaffnung, ihre Kommunistenverfolgung, ihre Integration der Nazis gewesen. Aber Vietnam hatte eine andere Qualität. Ich erinnere mich, wie wir in Köln im Ökumenischen Arbeitskreis, aus dem dann später das Politische Nachtgebet hervorging, die Frage diskutierten: Wäre es dir möglich, das Abendmahl zusammen mit Kardinal Spellman (dem römisch-katholischen Befürworter der Bombeneinsätze über Vietnam) zu feiern? Heute frage ich mich manchmal: Hatten wir denn überhaupt eine Wahl, unsere

Theologie und – was wichtiger ist – unser Gewissen zu politisieren? Bestand denn überhaupt die Möglichkeit, in der Scheinwelt eines vorpolitischen Christentums zu denken, zu leben, zu beten? Es war doch gar nicht so, daß wir die Theologie »politisiert« hätten, sondern unsere Erfahrung, unser Alltag, unser Fernsehen, unsere Unterstützung der Supermacht waren politische Daten, die nach theologischer Deutung nur so schrien!

Das liberal-kapitalistische Modell der »Entwicklung« der Dritten Welt brach vor unseren Augen zusammen. Wir lernten die Dependenztheorie verstehen, das Verbrechen der Reichen, die sich auf Kosten der Armen bereichern. Eine Theologie, die stumm bliebe zur Situation der Opfer, die sich überparteilich wähnte, könnte weder Hoffnung noch Liebe für die Mehrheit der menschlichen Familie artikulieren; sollte sie denn in ihrer ahistorischen Weise »den Glauben« benennen können?! Wer sollten denn die Hungrigen und Durstigen, die Kranken und Gefangenen, von denen Matthäus 25 spricht, sein?

Wir brauchten eine andere Theologie als die, die Ökonomie und Politik weitgehend ignorierte, und so entwickelten wir sie, entsprechend den sehr verschiedenen Herkünften unseres theologischen Denkens, aus Karl Barth, aus Karl Rahner, aus Rudolf Bultmann. Wir versuchten, die Ansätze der verschiedenen Traditionen produktiv zu machen; andere theologische Ansätze, wie zum Beispiel die Paul Tillichs und des religiösen Sozialismus, sind kaum in relevante politische Theologien überführt worden. Eine der gegenwärtig interessantesten Entwicklungen ist die Politisierung einiger radikaler Evangelikaler, wie beispielsweise die »Sojourners« in Washington.

Die Politische Theologie der sechziger Jahre enthielt Anknüpfung und Widerspruch zu dem, was früher gedacht wurde. Ohne Geschichtsbewußtsein (das die existenzphilosophische »Geschichtlichkeit« aufgriff und entbürgerlichte) und ohne Gesellschaftsanalyse war Theologie für uns unmöglich geworden.

Der dritte und vielleicht wichtigste Faktor der Gemeinsamkeit war der reichlich spät begonnene christlich-marxistische Dialog. Vielleicht hatten wir trotz der sehr verschiedenen Väter noch einen Vater gemeinsam, einen, der den »Sozialismus mit menschlichem Gesicht« vorgedacht und als Erbe der utopischen Bewegungen wiederentdeckt hatte: Ernst Bloch. Es ist wohl kein Zufall, daß Bloch nach seiner Umsiedlung von Leipzig nach Tübingen als wichtigste Gesprächspartner im Westen die Theologen fand, in beiden großen Konfessionen; er hat sich darüber gelegentlich, auch mir gegenüber, beklagt, wenn auch nicht bitter. Vielleicht vermißte er die innermarxistische Diskussion, die schon gestorben war, während seine wahre, lebensschaffende Bedeutung für die entstehende Politische Theologie gar nicht zu überschätzen ist.

Von und mit Bloch lernten wir, Theologie dem Ideologieverdacht des Marxismus zu unterziehen – und die drei »Meister des Verdachts«, wie Paul Ricoeur Marx, Freud und Nietzsche nannte, standen bei dem neu zu entwickelnden hermeneutischen Modell Pate. Einem oberflächlichen Beobachter mochte es scheinen, als hätten wir uns Marx und dem Marxismus auf Gedeih und Verderb unterworfen; in Wirklichkeit waren wir zu keinem Zeitpunkt die »nützlichen Idioten« des Weltkommunismus. Was wir versuchten, läßt sich mit guten Gründen als eine Instrumentalisierung des Marxismus im Interesse des Evangeliums beschreiben.

In diesem Kontext wird die Frage nach der heutigen Bedeutung von Politischer Theologie erst recht notwendig. Hat sich die Politische Theologie erübrigt? Befindet sie sich in einer Krise, sowohl innerkirchlich als auch und erst recht innergesellschaftlich? War der hermeneutische Ansatz innerhalb der Gesellschaftsanalyse und innerhalb der spezifischen historischen Situation falsch oder doch überzogen? Ich möchte zu diesem Fragenkomplex zwei Reflexionsschritte beisteuern, der erste ist affirmativ, der zweite selbstkritisch.

Nach meiner Beobachtung ist es nicht korrekt, sondern überpessimistisch, wenn wir die Politische Theologie auf dem Rückzug wähnen. Was mitunter so erscheint, ist eher eine gewisse, breiter gewordene christliche Selbstverständigung, die den christlichen Glauben und seine Praxis jedenfalls nicht entpolitisiert und individualistisch begreift. Ich vermute, daß die politische Theologie für die Erziehung des Volkes Gottes mindestens das geleistet hat, daß bestimmte Fragen wie die nach der Weltwirtschaftskrise, der Überschuldung der Zweidrittel-Welt, nach dem Hunger und nach dem Frieden mit den Nachbarn, aber auch mit unserer Mutter Erde, einfach nicht mehr religiös zum Schweigen gebracht werden können.

Selbst die, die massiv von ihnen abzulenken versuchen, müssen sich ihnen stellen. Es mag sein, daß es kein Konzil über den Frieden geben wird, aber daß es einen konziliaren Prozeß gibt zu Frieden, Gerechtigkeit und Bewahrung der Schöpfung, das läßt sich nicht aus der Welt reglementieren. Die Verschiebung der Hoffnung von einem »Konzil«, wie es Carl Friedrich von Weizsäcker vorschlug (also der Versammlung von fünfhundert bis tausend weißen Männern über fünfzig), zum »konziliaren Prozeß«, an dem das ganze Volk Gottes beteiligt ist und seinen Glauben gerade an den genannten zentralen Inhalten artikuliert, ist ein Zeichen der Hoffnung.

Natürlich gibt es – gerade innerhalb der akademischen Theologie – viele Rückschläge, Denkverbote, erzwungene Curricula, die der Entpolitisierung dienen sollen. Aber der geistige Prozeß, der unter den Frauen, bei den Freundinnen und Freunden der Erde und innerhalb der Friedens- und Solidaritätsbewegungen spielt, läßt sich nicht mehr zurücknehmen. Politische Theologie ist – zugegeben verbreitert, vergröbert, verflacht, wie es eben bei Massenprozessen notwendig ist – längst in das allgemeine Bewußtsein übergegangen. Daß die Friedensbewegung in Westdeutschland ihren ersten größeren Durchbruch zur Öffentlichkeit auf einem Evangelischen Kirchentag fand (Hamburg 1981), ist kein Zufall, und ich möchte mit einem gewissen Stolz und einer ruhigen Selbstgewißheit sagen, daß wir – obwohl unnütze Knechte und Mägde – doch nicht ganz umsonst gearbeitet haben.

Früchte der Politischen Theologie sind gereift, einiges vom Gesäten ist aufgegangen. Die Theologie ist den Herrschenden heute nicht mehr ganz so zu Diensten wie gehabt. Das gilt sicher für den westdeutschen Protestantismus, der ohne seine Kirchentage nicht gedacht werden kann, aber auch für den Welt-Katholizismus, wenn auch regional sehr verschieden. Die Äußerungen des nordamerikanischen Episkopats zu Frieden und Ökonomie belegen diese These.

Meine zweite Reflexion ist eher selbstkritisch und bezieht sich auf den Begriff einer Politischen Theologie – ein Ausdruck, den ich kaum mehr benutze. Einmal wegen der ihm innewohnenden Unklarheit und Mißbräuchlichkeit, die ihm innerhalb der deutschen Diskussion aufgrund der Herkunft von Carl Schmitt anhaftet. Ich habe mich später manchmal gefragt, warum wir, zumindest eine Zeitlang, auf diesem Begriff hockten und warum uns nichts Besseres, nichts Klareres einfiel. Der Begriff war zu vorsichtig, zu formal und zu mehrdeutig, wenn er auch für uns in der Ersten Welt einen Anfang bedeutete. War da nicht immer noch ein falsches Wissenschaftsideal von Neutralität, Unparteilichkeit, Distanz zur Realitätserfahrung im Spiel? Wenn es stimmt, daß wir ein neues Verständnis von Wahrheit artikulierten, das die Praxis des Glaubens als das erste, die theologische Reflexion als zweiten Schritt begriff – wo war dann unsere Praxis? Wie sah der Schritt, der aus der bloßen Erkenntnis zum Lebensvollzug führen sollte, denn aus? Welche Formen von Praxis hatten wir denn anzubieten? Meine Erfahrung und Auseinandersetzung um Politische Theologie wäre nicht denkbar ohne die Praxis der Politischen Nachtgebete in Köln (von 1968 bis 1972). Die Auseinandersetzung in dieser ökumenischen Gruppe, unsere kirchenamtlichen Schwierigkeiten und unsere ökumenischen Verschwisterungen wurden ein wesentlicher Teil der Politischen Theologie, die wir suchten.

Ich erinnere mich genau an den Tag, als ich den Ausdruck »Theologie der Befreiung« zum ersten Mal hörte. Es fiel mir wie Schuppen von den Augen; alles, was mich am Terminus »Politische Theologie« gestört hatte, was mich unbefriedigt ließ, war mit einem Mal abgefallen. Die teologia de liberación ist eines der großen Geschenke, die wir in der Ersten Welt von der Dritten Welt erhalten.

28

In der Tat sind die Armen die Lehrer! Wir lernen von ihnen. Ich habe nie ganz verstanden, warum manche männliche Theologen das Verhältnis zwischen Politischer und Befreiungs-Theologie immer unter Konkurrenzgesichtspunkten betrachten mußten. Ich halte das Bedürfnis nach stets erneuerter Abgrenzung für eine akademische Krankheit. Meine Erfahrung ist ganz anders: Wir suchten, wir experimentierten mit dem Gottesdienst, mit der Praxis der Arbeitsgruppen, die aus den Nachtgebeten entstanden, wir versuchten das Beten neu zu lernen – und hörten von denen, die in einer ganz anderen historischen Praxis lebten, die viel weiter als wir waren, weil ihre Unterdrückung eindeutiger und nicht durch einen hohen Grad von Konsum verschleiert war. Die Armen evangelisierten uns, wie sie es mit Mittelklassechristen der Dritten Welt tun.

Ich denke hier an ein Gespräch, das ich im Januar 1987 mit Medardo Gomez, lutherischer Bischof in San Salvador, führte. Medardo sagte: »Wir sind von Grund auf verwandelt worden. Das Wichtigste, was ich von den Leuten gelernt habe, einfach indem ich mit ihnen lebe, ist ein ökumenischer Geist und ein spirituelles Wachsen. Selig seid ihr, weil ihr verfolgt werdet. Ungerecht zu leiden ist ein Erlebnis von Glück und Freude, eine in Worten gar nicht benennbare Erfahrung. Man leidet dafür, daß man Gutes tun will. Die zehn Aussätzigen im Evangelium kommen zusammen an einen Punkt, wo sie verlassen und isoliert sind. Der Glaube kann nicht im einzelnen wachsen, und so kamen sie zusammen, die zehn; der Schmerz vereinte sie – und die Hoffnung. Dieser Glaube und dieses Vertrauen wäre in einem von ihnen allein nie entstanden. Sie schlossen sich zusammen, sie verbrachten Jahre in der Wüste – und nur durch die gegenseitige Hilfe kamen sie dorthin, wohin sie sich so sehr gesehnt hatten. Es gibt eine Wechselwirkung zwischen Gott und denen, die am meisten leiden. Die am meisten leiden haben eine ›spezielle Option für Gott‹; eine Seele, die sucht und deswegen nah bei Gott ist.«

Die Sowohl-als-auch-Falle

Über postmoderne Toleranz

Das Telefon klingelt, eine Frau erzählt mir, daß sie von einer Frankfurter Kirchengemeinde eine Umfrage über Religion machen. »Angenommen, Sie treffen einen Mann in guter Position, erfolgreich, gesund, zufrieden, schönes Familienleben usw., der Atheist ist. Was würden Sie ihm sagen?« Ich antworte: Ihnen fehlt etwas. »Was wäre das?« Antwort: Der Hunger und der Durst nach dem Reich Gottes. Sie wendet ein: »Er hat doch keinen Hunger.« Ich antworte: Das ist es ja gerade. Er hat sich den Bauch mit anderen Sachen vollgeschlagen. »Werfen Sie ihm das vor?« Natürlich! sage ich. Er meint, Gott sei überflüssig. »Sie sind intolerant«, sagt die Stimme am Telefon. Ich frage, etwas verwirrt: Wollten Sie über Toleranz mit mir diskutieren? Ich dachte, über Glauben. »Aber Sie lehnen den Mann ab«, bekomme ich zu hören. Ich versuche es noch einmal: Weil er Gott nicht liebt, stottere ich. Ich wünsche ihn mir anders. Die Antwort kommt prompt. »Sehen Sie, wie intolerant Sie sind!« Ich lege den Hörer auf.

Über dieses mißlungene Gespräch habe ich länger nachgedacht. Der einzige Wert, so kam es mir vor, der wichtig und unantastbar ist, ist der der Toleranz. Die größte Sünde ist es, einen anderen auszugrenzen oder auszuschließen. Maßstäbe, nach denen man einen anderen Ansatz als falsch oder gefährlich oder selbstzerstörerisch beurteilen könnte, gibt es nicht. Das Entweder-Oder von Glauben oder Unglauben soll dem Sowohl-als-auch weichen. Wir müssen gar nicht zwischen verschiedenen Optionen wählen, sondern sie nur nebeneinander bestehen lassen, es ist schließlich alles möglich. Eine Auseinandersetzung soll eigentlich gar nicht stattfinden, sie ist überflüssig. *Anything goes.* Der Begriff der Toleranz hat eine ungeheure Ausdehnung erfahren, als sei es möglich, mit seiner Hilfe alle Konflikte und Schwierigkeiten zu lösen und alle konfrontativen Gegeneinander durch friedliche Nebeneinander zu ersetzen.

Himbeer- und Vanilleeis schließen sich doch auch nicht aus, warum sollte dann ein Unterschied bestehen zwischen einer Firma, die Giftgas produziert und exportiert, und einer, die Kinderbettchen herstellt!

Die Kultur, die alles wie Himbeer- oder Vanilleeis behandelt, wird gern als »postmodern« bezeichnet, sie hat ihre Hochformen in einer neuen Philosophie und ihre Billigformen im Alltag; das protokollierte Telefongespräch gehört zu den Platitüden der Postmoderne. Ich habe allerdings den Eindruck, daß die Philosophie nicht voranweisend oder prägend, sondern eher ein gescheiter Abklatsch der Mentalität ist, die sich in den letzten zehn Jahren in den Überflußgesellschaften langsam entwickelt hat. Sie führt nicht, sondern spiegelt, was immer mehr Menschen zu denken scheinen. Sie sagen Toleranz, aber es ist eine Toleranz, die den Markt als Vorbild hat, auf dem ja auch alles möglich ist, wenn es denn gekauft wird. Eine Streitkultur, die eine Form der Wahrheitssuche wäre, wird nicht gebraucht; ein Dialog, in dem beide Partner überzeugen wollen und sich selber verändern lassen, ist überflüssig.

Ich möchte den klassischen aufklärerischen Begriff der Toleranz unterscheiden von seiner postmodernen Füllung. Im Denken der Aufklärung (zum Beispiel Lessings) ist die Wahrheit als existierend angenommen, wenn sie auch in verschiedenen Gestalten erscheinen kann oder auch verschleiert bleibt. Die Lebensbewegung jedenfalls der Freunde der Weisheit, der Philosophierenden, ist die Suche nach der Wahrheit, die aber nur »praktisch« (im Kantischen Sinne) und annäherungsweise (approximativ) gelingen kann. Toleranz ist die Folge dieser existentiellen Wahrheitssuche, sie muß immer wieder den feisten Wahrheitsbesitzern oder Fundamentalisten abgerungen werden.

Die Postmoderne dagegen definiert sich selber als »radikalen Pluralismus«. Sie spricht vom »unüberschreitbaren Recht hochgradig differenzierter Wissensformen, Lebensentwürfe, Handlungsmuster«. In meiner Heimatsprache, dem Kölschen, heißt das simpel: »Jede Jeck is anders.« Die Kölner nehmen mit guten Gründen an, daß alle Menschen Jecke sind, zumindest zuzeiten. Die Philosophen sprechen von den unterschiedlichen »Diskurs-Arten« (Lyotard) und Sprachspielen; Diskurs nennt man das Grundschema der Weltdeutung. Das Entscheidende in der Postmoderne ist, daß ein Meisterdiskurs *nicht* existiert: es gibt keine Welterklärung, die von allen angenommen wird.

Die Anerkennung von Individualität und Andersartigkeit ist nicht eingebunden in gemeinsame Werte, die für alle gelten könnten. François Lyotard benutzt das Beispiel des Auschwitzprozesses, bei dem Opfer und Täter »verschiedenartige Diskurse« gebrauchen. Der »Widerstreit« (Titel seines Hauptwerks) zwischen dem SS-Mann und seinen Opfern muß unauflösbar stehenbleiben. Jeder hat eben seinen Diskurs, und wenn ich – aufgrund der jüdischen und christlichen Denkart – die Partei der Opfer ergreife, so bin ich schon an der Grenze zur Intoleranz! Ethik ist in dieser Philosophie nur eine der vielen Erzählungen, die zu glauben man uns gelehrt hat. Radikale Pluralität löst ihre Forderungen und Ansprüche auf. Deswegen konnte die Frau am Telefon mit meinem altmodischen Hunger und Durst nach dem Reich Gottes überhaupt nichts anfangen. Einige haben eben Hunger, andere sind halt satt, schien sie mir zu sagen. Die Selbstzufriedenheit des erfolgreichen Atheismus ist für sie normal und unbefragbar. Was Karl Rahner einmal den »Schmerz der Transzendenz« genannt hat, darf nicht bemerkt werden, weil es die Beliebigkeit stören könnte.

Jeder Diskurs hat das gleiche Recht, folglich erscheinen in der Postmoderne »Wahrheit, Gerechtigkeit, Menschlichkeit im Plural« (Welsch). Jede bestimmte geschichtliche Gestalt von Rationalität, die auf der Ausgrenzung des Heterogenen beruht, ist totalitär. Bejaht wird eine nichttotalitäre Totalität der radikalen Pluralität, oft »Toleranz« genannt. *Anything goes*, alles ist möglich, war zunächst für die Ästhetik gemeint, der moralische Imperativ, der daraus folgt, geht aber viel weiter; *keep your options open*, lege dich nie fest, es ist jederzeit auch anders möglich . . .

Macht auf der einen und Recht auf der anderen Seite scheinen im ganzen Diskurs des radikalen Pluralismus abwesend. Als könne jeder friedlich auf dem Markt sein Vanilleeis verkaufen, wenn er oder sie nur wolle! Das freie, flexibel seine Optionen offenhaltende Individuum ist in diesem Denken, das keine Absolutheiten anerkennt, als absolut vorausgesetzt. Es ist, als sei der flotte, tüchtige, gesunde, ungebundene, junge Mann das einzige Wesen, das diese Erde bewohnt. Gemeinsamkeit, gemeinschaftliche Organisation des Lebens, gar Solidarität mit den Nicht-so-Tüchtigen ist nicht gefragt, sie wird als das Hobby einiger Spezialisten angesehen.

Ökonomie, Politik, Sexualität, Ethik, ja alle Lebensformen, auch Religion, werden im Rahmen der postmodernen Beliebigkeit einer umfassenden neuartigen Ästhetisierung unterworfen. Die Wertfreiheit und der religiöse Pluralismus führen zu einer Haltung, in der Auswahl, Akzentuierung und Emphase allein den ästhetischen Geschmacksurteilen folgen. »*Does it feel good?*« wird zur Leitfrage, die aus dem *anything goes* folgt. Die totale Toleranz duldet alles, nur nicht eine Vorwegnahme der Zukunft, einen »Vorschein« von Freiheit, eine gemeinsame Hoffnung und Anstrengung für unsere Luft und unser Wasser, für die Kinder, die nach uns leben sollen. Es stimmt eben nicht, daß »alles« geht. Jedenfalls nicht auf diesem kleinen Planeten, von dem wir nur einen haben.

Wider den Luxus der Hoffnungslosigkeit

Die Kritik am Zuschauen

Eine Gruppe von Studenten analysierte die Folgen der Arbeitslosigkeit, sie sprach über den Verlust des Zeitgefühls, über die Störungen in den Beziehungen, über die Bedrohung des Selbstwertgefühls und über die materielle Verelendung. An der Tagung nahmen auch Arbeitslose teil, sie wurden immer unruhiger bei den Beschreibungen. Schließlich platzte einer los: »*Wir* sind schon arbeitslos. *Wir* können uns so viel Hoffnungslosigkeit nicht mehr leisten.«

Die Opfer ärgerten sich über die, die sie als bloße Zuschauer ihrer Verelendung ansahen. Die Betroffenen kritisierten die Reflektierenden. Und in der Tat: Die Beschreibung des Elends samt Erkenntnis seiner Ursachen ist unzureichend. Sie ist eine andere Art von Luxus, an dem wir ersticken, vielleicht ein Luxus der Linken, an die sich diese »Predigt« richtet . . .

Die nicaraguanische Schriftstellerin Gioconda Belli sagte auf einer Konferenz in Loccum, als sie mit der europäischen Hoffnungslosigkeit konfrontiert wurde, diese Art von Luxus könne sich in Nicaragua niemand leisten.

Wir aber können. Es gibt eine Selbstlähmung in Ratlosigkeit, manchmal denke ich, kein Kaninchen sitzt so vor der Schlange wie wir. Alle wissen oder können wissen, daß das System des fortgeschrittensten Industrialismus nur für eine kleine Minderheit funktionieren kann, nicht für alle Erdenbewohner. Die siegreiche *New World Order* hat weder ökonomisch noch ökologisch ein Menschheitsmodell. Nicht die Armut soll bekämpft werden, sondern die Armen. Sie sind »expendable« geworden, nicht einmal als Konsumidioten lassen sie sich verwenden. Und nicht die Erde soll bestehen bleiben, sondern die Produktionsziffern werden nach wie vor als das Nonplusultra der ökonomischen Vernunft ausgegeben.

»Wir erzählen immer nur das Kaputte«, sagte eine Studentin. »Ich kann das nicht mehr hören! Wir sind vollkommen widerspruchsfrei in unserm negativen Triumphalismus!« Die Rezitation der Zukunftslosigkeit hat genug Gründe für sich und wird doch häufig (ich erlebe das auch) als verfeinerter Zynismus empfunden. Es gibt eine negative Genüßlichkeit, die sich darin ausruht, das gegenwärtige und zukünftige Unglück zur Sprache zu bringen. Selbstbeschreibungen sind ja nicht folgenlos, sie sind immer auch eine Prophetie, deren Voraussagen eintreffen werden, weil sie gemacht worden sind. Wir beschreiben uns als handlungsunfähig und sind in unserer Phantasie schon getötet. Das erzwungene Einverständnis mit dem Unglück macht uns zu Zuschauern.

In Lateinamerika habe ich oft in Gesprächen mit Favelafrauen empfunden: Es stimmt etwas nicht mit unserem Wissen. Diese Art von Wahrheit – über den IWF und die Chicago Boys, die dafür sorgen, daß Schulen und Krankenhäuser in der Elendswelt verfallen, über die Ursachen des voraussagbaren Scheiterns der Umweltkonferenz in Rio, über die Leute in Bonn, die ohne den Jäger 90 nicht leben können – alles notwendige Erkenntnisse, und doch fehlt dieser Art von Wahrheit das, was Wahrheit nach dem Johannesevangelium mit uns tut: Sie macht nicht frei. So ist auch unser Wissen differenzierter, umfassender denn je – und doch nicht, was Wissen sein soll und in der Tradition der Arbeiterbewegung lange war: Macht.

Es gibt die Dauergeste des Entlarvens und Demaskierens, es gibt eine ungetrübte, undialektische und rißlose Darstellung der Welt als verfaulender. Wie Staatsanwälte treten wir auf gegen alle Geschichte und alle Realisationen von Freiheit. Aber von diesen Gesten läßt sich nicht leben. Wenn ich der Welt täglich nachweise, daß man nicht in ihr leben kann, so kann ich in ihr auch nicht lieben, nicht arbeiten und auf die Dauer auch nicht kämpfen. Die Ermattung vieler kritischer

Menschen in den letzten Jahren, die sich heute dem Selbstmitleid und der psychologischen Selbstpflege verschrieben haben, beweist das. Wo sind sie geblieben, diese Freunde? Die Hoffnungslosigkeit hat sie erstickt.

Und so stehen wir wie Zuschauer am Karfreitag dabei, etwas entfernt, aber doch so, daß wir die Schreie noch hören und den Gestank, den Gefolterte verbreiten, noch riechen können. Was an dieser Zuschauerposition so unerträglich ist, ist die Bürde eines Wissens, das jede Qualität von Befreiung, Hoffnung, Veränderung verloren hat. Es ist weithin zum Todeswissen geworden. Es dient dazu, die Aussichtslosigkeit noch einmal zu demonstrieren. Je intelligenter, desto hoffnungsloser.

Die wirklich zu leistende Arbeit wäre, einen Zwiespalt in die eigene Hoffnungslosigkeit zu treiben. Sich selber in den Unglücksrezitativen zu zementieren, ist die Sprache des Unglaubens. Christus hat nicht die Bewegungslosigkeit des Gelähmten beschrieben, nicht die Blindheit der Blinden erklärt. Der andere Blick, der »sie wird aufrecht gehen«, »er wird sehen«, behauptet gegen den Augenschein, ist die Voraussetzung der Heilung.

Es geht dabei nicht darum, irgendeinen Optimismus oder gar Magie gegen die massenmörderischen Tendenzen der Weltpolitik zu setzen. Das können wir den derzeit Regierenden überlassen. Wir brauchen einen längeren Atem, um widerstandsfähig zu bleiben. In Lateinamerika habe ich Hoffnung oft bei den an der Basis Arbeitenden gefunden, deren Überblick geringer, deren Analyse einfacher, deren Handlungsradius begrenzter war. Ist es denn leichter, Hoffnung zu haben, wenn sie konkreter und begrenzter ist? Daß Marias zweites Kind nicht auch an Austrocknung sterbe, daß der Wassermarsch nur mit Tränengas, nicht mit Gewehrsalven in die Menge beantwortet werde, daß es gelinge, den einen nicht bestochenen Richter in der Stadt zu finden, sind solche geringen, auf das tägliche Brot zum Überleben bezogenen Hoffnungen. Aus der Perspektive der Armen betrachtet, ist die Hoffnungslosigkeit, die wir uns leisten, eine Art von Luxus für die, die nicht in die Kämpfe verwickelt sind.

Und so nährt sich unser Zweifel an der unbezweifelbaren Macht des »Immer größer – immer schneller – immer brutaler« von den nicht voraussagbaren Geschichten der Hoffnung, die es auch bei uns zulande gibt. Ich nenne ein paar, die mich trösten und die mir helfen. In Göttingen haben die Schulkinder angefangen, ihre Stadt »dosenfrei« zu machen, weil sie keine Lollis brauchen, sondern Luft zum Atmen. In Saarbrücken unterstützt die Stadt Solarzellen und den Umstieg auf eine andere Art von Energieversorgung. Bei Dresden versuchen Leute, das gigantische Autobahnprojekt aufzuhalten. Lebensmittelketten verkaufen Kaffee zu einem gerechten Preis für die Kleinbauern. All dies widerspricht und widersteht dem über uns herrschenden Götzen, der zur Zeit »Markt« genannt wird. In all diesen und vielen anderen Geschichten zuckt das Leben und steht auf: Die Wahrheit über die Luft, die wir atmen, und den Kaffee, den wir trinken, hat durchaus diese Qualität, uns freizumachen von dem Projekt des Todes, das uns mitschleift. Auch der Stein auf unserem Grab liegt nicht für ewig.

»Warum wollt ihr denn sterben?«

Das römische System und die Theologie der Befreiung

Was mich am meisten an der gegenwärtigen Leitung der römischen Kirche empört, ist die Art, in der sie mit denen umgeht, die die christliche Botschaft am glaubwürdigsten leben und die zugleich die Kirche, verstanden als die »Braut Christi«, die dazu berufen ist zu dienen, nicht zu herrschen, am innigsten lieben. Was mich empört, ist der Verrat an den Armen und allen, die auf ihrer Seite sind – Franz von Assisi und Elisabeth von Thüringen eingeschlossen.

Ich denke jetzt an die »Wolke der Zeugen«, die versuchen, dem Evangelium gemäß zu leben, wie zum Beispiel Dom Helder Camara, der seinen erzbischöflichen Palast den Obdachlosen zur Verfügung stellte, an die Tausende von unbekannten Frauen, die Basisgemeinden leiten und von Militärs und Todesschwadronen bedroht und terrorisiert werden. Ich denke an die Verarmten, die »die Bibel beten« lernen, wie die gemeinsame Bibelauslegung in den Basisgemeinden genannt wird; ich denke auch an die Elendsviertelbewohner, deren Hütten in Kolumbien zur Vorbereitung des Besuches des polnischen Papstes aus dem Weg geräumt werden, damit ihr Anblick den hohen Gast nicht stört.

Das gegenwärtige römische System
- verachtet die Frauen, obwohl viele längst die relevanten Trägerinnen der Botschaft Christi geworden sind;
- behandelt das Volk Gottes als religiös unmündig und unfähig zur Mitsprache bei ethischen Entscheidungen;
- ignoriert die Heiligen und die reale, lebendige Spiritualität des aufbrechenden Volkes Gottes;

– löscht den Geist aus, wo immer er weht.

Von diesen skandalösen Zuständen ist wahrscheinlich der erste, der *institutionelle Sexismus*, der folgenreichste: Er vertreibt die begabtesten, starken, unangepaßten und der Hingabe an Christus fähigen Frauen und favorisiert eine negative Auslese von Menschen im Dienst der Kirche, die nur deswegen als unbrechbar gelten, weil sie unbegrenzt biegbar sind. Der Wunsch, Frauen unter Kontrolle zu halten, so daß auch der machtlose »kleine Mann« noch ein Objekt der Beherrschung und Rollenzuweisung unter sich hat, ist den verschiedenen religiösen Fundamentalisten gemeinsam. Die Macht stabilisiert sich in der Beherrschung des chaotisch andrängenden »anderen«, wobei die Angst vor der eigenen nichtintegrierten Sexualität ein Bündnis mit der Angst *vor*, der Abwehr *von* und dem Haß *gegen* Frauen eingeht. Auch der römische Fundamentalismus institutionalisiert dieses Syndrom.

»Warum wollt ihr denn sterben?« Ich würde die Frage des Propheten Ezechiel an das Volk Israel heute so übersetzen: Warum wollt ihr die Zahl der MitarbeiterInnen Gottes künstlich – durch den patriarchalen Komplex und den Zwangszölibat – vermindern, die Gemeinden verwaisen, die verbleibenden Priester zu Sakramentsautomaten machen? Warum laßt ihr die Kirche lieber kaputtgehen, als sie im Sinne der urchristlichen Gemeinschaft der Gleichen zu erneuern?

Die *Unfähigkeit zur Demokratie* ist der zweite entscheidende Punkt, an dem das römische System sich von dem Gott des sich erneuernden Lebens getrennt hat und in diesem Sinn »sterben will«. Was von der Seite kritischer Christen verlangt wird, ist ja nicht eine Anpassung an den Zeitgeist, also etwa an den postmodernen Pluralismus. Die innerchristlichen, die römische Praxis entlarvenden Stimmen beziehen sich in ihrer Kritik immer wieder auf die Evangelien, auf die ursprüngliche Jesusbewegung sowie auf die großen produktiven Traditionen der Christentumsgeschichte, die freiwillige Armut, den Gewaltverzicht und den Machtverzicht. Der Maßstab, an dem Rom gemessen wird, ist kein anderer als der von Rom – theoretisch – anerkannte.

Das gilt auch für die vordemokratischen Formen der Auseinandersetzung, der Meinungsbildung und der Durchsetzung von lehramtlichen Bestimmungen wie personalpolitischen Entscheidungen. Vor Jahren berichtete mir ein katholischer Freund aus den USA über die Folgen des Hirtenbriefs zur Frage von Frieden, Hochrüstung und »Verteidigung«. Eine Kommission wurde nach Rom zitiert, sie sei eine Woche dortgeblieben und habe einen Nachmittag lang über die Inhalte von Atomkrieg und Abschreckungsideologie gesprochen. Und worum ging es in der übrigen Zeit? wollte ich wissen. Antwort: um die Methode. Daß nämlich dieser wie alle anderen Pastoralbriefe in den USA zunächst in einer Erstfassung veröffentlicht, in den Gemeinden gelesen und breit diskutiert wurde, schien mehr als ungewöhnlich. Ein offizielles kirchliches Dokument stellt sich der öffentlichen Kritik, wird überarbeitet und neu geschrieben, weitergehende Vorschläge und Kritiken werden mitberücksichtigt, ehe es denn seine endgültige Gestalt findet. Dieses langwierige demokratische Verfahren wurde in Rom offenbar als viel gefährlicher eingeschätzt als die inhaltlichen Äußerungen zu den anstehenden Sachfragen.

Das System der kirchlichen Machtstruktur und hierarchischen Bürokratie ist demokratieunverträglich, um das mindeste zu sagen. Nicht daß sich Rom nach den Ergebnissen von generellen Umfragen über Pornographie, Abtreibung oder Kriegsbeteiligung richten müsse, also dem Zeitgeist hörig werden solle, ist zu fordern, wohl aber daß die Gemeinden, die als mündig anzusehenden Christen ihre Stimme erheben und ihr Verständnis des vom Evangelium belehrten Gewissens ausdrücken. »Eine christliche Gemeinde ist fähig und berufen zu urteilen alle Lehre«, sagte Martin Luther. Diese Mündigkeit zuzugestehen ergibt sich sowohl aus dem egalitären Geist des Evangeliums (»Nennt auch niemanden auf Erden euren Vater, denn einer ist euer Vater, der himmlische« Matthäus 23,9) wie aus dem Verständnis der Menschenwürde, das den demokratischen Prinzipien zugrunde liegt.

Das römische System betreibt eine Art *spiritueller Ersatzbefriedigung*, die an der realen Frömmigkeit glaubender

Frauen und Männer vorbeigeht. Vor kurzem wurde der dem spanischen Franco-Faschismus zumindest sehr nahestehende Gründer des *Opus Dei* seliggesprochen. Sein Name war den meisten Christen, mit denen ich zu tun habe, unbekannt. Parallel dazu hat sich in den letzten zehn Jahren eine Heiligsprechung durch das Volk in Lateinamerika vollzogen, die in der christlichen Geschichte ihresgleichen sucht. Der ermordete Erzbischof Oscar Arnulfo Romero ist ein Heiliger wegen der gefährlichen Erinnerung, die mit seinem Namen verbunden ist, und wegen der christlichen Hoffnung auf Befreiung. Er wird verehrt und geliebt, wiedergelesen und reflektiert, als Trostname gebraucht und als Schutzwort den Mächtigen entgegengehalten. Als nach seiner Ermordung in Zentralamerika eine Kardinalsernennung anstand, wurde nicht sein Nachfolger, ein moderater Theologe, benannt, sondern eine schillernde Figur aus dem Rechtsaußen-Lager, der nicaraguanische Obanda y Bravo. Ich erwähne diesen Fall, dem man zig andere in Europa und anderswo an die Seite stellen könnte, nicht nur, um auf die Politik des Vatikans und die CIA-Rom-Achse hinzudeuten, sondern um die Menschenverachtung offenzulegen, die die Spiritualität der kleinen Leute als allzu unbedeutend, ihr Vertrauen zu bestimmten Menschen als blind oder modisch, ihre neuen Lieder und Gebete als spirituell und kulturell irrelevant glaubt vernachlässigen zu können. Das Volk wird – auch und gerade in seiner Frömmigkeit – behandelt wie Frauen; man trivialisiert ihre Anliegen, nimmt sie höchstens auf, wenn ein Mann, ein Kleriker, sie wiederholt; und versucht mit aller Arroganz der Macht, die Stimme des Laios, des Volkes zu überhören.

Genauso geht es in Europa mit den neu entstehenden Formen der Spiritualität des *konziliaren Prozesses für Gerechtigkeit, Frieden und die Bewahrung der Schöpfung* zu. Nicht die neue Frömmigkeit, die sich in Flurbegehungen oder Kreuzwegen um der Schöpfung willen ausdrückt, nicht das Kreuz von Wackersdorf ist Symbol der heute am Kreuz hängenden Erde, sondern nur die individualistische Frömmigkeit, sprachlich gesehen die platteste Konventionalität, wird beachtet und gefördert.

»Warum wollt ihr denn sterben?« Warum gebt ihr den Leuten kein Brot zu essen, sondern füttert sie mit Pappe und Klischees, so daß sie – spirituell verhungert – den Götzen des *New Age* nachlaufen und sich mit Selbst-Suche, Selbst-Findung, Selbst-Erfahrung und Selbst-Verwirklichung begnügen?

»Löscht den Geist nicht aus!« beschwört Paulus die Gemeinde in Thessaloniki (1 Thessalonicher 5,19). Die Zensur beschädigt bekanntlich nicht nur die Zensurierten. Ich brauche hier die subtilen bis infamen Formen der Bespitzelung, Überwachung, Zensurierung, Verbot von Schreibe und Rede nicht aufzuzählen. Sie laufen auf Denkverbote hinaus, die dem Stalinismus das Wasser reichen können. Der jüngste Fall von Leonardo Boff, der das System verläßt, um nicht »verkrümmt« zu werden, ist vielleicht deswegen so extrem in seiner Hoffnungslosigkeit für das System, weil Boff sich jahrelang in unbegreiflicher Geduld, wahrhaft franziskanischer Demut unterworfen hat und weil er in seinem Denken eine mystische Liebe zur Kirche nie verschwiegen hat. Sie ist in der Tat das nichtzerstörbare Geheimnis der befreienden Theologie: daß sie von Gott spricht aus der Perspektive Gottes, welche die der Machtlosen ist, der Armen, der Frauen, der anderen. Die *Auslöschung des Geistes*, die vor unseren Augen geschieht, ist in der intellektuellen Geschichte des Christentums zwar nichts Neues, gemessen aber an den Lebenschancen des Glaubens in einer weithin säkularisierten Welt das Kontraproduktivste, das Rom der Kirche Jesu Christi antun kann.

Warum wollt ihr denn sterben? Warum wollt ihr lieber am lebendigen Leibe Glied um Glied vertrocknen und abfallen, anstatt auch nur anzufangen, euch von den männlichen Neurosen heilen zu lassen, die Demokratie anzuerkennen, das Volk zu respektieren, die Spiritualität zu lieben und den Geist wehen zu lassen? Warum wollt ihr denn eure Götzen der Macht und der Unterwerfung des anderen um keinen Preis fahren lassen?

Die Theologie der Befreiung hat die spirituelle Tiefe, die geistige Klarheit und die biblische Fundierung, die zu einer neuen Reformation führen könnte. Sie wird von einer neuen Klasse, der der *Marginalisierten*, getragen, sie hat sich in der Gestalt der Basisgemeinden neue Organisationsformen gegeben, und sie hat ihre Märtyrer. Daß Rom dieses größte Geschenk der Armen an die Reichen verachtet und seine TrägerInnen unterdrückt, zeigt, wie hoffnungslos die Lage des christlichen Glaubens am Ende seines zweiten Jahrtausends ist.

Ezechiel sah auf ein Feld voller verdorrter Totengebeine und wurde von Gott gefragt: »Menschensohn, können wohl diese Gebeine wieder lebendig werden?« Mehr als er können wir kaum antworten: »Herr, mein Gott, du weißt es« (Ezechiel 37,3). Aber weniger als er zu hoffen, sollten wir uns nicht erlauben. Er sah Gottes Geistin, die *ruach,* den Toten Leben einhauchen, er sah die trockenen Knochen aneinanderwachsen, sich mit Fleisch und Haut überziehen. »Siehe, nun öffne ich eure Gräber und lasse euch aus euren Gräbern steigen. Ich werde meinen Odem in euch legen, daß ihr wieder lebendig werdet« (Ezechiel 37,12 f.).

Mittelfristige Hoffnungszeichen

Ein Traum von der Kirche

Es ist nicht leicht in unserer Zeit, die Kirche zu lieben oder auch nur, ihr zu vertrauen. Vieles erscheint tot, erstarrt, eingeschrumpft. Es geht uns da nicht besser als einem der Propheten des Alten Bundes, Ezechiel, dessen geheimnisvoller Text an Pfingsten in der Liturgie erscheint. Der Prophet wird vom Geist Gottes in eine Ebene geführt, die voller verblichener Knochen liegt, ein von unbegrabenen verdorrten Gebeinen übersätes Leichenfeld. »Gott führte mich ringsum an ihnen vorüber«, heißt es da (Ezechiel 37), »und ich sah sehr viele über die Ebene verstreut liegen; sie waren ganz ausgetrocknet. Er fragte mich: Menschensohn, können diese Gebeine wieder lebendig werden?« Dann spricht der Prophet die Weissagung des Lebens über die verdorrten Knochen. »So spricht Gott, der Herr, zu diesen Gebeinen: Ich selbst bringe Geist in euch, dann werdet ihr lebendig.« Die Knochen fügen sich zusammen, werden mit Fleisch und Sehnen und Haut überzogen, der Atem Gottes haucht sie an, sie stellen sich auf die Füße und leben.

An die Kirche glauben heißt, daß wir sie nicht für verlorener halten als die Totengebeine auf dem Feld des Ezechiel. Gottes Geist, der weht und lebendig macht, ist ihr versprochen. Sie wird immer wieder »heilig« genannt, das bedeutet zu Gott gehörig und benennt nicht die Summe ihrer Taten, sondern die Unzerstörbarkeit des Geistes, den wir an Pfingsten feiern. Ich möchte vom Bild der vertrockneten einzeln herumliegenden Knochen ausgehen, weil es mir hilft, unsere Lage zu verstehen: diesen spirituellen Bankrott der Ersten Welt, in der so viel Produktionskraft, so viel wirtschaftlicher

Erfolg, so viel raffinierte Überflüssigkeit einhergeht mit einer Kultur ohne Mitleid, einer Wirtschaftsordnung, die die Reichen reicher macht und die Armen verelendet, und einer Industrie, die gewalttätig und rücksichtslos dem Leben der Mitgeschöpfe, Baum und Tier, die Erde und die Luft nimmt.

In dieser Kultur wird das Mitleid als ein privates Hobby angesehen. »Warum interessieren Sie sich für El Salvador?« fragte mich ein forscher Journalist nach der Ermordung der Jesuitenpatres. »Haben Sie dort Familie?« Dieser junge Mann versteht die Zusammengehörigkeit des Lebens nicht, er sieht nur einzelne Knochen, ohne Verbindung, ohne Beziehung. Was Ezechiel auf dem Totenfeld sah, war ja gerade eine Unverbundenheit einzelner Teile, ohne Geist und ohne Leben. El Salvador hat mit uns nichts zu tun, auch wenn die Bundesrepublik die dort herrschende Elite in ihrem blutigen Kampf gegen das eigene Volk unterstützt. Und die Arbeitslosen nebenan haben auch mit uns, den Arbeitsbesitzern, nichts zu tun; das ist bekanntlich deren Problem. Das »wir« schrumpft dabei immer mehr zusammen und wird immer unverbundener. Die dürren Knochen bleichen auf dem Feld, und Gottes Geist, die lebenbringende weibliche Gestalt Gottes, die *ruach*, wie sie in der hebräischen Bibel heißt, wird als überflüssig angesehen. Wir, so sagen die Knochen, sind doch erfolgreich und machen Profit wie noch nie, wozu brauchen wir da den Geist?

Wir, so sagte der amerikanische Präsident in seiner »State of the Union«-Rede im Frühjahr 1991, bauen eine neue Weltordnung auf, wir übernehmen die Führungsrolle in dieser neuen Ordnung. Die erste Manifestation der Ordnung ist der technologisch perfekte Krieg; ihm werden, so viel ist schon jetzt klar, weitere folgen. Der ungeheure Aufrüstungsschub der achtziger Jahre unter Reagan muß sich wirtschaftlich gelohnt haben! So dürfen wir jetzt die Schönheit der vollendeten Flugbahnen der Geschosse bewundern. Ihre Zielgenauigkeit, die wir in der Friedensbewegung lange als Erstschlagsfähigkeit bekämpft haben, zeigt sich als Zeichen besonders humaner Kriegsführung . . . so wird es weitergehen. Und wer sieht die verdorrten Knochen auf dem Capitol Hill liegen?

»Menschensohn, können diese Knochen wieder lebendig werden?« Es gibt ein amerikanisches Spiritual über die seltsame Geschichte vom Propheten Ezechiel. Es heißt: »Ezechiel connected them dry bones«, und dann zählt der Sänger all die verschiedenen Knochen vom Zeh bis zum Kopf auf, die miteinander verbunden werden, und dazwischen beteuert er im Refrain zusammen mit der Gemeinde: »Ich höre Gottes Wort, I hear the word of the Lord.« Und was ist es, was er Gott sagen hört? »Connect« ist das Wort, das da immer wieder erscheint, verbinden, zusammenfügen, aneinander anschließen. Das, was getrennt und verloren ist, wieder zusammenbringen.

Vielleicht konnten nur Sklaven so singen, sie, deren ganze Lebenserfahrung erzwungene Trennung war, Trennung von Schwarz und Weiß, von Rechtlosen und Privilegierten, aber vor allem die brutale Zertrennung aller menschlichen Beziehungen innerhalb der schwarzen Gemeinschaft. Da wurden Kinder ihren Müttern weggerissen, manchmal nach Wochen, manchmal nach einigen Jahren; Frauen wurden ihren Männern genommen, halbe Kinder noch wurden an weiße Männer zu sexuellem Gebrauch verkauft. Die Menschen waren Stücke wie Vieh. Männer und Frauen, Junge und Alte durften nicht miteinander leben und Gemeinschaft entwickeln, ganz ähnlich wie in Südafrikas Apartheid, wo Hausangestellte ihre Kinder in die Homelands schicken müssen. Zeh und Fuß, Knöchel und Bein waren verdorrte Knochen; was zusammengehört, war ohne Zusammenhang. Der Prophet, so sangen sich die Menschen zu, verbindet die vertrockneten Knochen. Sie sangen in der Sprache der Bibel, die die Sklavenherren nicht verbieten konnten. »Ich höre, was die Stimme Gottes sagt«, sangen schwarze Sklaven bei der Feldarbeit. Ich höre Gottes Stimme, wiederholten sie; die Herren waren taub. Aber die die Stimme Gottes hörten, hatten eine geschwisterliche Welt vor Augen, in der alle Kinder des Gottes, der uns Vater und Mutter ist, zusammengehören.

Verbundenheit, Beziehung, Leben, Geist – wieviel davon lebt in der Kirche? Im deutschen Kirchenlied heißt es »Sammle, großer Menschenhirt, alles, was sich hat verirrt, erbarm dich Herr.« Das Wissen, daß die vertrockneten Gebeine nur zusammen, nur verbunden miteinander den Atem Gottes spüren, nur in gelebter Geschwisterlichkeit auferstehen aus der Öde und Dürre, ist so alt wie die Kirche selber.

Ich möchte hier einen Grund nennen, warum ich die Kirche brauche und ihre Tradition liebe. Sie ist ein Raum langfristiger Erinnerung der Geschichten vom möglichen Leben. All diese Knochen werden ja verbunden und beseelt. Gottes Geist beatmet sie, sie kommen zum Leben. Die Kirche stellt einen Raum dar, in dem solche Geschichten erzählt werden. Ich muß mich nicht nur auf meine Hoffnung verlassen, nicht nur meine Glaubenskraft stark machen. Über zweitausend Jahre lang werden buchstäblich Tag für Tag in den Einrichtungen der Synagoge und dann der Kirche die Geschichten vom Geist Gottes erzählt, vom Charme der Gnade, vom Gott der Armen, von der Bergung des verlorenen Lebens. Es wird erzählt, daß die Weinenden lachen werden, daß die Tyrannen gestürzt werden und daß die Lahmen einmal springen werden wie Hirsche. Es wird nicht verschwiegen, was dem Leben versprochen ist und wie es sein soll. Tag für Tag, Sonntag für Sonntag werden die Geschichten vom Zusammengehören, von der Geschwisterlichkeit erzählt. »Wenn wir wie Brüder / beieinander wohnten, / Gebeugte stärkten und der Schwachen schonten / dann würden wir den letzten heilgen Willen / des Herrn erfüllen«, singen wir bei der Feier des Mahls. Manchmal wird diese Geschwisterlichkeit im Raum der Kirche verdunkelt; die Hierarchie hat strukturell etwas Geschwisterfeindliches an sich. Aber es stehen immer wieder Menschen und Gruppen auf, die die alten Geschichten ausgraben und ans Licht zerren, vielleicht auch gegen die Kirche selber. Unglaubliche Geschichten wie die von der Auferstehung der verdorrten Gebeine brauchen einen Raum, in dem sie leben dürfen, sie sind mehr als die Phantasie und Erzählkraft eines einzelnen. Geschichten vom Leben der Verlorenen und von der Auferstehung der Toten sind ebenso unglaublich wie unentbehrlich.

Ist es nicht zumindest denkbar, daß die Gebeugten und

Schwachen einen Raum haben, wo sie »wohnen« können? Daß der Umgang der Menschen miteinander nicht von der Machtposition, die jemand hat, bestimmt wird, ja daß ihm der Geschwisterlichkeit Macht selber anders definiert wird, eben nicht als etwas, das Alleinbesitz von wenigen ist, zum Festhalten gemacht, zur Sicherung von Herrschaft verwandt, sondern daß Macht, endlich weiblich definiert, lebendig wird, wo sie anderen Anteil an sich gibt, andere er-mächtigt, sich verteilt, und so der guten Macht Gottes immer ähnlicher wird – ist das so utopisch, diese Schritte auf die Geschwisterlichkeit zu? Gottes Atem macht die Toten lebendig, wenn sie sich verbunden haben mit Fleisch und Haut und Sehnen.

Manche werden denken, schöner Traum, aber in der Kirche gibt es nur Einbahnkommunikation und keine Geschwisterlichkeit, kein Teilen. Ich will zwei Beispiele dagegen setzen, die mir Hoffnung machen. Das eine ist die Rolle, die die Evangelische Kirche in der DDR bei der Vorbereitung der gewaltfreien Revolution gespielt hat. Sie hat einen Raum der Freiheit hergestellt, sie hat Menschen Zuflucht geboten, sie hat sie reden und klagen lassen, sie hat ihre Türen weit geöffnet und Menschen Mut gemacht zu widersprechen, Unrecht zu benennen, zu protestieren und zu beten. Sie hat damit großes Vertrauen auch bei denen, die ihr fernstanden, gewonnen, ein Vertrauen in den Geist, der lebendig macht und auch aus verdorrten Gebeinen Leben schaffen kann.

Das andere Beispiel, das mir Mut macht, wenn ich mit Ezechiel über das Feld der toten Gebeine schaue, ist der Sozialhirtenbrief der österreichischen Bischöfe, der im Mai 1990 veröffentlicht worden ist. Ich verstehe diesen Brief als eine Antwort auf die technologischen und wirtschaftlichen Umwälzungen, die uns heute in die falsche Richtung einer Zweidrittelgesellschaft drängen: zwei Drittel der Bevölkerung mit Arbeit, Sicherheiten und Luxus und ein Drittel ohne Arbeit, »wirtschaftlich diskriminiert und vom gesellschaftlichen Leben ausgeklammert«, wie es im Sozialhirtenbrief heißt. Die »neue« soziale Frage, die sich im Weltmaßstab der Verelendung der Entwicklungsländer ja nur noch verschärft, ist Thema, die Forderung »Sinnvoll arbeiten – solidarisch leben« steht in der Tradition der katholischen Soziallehre, die seit hundert Jahren Elemente einer Kapitalismuskritik enthält. Der erste Teil dieser Forderung – sinnvoll arbeiten – bezieht sich auf die Würde der Arbeitenden und den Sinn der Arbeit unter veränderten wirtschaftlichen Bedingungen, der zweite – solidarisch leben – auf die Verantwortung angesichts der neuen sozialen Frage.

Aber was mich über die inhaltlichen Konkretionen hinaus vor allem auf mehr Geschwisterlichkeit hoffen läßt, ist die Art und Weise, wie dieser Hirtenbrief ins Leben kam. Die Schafe sprachen mit! Das ist in der Tat neu. Zwei Jahre zuvor wurde ein Grundtext erarbeitet und auf den verschiedenen Ebenen bis in die Pfarreien hinein diskutiert. Daraus ergab sich ein breiter Prozeß der Diskussion, unzählige Ergänzungs- und Änderungsvorschläge wurden gemacht und mit eingearbeitet. Dieses Verfahren ist neu; viele Gruppen sind so zum ersten Mal mit den gesellschaftlich relevanten Fragen konfrontiert worden. Diese Art von Hirtenbriefen kenne ich bisher nur aus dem nordamerikanischen Katholizismus. Die wichtigsten Äußerungen der dortigen Bischöfe zu den Fragen Krieg und Frieden, Wirtschaft und Soziales und zur Gemeinschaft von Frauen und Männern in einer geschwisterlichen Kirche entstanden alle in einem solchen langfristigen, die Gläubigen beteiligenden Verfahren. Dieses Verfahren stellt in sich selber eine weniger autoritäre, weniger verdorrte Form des Umgangs miteinander dar. So wächst die Kirche von unten nach oben. Es geht ungefähr so langsam wie beim Propheten Ezechiel: erst wächst Fleisch, dann Sehnen, dann schließlich Haut über die dürren Knochen, aber es wächst etwas, und Gottes Geist weht, wie in der Schöpfungsgeschichte, den Menschen den Atem ein.

Ezechiel wurde von Gott gefragt: »Menschenkind, können diese toten Gebeine wieder zum Leben kommen?« Der Prophet wagte nicht, die Frage zu bejahen. Er sagte nur: »Herr, du weißt es«, aber dann sah er das Wunder sich ereignen: das Getrennte kam wieder zusammen, das Aussortierte wurde wieder ein Teil des Ganzen, und der Geist füllte die Luft mit mächtigem Brausen.

Eine Vision von der Kirche, die zwar immer noch mittelfristig, aber doch etwas umfassender ist als die kleinen Hoffnungszeichen, kann eher erzählt als strukturell entworfen werden. Der fremde Blick sieht mehr, und so stelle ich mir vor, wie ein Besucher aus dem Ausland vielleicht im Jahre 2010 kirchliches Leben in Mitteleuropa wahrnimmt: mit Erstaunen, Skepsis, Ironie und Freude.

Die Tür des Pfarramts war verschlossen, Sprechstunden waren nicht angegeben. Das alte Pfarrhaus in einem Hamburger Elbvorort, das ich Anfang der achtziger Jahre gelegentlich besucht hatte, schien anderen Zwecken zu dienen. Eine junge Frau antwortete auf meine Nachfrage, wo denn der Herr Pfarrer sei, leicht ironisch: »Damit ist's vorbei. Die nächste Station der Anonymen Alkoholiker ist nur zehn Minuten entfernt.« Und der Kindergarten? wollte ich wissen. Das Altersheim? und überhaupt, der Sonntagsgottesdienst? Frau Engels führte mich in das immer noch scheußlich möblierte Büro. »Vor 15 Jahren«, begann sie ihren Bericht, »haben sich die Kirchen in diesem Land zu einer Reform an Haupt und Gliedern entschlossen. Mit dem Jahr 2000 sollte eine neue Epoche der Kirchengeschichte beginnen. Anders leben – anders glauben – neu anfangen. Wir hier sind zu viert, Kirchenarbeiterinnen. Zusammen sind wir das, was früher der Herr Pastor war.«

Die Veränderung ist radikal. Die vier Frauen, die diese Gemeinde leiten und gestalten, sind auf der mittleren Ebene des Managements beschäftigt. Eine ist in der Schulbehörde, eine in einer Zahnarztpraxis tätig. Die vor zehn Jahren eingeführte 30-Stunden-Woche gibt ihnen Zeit für ihr »Zeltmacher«-Pfarramt, wie sie sich in Anklang an den Brotberuf des Apostels Paulus definieren. Der Schwund der steuerzahlenden Mitglieder der Großkirche hatte endlich auch Deutschland erreicht. Zwei oder drei ältere Personen im Gottesdienst am Sonntag war zur Norm geworden. Die sogenannten Amtshandlungen – wie die immer noch übliche Kindertaufe und Eheschließungszeremonie – hatten abgenommen. Die bis ins Jahr 2000 vorherrschende Ausbildung der Theologen, vor allem in antiken Sprachen und Bibelkritik, hatte jegliche Attraktivität verloren. Die Reform vom Jahr 2000 bedeutete ein Abschütteln von Ballast, ein spätes, manche meinen zu spätes Bekenntnis zur Weisheit des Fritz Schumacher: »Small is beautiful.«

Die – im alten Westdeutschland meiner Jugend – exzeptionellen Gehälter der »Geldpfarrer«, wie die Kirchenarbeiter sie nennen, waren schon zuvor langsam reduziert und den Maßstäben der Ökumene angeglichen worden. Kirchliche Hilfswerke wurden geschlossen, der Druck auf die städtischen und staatlichen Behörden, ihre sozialen Aufgaben zu erfüllen, wurde verstärkt. »Wir müssen uns auf das Wesentliche besinnen«, höre ich von allen Seiten ... Was das sei, wollte ich wissen. Christenlehre? Seelsorge? Feier der Liturgie? Gemeindeleben? Unterweisung? Weitergabe der Tradition? Ein Religionslehrer, der auch »Kirchenarbeiter« ist, meint: »Unterweisung ist zentral. Wenn Sie aber damit Orthodoxie im traditionellen Sinne meinen, nein. Lehre und Leben gehören für uns zusammen. Das Leben der Gläubigen orientiert sich an der neu gefeierten Liturgie und an der ›Orthopraxie‹. Dieser Begriff stammt aus der Befreiungstheologie der Elendsländer, er stellt eine Entideologisierung dar. Nicht, was wir für wahr halten aus der Tradition, sondern wie Christus in uns sichtbar wird, ist entscheidend. Es hat lang genug gedauert, bis wir diese Lektion von den Christen der Elendsländer lernten.« Der Einfluß dieser anderen Christen ist nicht zu überschätzen, man spricht von einer »Ökumenisierung des Gewissens«, die früher eher provinziell wirkenden Gemeinden sind heute weltbürgerlich orientiert. Eine christliche Studentin erzählt: »Sie überschütteten uns mit den bei uns zunehmend verschwiegenen oder verschleierten Informationen. 150 000 Hungertote pro Tag ... das ist jetzt die Norm. Täglich Meldungen über die ökologischen Katastrophen ... und dazu die Völkerwanderung der Verzweifelten, die über uns hereingebrochen ist. Aber vor allem brachten sie uns die Sehnsucht bei, ein anderes Leben zu führen als das, was wir für normal hielten. Sie bekehrten uns.«

Und wozu, wollte ich wissen. Die Kirchen in Deutschland

haben Geld und Mitglieder, Macht und Einfluß verloren. Mit dem Jubelgeläute vom Herbst 1990 endete eine Periode, die ich aus meiner Jugend noch kannte. Was kam danach? Was haben die Kirchen gewonnen? Hatte die Reform vom Jahr 2000 denn überhaupt eine Chance? Die Ratsvorsitzende der Evangelischen Kirche in Deutschland erklärt mir in einem Interview: »Ja, wir haben viel verloren. Indem wir klarer wurden in dem Einfluß, den das Evangelium auf unsere Lebensformen hat, isolierten wir uns von der Umgebung. Immer öfter wurden wir als Feinde von Industrie, Wirtschaft, Banken, Militär, also den bei uns herrschenden Institutionen angesehen. Mitte der neunziger Jahre war es zum Baustopp für Kirchenbelange gekommen; nur Gemeinden, die ein funktionierendes Projekt in der Elendswelt unterstützen, dürfen für ihre Zwecke bauen. Der Militärseelsorgevertrag wurde uns gekündigt, als wir den Militärdienst von Christen auf eine Ebene mit der Finanzbeteiligung am Sextourismus stellten. Die Konflikte mit der Industrie, vor allem der chemischen, atomaren und gentechnologischen, häuften sich. In diesem Prozeß änderte sich auch die Liturgie. Die Agenden mußten neu geschrieben werden, und die Gebete wurden konkreter. Der Konfirmandenunterricht, an dem nur wenige, dafür aber Menschen sehr verschiedenen Alters teilnehmen, veränderte sich; er wurde den Erfahrungen der jüdischen Barmizwa angeglichen und auf Praxis, zum Beispiel Besuche im Altersheim und Mitarbeit an der örtlichen Umwelt, umgestellt. Im Mittelpunkt dieses Unterrichts steht die Bibel; sie wird heute gründlicher gelehrt als vor zwanzig Jahren. Sie ist unsere beste Bundesgenossin.«

Ich frage mich, ob die doch sehr traditionellen Gemeinden da mitmachen. Eine ältere Frau im Oberbergischen erklärt mir: »Alles hat sich verändert, manchmal denke ich, das kann doch nicht dieselbe Bibel sein wie früher! Zwei Freundinnen von mir sind weggeblieben, als die Reform kam. Sie meinten, sie würden schief angesehen, weil sie sich nicht beteiligten, weder am Besucherkreis für die Alten noch an der Vorbereitung des Gottesdienstes, schon gar nicht an Mahnwachen, Pilgerwegen, Petitionen. Sie wurden Konsumis genannt,

Konsumchristen. Da gingen sie weg. Aber was schön ist, sind unsere Feste. Wir bereiten sie alle gemeinsam vor, es wird mehr gesungen. Ständig entstehen neue Lieder. Auch neue Symbole und Rituale, wie Aussendung einer Blockadegruppe, Aufnahme von illegalen Flüchtlingen, haben sich herausgebildet.«

Ich erkundige mich nach theologischer Ausbildung. Die Hauptaufgabe ist es, KirchenarbeiterInnen theologisch zu bilden. Sie machen ein- oder zweimal im Jahr einen Kurs von drei Wochen mit. Ein älterer Professor erinnert sich an das frühere akademische Studium der Theologie. »Eine wesentliche Vorbereitung der Reform von 2000 war die Einführung eines einjährigen Praktikums in einem Elendsland. Vor kurzem haben wir auch für den alten Zweig der Ausbildung durchgesetzt, daß neben einer antiken eine afrikanische oder asiatische Sprache gelernt wird.«

Was mich am meisten erstaunte, war die Radikalität der Veränderung. »Wie konnten Sie das alles durchsetzen innerhalb einer gut gepolsterten Hierarchie?« Die Ratsvorsitzende, übrigens die dritte Frau im Amt, lächelt. »Die größte geistliche Veränderung war das Sichtbarwerden der Unsichtbaren, der Frauen. Sie unterwanderten die Institution, so daß die patriarchale Kirche schon vor der Reform langsam verschwand. Frauen feierten den Gottesdienst menschlicher und alltagsnäher. Sie veränderten auch die Machtstrukturen.«

»Gibt es diese immer noch?« fragte ich. »Das große Umverteilungsprogramm hat vieles weggeräumt. Die noch vorhandenen Bischöfinnen fahren Inter-City, nicht Mercedes mit Chauffeur. Aber vor allem hat sich in diesem Prozeß eine andere Spiritualität entwickelt.«

»Was ist daran so neu?« Die Ratsvorsitzende: »Es läßt sich gar nicht alles aufzählen. Aber das Entscheidende ist die neue Verbindlichkeit des Glaubens. Ihretwegen haben wir auch Teile der Evangelikalen gewinnen können. Aus der praktischen Zusammenarbeit in Bundesschlüssen und Selbstverpflichtungen wuchs eine neue Gemeinsamkeit.«

»Was heißt Verbindlichkeit? Ist das nicht ein neues Gesetz?« »Es ist eher als ein Abschied von der billigen Gnade zu beschreiben. Endlich ist der Glaube wieder frei, eigene, nicht gesellschaftskonforme Lebensweisen zu entwickeln. Die jeweilige Gemeinde – oder Ad-hoc-Gruppe – einigt sich auf bestimmte Selbstverpflichtungen: im Essen, in der Benutzung von Verkehrsmitteln, in der Abfallvermeidung. Vor kurzem haben wir in einem Hirtenbrief junge Familien mit Kindern aufgefordert, ›Zehn Jahre ohne‹ Fernsehen zu leben. Grundlage war die Weigerung der ersten Christen, an den blutigen Vergnügungen, den Circenses der antiken Welt, teilzunehmen. Wir meinen, daß Christen auf allen Ebenen mit der Gewalt brechen müssen.«

»Ist das ein Askesemodell, eine Art ›Christus gegen die Gesellschaft?‹« »Christen können nur Salz sein und die Kultur transformieren, wenn sie die andere Lebensmöglichkeit der Gewaltlosigkeit endlich zu leben beginnen. Die illegale Aufnahme einer Flüchtlingsfamilie gehört genauso dazu wie der Widerstand gegen die gigantomanischen Projekte der Schöpfungszerstörung.«

»Wo bleibt da die Spiritualität?« Ich frage noch einmal zurück. »Sie verwurzelt sich im Alltag. Viele Selbstverpflichtungen schließen Schweigen, regelmäßiges Gebet, Bibelstudium ein. Es scheint fast so, als würden die Gründe zu klagen, Gott anzugehen, Gott zu bitten, erkennbarer, wenn die Liebe wieder sichtbarer im Zentrum des Glaubens steht. Verstehen Sie mich, gerade weil wir Minderheit geworden sind und mit den Mächtigen nicht mehr gemeinsame Sache machen, haben wir es nötiger denn je, Gott anzugehen, mit Gott auf dem Marktplatz zu schweigen.«

Im Flugzeug überdenke ich meine Notizen noch einmal. Ich sehe die Figuren vor mir, die energische Ratsvorsitzende, die ältere Frau. Es fällt mir auf, daß ich fast nur mit Frauen gesprochen habe. Ich frage mich, ob ich in dieser Kirche leben möchte. Ist es nicht nur eine Kirche der Starken und Reinen? Was wird denn aus den beiden »Konsumis«, die keinen Ort mehr in dieser Kirche haben? Ist es nicht so, daß diese Kirche sich mehr auf die monastische Tradition berufen kann als auf die evangelische? Die Antwort auf diese Fragen kann nicht einfach ein Rückfall in die »civil religion« aus den siebziger/

achtziger Jahren des letzten Jahrhunderts sein; diese Christen können nicht zurück in die Indifferenz, die Optionslosigkeit der alten Kirchen. Sie können nicht mehr gregorianisch singen und zugleich mit den Wölfen heulen.

Einige meiner religionswissenschaftlichen Kollegen würden diese Kirche sicher »Sekte« nennen. Vielleicht hat sie Züge des Sektentyps: sie versteht sich nicht aus sakramentalistischer Selbstverständlichkeit; ihre Wahrheit ist nicht eine theoretische, sondern eine praktische. Vor allem hat diese Kirche ein anderes Verhältnis zur Macht. Ihre Vision von einem möglichen Leben aller ist zu groß, als daß sie die Gegenwart und die sie bestimmenden Mächte absegnen könnte. Sie läutet ihre Glocke nicht so schnell wie die alte Kirche.

Aber noch einmal: Ist sie nur eine Kirche der Starken, und vertreibt sie die Schwachen? Das würde sie zur Sekte im negativen Sinn des Wortes machen. Die Kirche, die ich entdeckt habe, ist eine starke Kirche. Sie läßt mit der Wahrheit nicht handeln; sie läßt sich ihre Vision nicht nehmen. Viele Behinderte, sehr viele alte Menschen haben in ihr Heimat gefunden. Ihre Türen sind weit offen, sie ist bewußt Teil einer multikulturellen Gesellschaft und hat alle Autoritäts- und Machtallüren abgelegt. Darum zieht sie Minderheiten aller Art an. Vielleicht ist es gerade umgekehrt, daß in der starken Kirche die Schwäche der einzelnen einen Platz haben kann. Die Barmherzigkeit mit den Sündern wird nun nicht mehr durch Unverbindlichkeit erkauft.

Die Sonne der Gerechtigkeit scheint über Sünder und Gerechte.

Zu Hause war noch niemand

Heimat in der multikulturellen Gesellschaft

In diesen Jahren soll nun zusammenwachsen, was zusammengehört. Viele reden deswegen heute gern über das einige Vaterland, ein Begriff, mit dem ich als friedensliebende Frau, Mutter und Großmutter meine Schwierigkeiten habe. Da halte ich mich lieber an ein weniger belastetes Wort wie »Heimat«, weil das etwas ist, das alle Menschen brauchen, während ich mir beim Vaterland nicht so sicher bin, ob es nicht vor allem für Generale und Rüstungsindustrielle nützlich ist. Daß unser Land heimatlicher würde für alle, ist ein anderes Ziel.

Es gibt eine wunderbare Definition des Begriffs Heimat von dem amerikanischen Schriftsteller William Faulkner, er sagt, sie ist der Ort, wo sie dich aufnehmen müssen: »Home is where they have to take you in.« Der Ort, wo du hingehörst, Wurzeln hast, vielleicht Familienangehörige, vielleicht auch nur Gräber und ein paar Erinnerungen. Ein Ort, wo Dialekt gesprochen wird, den andere Leute komisch finden, wo bestimmte Gerichte so und nicht anders zubereitet werden, wo es Sitten und Gebräuche gibt, die vielleicht schon aus der Mode gekommen sind, die aber mit der Kindheit verbunden eine Verläßlichkeit der Welt hergestellt haben.

Manchmal reisen wir in diesen Ort der Heimat zurück – räumlich oder innerlich – und er-innern uns. So entsteht Beheimatung: indem wir uns erinnern und nach innen gehen. Ein Mensch, der überhaupt keine Erinnerungen hat, auch nicht an eine verlorene Heimat, ist uns unheimlich. Als hätte er seinen Schatten verloren und wüßte nichts mehr von seiner Herkunft. Ein Grundauftrag der jüdischen Tradition an die

Menschen heißt: Erinnere dich! Vergiß deine Wurzeln nicht! Du sollst im Gedächtnis bewahren, was früher war! Du lebst nicht nur heute, nicht nur von heute und nicht nur für heute. In dir drin ist das Frühere, und du sollst in dieses Schatzhaus und diesen finsteren Keller gehen und dich er-innern, an Freud und Leid in deiner eigenen Lebenswelt und in deinem Land. Stolz und Scham über unser Land gehören zum Leben dazu. Wenn wir uns erinnern, kommen wir näher an das, was in uns versteckt ist.

Heimat ist das Land, dessen Geschichte ich kenne. Zu meiner Hamburger Heimatkunde gehört zum Beispiel das Konzentrationslager Neuengamme dazu. Mit Besuchern aus dem Ausland fahre ich manchmal dorthin, weil ich selber nicht vergessen will, und weil ich für sie nicht nur ein Abzieh-bildchen vom Reisebüro vorzeigen will. Ohne Gedächtnis und Erinnerung gibt es keine Heimat, und indem wir uns erinnern, beheimaten wir uns auch. Wenn wir den Namen der jüdischen Familie, die das kleine Geschäft an der Ecke hatte, noch kennen oder wieder lernen, dann wird Heimat nicht nur eine wehmütige Umschreibung für ein Paradies, in dem wir nie waren, sondern auch Erinnerung an die, denen wir die Heimat genommen haben und die wir in die Fremde vertrieben haben. Von den Gefühlen, die wir mit Heimaterin-nerung verbinden, sind falsch nur die sentimentalen, die so vieles zuschütten, in denen die Opfer keinen Platz haben und nur einige Tote erinnert werden. Heimat entsteht da, wo wir uns erinnern, und die Wegwerfmentalität – nun mal endlich Schwamm drüber! – nicht zulassen. Human wird das Hei-matgefühl erst, wenn wir die Zusammenhänge kennen, auch die der Zerstörung, wenn wir wissen, was den Menschen in unserer Region angetan worden ist. Ohne die Toten gibt es keine Heimat.

Viele meinen heute, wir sollten nun endlich aus dem Schat-ten der Vergangenheit heraustreten, und manchmal habe ich den Eindruck, sie wollen unser Gedächtnis und unser Gewis-sen planieren, wie unsere Landschaften planiert werden. Zur Beheimatung gehört das Wissen von dem, was geschehen ist. Das einige Vaterland kann nur dann auch Mutterland und

Kinderland werden, wenn wir nicht vergessen. Erinnerung ist schließlich, wie ein jüdischer Rabbi sagte, das Geheimnis der Erlösung.

Wir leben in einem der reichsten Länder der Erde, einer Erde, die für zwei Drittel der menschlichen Familie immer unwirtlicher, immer elender wird. Eine der Konsequenzen aus diesem absurden Zustand, in dem die Reichen immer noch reicher und die Elenden immer mehr entbehrlich werden, ist eine neue Völkerwanderung, die bereits im Gang ist. Immer mehr Flüchtlinge kommen zu uns, in das Europa der Reichen. Wir haben verschiedene Namen für sie: Asylsuchende, Vertriebene, Wirtschaftsflüchtlinge, Verfolgte, Asylanten. Wie gehen wir mit ihnen um? Werden sie das europäische Haus betreten dürfen – oder werden sie an der Festung Europa abprallen? Müssen wir bessere Mauern bauen als die Berliner, um uns die Fremden vom Hals zu halten?

Diese Fragen werden uns in den nächsten Jahren mehr als genug beschäftigen. Ich habe natürlich kein Patentrezept, wie damit umzugehen ist, aber zwei Dinge möchte ich anmerken. Das eine ist der Begriff »Recht auf Heimat«, der aus der Diskussion der aus Ostdeutschland Vertriebenen entstanden ist. Er hielt das Unrechtsbewußtsein dieser Vertreibung wach, aber er wurde sogleich von Revanchisten besetzt, die das Unrecht nicht als Folge der deutschen Kriegsverbrechen ansahen, sondern es mit doppeltem Unrecht wieder in Ordnung bringen wollten. Aus dieser Diskussion, wie ich sie verstanden habe, folgt, daß es zwar ein Recht auf Heimat gibt, dieses aber begrenzt werden muß um des Friedens willen. Bezogen auf die Millionen Flüchtlinge, die nach Europa kommen werden, weil sie vor Arbeitslosigkeit und Hunger, Klimakatastrophen und Umweltvergiftungen, Rechtlosigkeit und Krieg fliehen, bedeutet ihr Recht auf Heimat, daß wir alles daran setzen sollten, die Lebensverhältnisse dort so zu verändern, daß niemand mehr fliehen muß. Mit jeder Tonne Giftmüll, die wir in die armen Länder exportieren, produzieren wir uns selber mehr Flüchtlinge. Mit jeder weiteren Ungerechtigkeit in den Handelsverträgen machen wir das Leben für die, die Kaffee oder Bananen anbauen, unmöglich. Ihr

Recht darauf, in ihrer Heimat zu bleiben, schließt das Recht auf Arbeit und Wohnung, auf trinkbares Wasser und unverstrahltes Gemüse ein. Wir sollten also daran arbeiten, die Zahl der Menschen, die wir durch unsere Politik heimatlos machen, zu verringern.

Zugleich, und das ist meine zweite Anmerkung, können wir als Christen die Flüchtlinge nicht abweisen. Dafür gibt es viele Gründe, ich finde die in der Bibel formulierten besonders deutlich. Im Psalm heißt es einmal: »Der Herr öffnet den Blinden die Augen, der Herr richtet die Gebeugten auf, . . .der Herr behütet den Fremdling« (Psalm 146,8 f.). Dem Volk Israel war bewußt, was Heimatlosigkeit bedeutet. Wer selber Flüchtling war, wird mit den Heimatlosen anders umgehen als die, die nicht wissen, was es bedeutet, vertrieben zu werden. Auch Jesus mußte als kleines Kind mit seinen Eltern vor einem kindermordenden Tyrannen nach Ägypten fliehen. Solche Könige Herodes herrschen auch heute und setzen manchmal Soldaten ein, oft auch sogenannte wirtschaftliche Sachzwänge oder militärische Notwendigkeiten, an denen Kinder zugrunde gehen. Sollen wir Maria und Joseph samt ihrem Kind, auch wenn sie heute türkische, kurdische oder afrikanische Namen haben, die Tür weisen? Es gibt eine falsche Heimatseligkeit, die andere ausgrenzt und ihnen das Recht auf Heimat wie das Recht auf Gastfreundschaft verweigert. Aber christlich gesprochen ist es Christus selber, dem unsere Gesetze und Bestimmungen das Land verbieten. Wir lassen ihn lieber draußen vor der Tür.

Vor kurzem hörte ich eine Geschichte über einen Bekannten, den ich als Arzt und Forscher sehr schätze. Dieser Mann wurde gebeten, seine leerstehende Wohnung doch einer ihm gut bekannten Frau mit vier Kindern, die ihren krebskranken Mann besuchen wollte, zur Verfügung zu stellen, für zwei Nächte. Er lehnte das ab. Ich weiß nicht warum, aber es ist eine Alltagsgeschichte, die mich sehr stört, und ich fürchte, ich kann sie nicht vergessen, wenn ich dem Arzt wieder begegnen sollte. Ich habe mich gefragt, warum es mich denn so verstört, wenn jemand Angst vor Unordnung oder Schmutz hat oder eine Art Intimität wahren möchte. Gastfreundschaft ist für mich eine wichtige Sache, und sie hängt mit dem bewußten Erleben von Heimat zusammen. Zuhausesein, ein Heim haben, die eigenen vier Wände gestalten, den eigenen Stil pflegen, das ist schön, aber auch gefährlich, wenn es zu etwas Unberührbarem tabuisiert wird.

In den älteren Kulturen war die Gastfreundschaft eine hochwichtige Tugend, der Fremdling, der Gast, der Unbekannte war den Göttern geweiht. Zeus, der oberste griechische Gott, war der Schutzherr des Fremden, von dem man wußte, daß die Gesetze des Landes auf ihn nicht zutrafen. Sie verhinderten, daß er festen Fuß faßte, indem sie den Fremdlingen verboten, Eigentum zu erwerben oder Ehen zu schließen. Sie beschützten ihn nicht, wenn ihm Unrecht getan wurde. Der Heimatbegriff und das Heimatgefühl zeigten den Fremden gegenüber ihre aggressive, bösartige Seite. Du gehörst nicht zu uns, das drückten die Heimattreuen durch Gesetze und Regeln, durch Verhalten und Denken aus.

Auch der Gott der Bibel hat eine Vorliebe für die Fremden, die Nicht-Einheimischen. »Einen Fremdling sollst du nicht bedrücken. Ihr wißt, wie dem Fremdling zumute ist; seid ihr doch auch Fremdlinge gewesen im Lande Ägypten« (2 Mose 23,9). Gott ist der, der die Fremden vor Willkür und Rechtsbeugung beschützt, Gott ist der, »der die Person nicht ansieht und nicht Bestechung annimmt, der der Waise und der Witwe Recht schafft und den Fremdling liebhat, so daß er ihm Brot und Kleidung gibt« (5 Mose 10,17 f.). Diese Tradition war verwurzelt in der Erfahrung Israels, die Flucht des Volkes aus Ägypten war die nationale Grunderfahrung, und die spätere geschichtliche Erfahrung des Exils, in dem ein Teil des jüdischen Volkes aus Israel nach Babylon verbracht wurde, hat die Juden nie ganz so heimisch auf der Erde gemacht wie die normalen Ansässigen. Flucht und Heimat, Heimat und Exil blieben die Koordinaten ihres Lebens.

Auch die ersten Christen können wir uns ohne Gastfreundschaft kaum vorstellen. In der Urgemeinde haben Frauen den städtischen Verwaltungen gegenüber die Garantien für Gäste übernommen, sie haben mit ihnen gewirtschaftet und gelebt, sie haben gemeinsam gebetet, gegessen und sich in allen

Fragen des Alltags beraten und unterstützt. Den Arbeitslosen wurde Arbeit beschafft, den Obdachlosen Obdach. Die Häuser der Christen waren offen, in jedem Fremdling konnte sich Christus verstecken. Sollte man ihn herauswerfen oder nicht einlassen? Wenn ich einen Traum von der Kirche habe, so ist es der Traum von den offenen Türen gerade für die Fremden, die anders sprechen, essen, riechen. Mein Haus wünsche ich mir nicht als eine für andere unbetretbare Festung, sondern mit vielen Türen. Heimat, die wir nur für uns selber besitzen, macht uns eng und muffig. Jeder Gast bringt etwas mit ins Haus, das wir selber nicht haben. Heimat und Exil gehören zusammen, weil wir ganz zu Hause auch im schönsten Haus nicht sind.

Meine erste Begegnung mit einer fremden und sehr gemischten Kultur fand in der Stadt New York statt, und zwar zu einem Zeitpunkt, als ich immerhin schon vier Jahrzehnte ziemlich monokulturell gelebt hatte. New York hat mich überwältigt, und die Mischung von jüdischer, osteuropäischer, italienischer, chinesischer, puertoricanischer und schwarzer Kultur ist für mich der Inbegriff von Stadt geworden. Eine Grenze bemerkt man erst, wenn man sich ihr nähert und das Inland des So-und-nicht-anders verläßt. Das gilt nicht nur geographisch, sondern auch kulturell; der Blick für die eigene Heimat schärft sich, wenn man an anderen Menschen andere Formen von Heimat entdeckt. Erst wenn man indonesisch oder griechisch ißt, wird einem der heimische Schweinebraten mit Rotkraut langweilig. In New York geht man ein paar »blocks«, wie es dort heißt, weiter und findet andere Gerüche und andere Restaurants, andere Kirchen und andere Musik aus den Boxen, andere Hauptfarben und Akzente. Und all dies nicht zusammengeschmolzen, wie man uns lange weisgemacht hat, sondern durchaus eigenständig: eine lebendige Vielfalt von Widersprüchen, von Unterschiedenheit und Minderheiten, die man mitbedenken, mitberücksichtigen muß, wenn man in dieser Vielfalt leben will.

Ich erinnere mich an ein Konzert in der Carnegie Hall mit Mikis Theodorakis, damals hatten wir das Gefühl, als einzige Nichtgriechen in einer begeisterten, klatschenden, mitsingenden Menge zu sitzen. War es nicht doch Athen? fragte ich mich, alle Griechen der Millionenstadt, alle Blumenverkäuferinnen schienen sich dort versammelt zu haben. Wir wurden einfach in eine andere Kultur getaucht. Ähnlich ist es mir in vielen schwarzen Gottesdiensten gegangen, sie haben mich begeistert und mir klargemacht, wie langweilig die weiße europäische Kirche doch ist, wo niemand klatscht, sich wiegt, tanzt, laut lacht, stört oder dazwischenruft.

Erst viel später lernte ich den heute üblichen Ausdruck »multikulturell« kennen und lieben. Unser Leben ist von vielen Kulturen bestimmt und eingefärbt, und jedes dumme »Ausländer raus!« an einer Mauer tut weh. Ich meine, es will uns berauben. Wir leben in einem Einwanderungsland mit vielen Kulturen nebeneinander. Wäre denn eine Monokultur wünschenswert? Monokultur ist ein Ausdruck aus der kolonialen Landwirtschaft, die Kolonialherren haben den unterworfenen Völkern ein Produkt zum Anbauen aufgezwungen, zum Beispiel Zucker. Damit wurden die Kolonialisierten wirtschaftlich abhängig und ökologisch kaputtgemacht. Aber auch für uns ist Monokultur kein Ideal, wir brauchen das Fremde, in uns allen steckt ein bewegliches, unersättliches neugieriges Wesen, das sich ausprobieren will. Mischkulturen sind für die Erde und das ökologische Gleichgewicht gut, warum sollten sie nicht auch einer Industrie, die menschengemäß produzierte, zuträglicher sein? Harmonie entsteht ja gerade aus Verschiedenheit und aus der Fähigkeit, die Andersheit des anderen auszuhalten.

Aber, so höre ich einwenden, wird uns damit nicht die Heimat genommen, werden wir nicht ganz überfremdet? Wo bleibt denn die eigene Kultur, wo bleiben denn wir mit unserer Geschichte, unseren Traditionen, unseren Eß- und Lebensgewohnheiten? Ich glaube, diese Ängste sind unberechtigt – und vielleicht eine Ablenkung von den wirklichen Ängsten, die wir haben und artikulieren sollten, daß uns nämlich unser Wasser und unsere Luft ja nicht vom türkischen Arbeiter weggenommen werden, sondern von ganz anderen Herren. Auch in der multikulturellen Gesellschaft, in der verschiedene Rassen und Stämme, Sprachen und Gebräuche Platz haben, kann es Heimat geben, Unverwechselbarkeit. Sie ist dann allerdings nicht mehr einfach vorgegeben, wie der Ort meiner Geburt, den ich mir schließlich nicht ausgesucht habe, sondern aufgegeben: indem wir uns für Fremde öffnen, ändert sich auch unser Haus und wird ein wenig heimatlicher.

Ich erinnere mich an eine ältere alleinstehende Frau, die von einer mit ihr gutstehenden Arbeitskollegin sagte: »Aber ins Haus laß ich die auf keinen Fall!« Die eigene Wohnung war für sie eine Art heiliger Bereich, nichts Profanes sollte da hereinspazieren, rauchen, Kaffee trinken, die Toilette benutzen oder was auch immer. Diese Frau war als Kind Flüchtling gewesen, und sie war nun im Alter sehr allein. Sie hatte den Bruch der Vertreibung aus der Landschaft des Ostens, aus der Verwandtschaft des Dorfes, aus der Kameradschaft des Arbeitsdienstes schmerzlich erlebt, und sie hatte aus dem Flüchtlingsein genau die falschen Konsequenzen gezogen: »Die laß ich nicht rein« war ein immer wieder von ihr zu hörender Satz. Wie sehr sie sich selbst verkleinerte und beraubte, war ihr gar nicht bewußt. Die Einsamkeit betrachtete sie als eine Art Schicksal, das es besonders böse mit ihr meinte. Daß Gastfreundschaft nicht nur ein Öffnen der Türen, einschließlich der Kühlschranktür, bedeutet, sondern auch ein Öffnen des Herzens, war ihr nicht klar.

Aber woher sollte sie's auch wissen? Sie hatte aus der Vertreibung kein Heimweh gerettet, sondern nur Bitterkeit. Sie tat so, als sei dies alles nun vorbei und erledigt. Aber ohne Erinnerung können wir nicht leben, und wer meint, es ginge doch, würgt etwas in sich selber ab. Wer das Heimweh gar nicht kennt, dem fehlt etwas. Wer sich hier und jetzt so beheimatet, daß ihm die Heimatlosen, von denen wir umgeben sind, egal sind, der versteht nicht richtig, daß Heimat und Heimatlosigkeit zusammengehören. Gefühle der Heimat und Gefühle der Heimatlosigkeit wohnen in einem Herzen.

Die religiöse Tradition hat das sehr klar ausgesprochen: Wir sind exiliert, unsere Heimat ist im Himmel, aus dem Paradies wurden wir vertrieben, das, was hier ist, kann doch nicht alles sein. Manche Menschen denken dabei an ein späteres Leben, das erst nach dem Tod beginnen soll. Aber die jüdische und die christliche Tradition der Bibel ist nicht jenseitssüchtig. Wohl aber macht sie die Menschen nicht ganz zu Hause hier auf der Welt, schafft sie eine gewisse Fremdheit im eigenen Land. »Ich bin ein Gast auf Erden und hab' hier keinen Stand, der Himmel soll mir werden, da ist mein Vaterland«, heißt es im Gesangbuch. Heute gelten Utopien als überholt und eine Art breitbeiniger Pragmatismus herrscht, der Sinn für das Machbare scheint über den Sinn für das Mögliche zu triumphieren. Die, die sich immer noch fremd im eigenen Land fühlen, weil ihnen die Luft zu verseucht, die Gesetze gegen Ausländer zu menschenfeindlich und der Militärhaushalt als ein getarntes Verbrechen gegen die verhungernden Völker vorkommt, gehören zu einer bewußten Minderheit. So heimatfreudig, so selbstzufrieden nationalistisch mögen sie nicht sein. Sie erinnern sich an die dunkle Geschichte unseres Landes. Die englische Sprache hat ein schönes Wort für »sich erinnern«, es heißt »to remember« und bedeutet wörtlich, sich wieder zu einem Mitglied, zu einem »member« einer Familie, einer Gruppe, eines Volkes zu machen, die Vereinzelungstendenzen, die bei uns so farbenprächtig und aufdringlich daherkommen, sausen zu lassen und zugehörig zu werden, Angehörige zu haben, nicht ganz allein dazustehen. Wir erinnern uns an Zion, die Stadt Gottes, mit Bürgerrecht noch außerhalb des einigen Vaterlandes, und das macht schon ein wenig heimatlos in Gelsenkirchen!

Heute läßt sich das von vielen bewußten Christen aus der früheren DDR lernen. Ist denn das alles gewesen, daß wir so werden wie die Menschen in der Bundesrepublik? so fragen sich viele von ihnen. Hatten wir nicht in den Friedensgottesdiensten am Montagabend und den gewaltfreien Aufmärschen und an dem indes schon vergessenen Runden Tisch noch andere Träume und Hoffnungen? Hieß Freiheit für uns nicht auch Befreiung von dem Menschheitskrebs, den man Militär nennt? Bedeutete Versöhnung nicht auch Frieden mit unserer Mutter, der Erde, statt sie gekonnter auszuplündern? Wollten wir denn mit den Bananen auch die Pornofilme und den Fremdenhaß? Jedenfalls haben wir immer noch Grund genug, uns an Zion, unsere Heimat, zu erinnern. »Vergesse ich dein, Jerusalem, so möge meine Rechte verdorren« (Psalm 137,5).

Heimat in der multikulturellen Gesellschaft ist immer auch Heimatlosigkeit, beides sind sehr jüdische Themen. Ein Meister der Sehnsucht beschreibt im 35. Kapitel des Jesajabuches die Heimat, in die er will. »Freuen sollen sich die Wüste und das dürre Land, frohlocken die Steppe und blühen!« So träumt er von seiner Heimat, während er doch mit seinem Volk in Gefangenschaft in Babylon sitzt. Er sehnt sich nach einem Land, in dem er niemals war. Er lebt im Exil, verschleppt, vertrieben aus seiner Heimat Jerusalem. Babylon hatte die höhere Kultur, dort gab es eine eigene Schrift und Literatur, eine ausgebildete Rechtswissenschaft, ein blühendes Finanzwesen. Dort gab es Wasserflüsse, anders als im oft von Dürre bedrohten Heimatland. Und doch sehnt sich dieser Exilierte nach Hause nach Jerusalem. Er will in die Stadt, in der die Blinden sehen, die Lahmen wie die Hirsche springen und die Stummen ihre Sprache wiedergefunden haben. Er sehnt sich nach dem Land, in dem die Wüste blüht und Narzissen in der verdorrten Steppe wachsen und in dem die Menschen sich nicht mehr reißen, wie der Löwe seine Beute reißt. Eine heilige Straße sieht er vor sich: »Dort wird kein Löwe sein, und kein reißendes Tier wird auf ihr hinansteigen, keins ist dort zu treffen; sondern Erlöste werden darauf gehen, und die Befreiten des Herren werden heimkehren und nach Zion kommen . . .«

Was will dieser Mann? Wer ist er überhaupt? Welche Stadt könnten wir ihm empfehlen, und welches Land wäre richtig für ihn? Wo hat man denn schon den Verstummten zu ihrer Sprache geholfen? Ich denke, dieser Mensch, diese Frau mit den großen Wünschen sitzt an vielen Flüssen Babylons, am Rhein und an der Elbe, an der Wolga und am Mississippi. Sie gilt als unzuverlässig, weil sie in jedem Land zu große Wünsche hat. Überall sucht sie die Stummen, die ihre Sprache gefunden haben und gehört werden, überall hält sie Ausschau nach der Wüste, die bewässert wird und fruchtbar, jede Stadt ist ihr ein Käfig, ob Stuttgart oder Hong Kong, und sie ist nie eingefangen in die Sprache der Leute, weil die Sprache ihrer Wünsche weitergeht. Zu Hause ist sie im Niemandsland, in dem noch keiner war. Jeder Mensch ist ein Ausländer, fast überall, und jeder Mensch der Sehnsucht ist ein Ausländer, überall.

Damals riefen die Babylonier den Juden im Exil zu: »Singt doch ein Lied von Zion!« Aber sie wollten in Babylon nicht singen, sie wollten nicht so tun, als seien sie dort zu Hause. Sie hielten an der Heimatlosigkeit fest um einer anderen Heimat willen. Sie begriffen, daß auch ein gut eingerichtetes Gefängnis noch Gefängnis ist, auch eine demokratische Armee noch zum Töten und zum Sterben da ist und auch die sanfte Werbestimme eine Verführung zu Lüge und Verleugnung bedeutet. Und so macht die Sehnsucht aus ordentlichen Gehaltsempfängern Leute, die sagen »Wir sind das Volk«, die Religion macht aus fleißigen Untertanen unberechenbare Träumer, und es ist Gott selber, der uns heimatlos macht unter der Herrschaft des Unrechts. Jesaja hat das Modell Babylon »Gefangenschaft« genannt und sich das Heimweh nach der Gerechtigkeit nicht ausreden lassen. Nein, sagte er, »Babylon ist nicht meine Heimat, sondern wir suchen die zukünftige« (Hebräer 13,14).

Das Ozonloch in der Kunst

Zur Utopie der Kultur

Nach dem Schriftsteller Juvenal (etwa 47–113 n. Chr.) ist das Verlangen des römischen Volkes auf »panem et circenses«, auf Brot und Spiele, im Zirkus gerichtet gewesen. Der Circus Maximus zu Rom faßte in der Kaiserzeit bis zu 60 000 Menschen. Über die Kultur der Feste im Imperium Romanum schreibt der Historiker Carcopino: »Die Freizeit füllten und ordneten sie (sc. die Cäsaren) im religiösen und weltlichen Bereich durch Darbietungen auf dem Forum, im Theater, im Stadion, im Amphitheater, auf der Wasserkampfbahn. Durch immer neue Unterhaltungen hielten sie das Volk in Atem. Auch als ihre Kassen schrumpften und die Ausgaben eingeschränkt werden mußten, ließen sie nicht nach, neue Vergnügungen zu ersinnen. Niemals in der Geschichte hat irgendein Volk so viele Feste gefeiert.«

Wozu dienten diese Feste im Imperium Romanum? Ihre Funktion war Unterhaltung und Zerstreuung, sie war Ablenkung von der barbarischen Realität, die das Leben der Armen sowohl in der Metropole selbst wie in den unterjochten Provinzen an der Peripherie bestimmte. Vor allem aber stellten die Feste den politischen Konsens der Bevölkerung mit den Mächtigen her, sie inszenierten diesen oft erzwungenen Konsens. Die frühen Christen haben sich vermutlich schon in der Zeit des Paulus von diesen Festen ferngehalten und damit ein politisches Instrument der kaiserzeitlichen Herrschaft gestört; die Lasterkataloge, in denen vor ausschweifenden Gelagen mit Trinkfesten gewarnt wird, sind nicht als platte Moralpredigten, sondern als gesellschaftliche Anweisung zur Praxis des Widerstandes als Verweigerung zu verstehen (vgl.

Römer 13,13). Auch damals waren die Mächtigen auf Konsensbildung und Akzeptanz angewiesen, um die Zerstörung der kulturellen Lebenswelt des Volkes auffangen zu können. Die Kultur der Spectacula und Symposia funktionierte als Kompensation für die lebensweltlichen Verluste, die mit der Urbanisierung, Romanisierung und Kolonialisierung der Bevölkerung einhergingen.

Ich will in einem ersten Teil auf die *Zerstörungen der kulturellen Lebenswelt*, wie ich sie in der postindustriellen Gesellschaft wahrnehme, eingehen, in einem zweiten dann auf ein anderes Verständnis von Kultur, das ich *Beheimatung in der Befreiungsgeschichte* nennen will. Ich versuche, so narrativ wie irgend möglich vorzugehen und kleine Kultur-Geschichten zu erzählen, weil es uns vielleicht nicht so sehr an einem analytischen Instrumentarium mangelt als an reflektierter Erfahrung benannter, kenntlich gemachter Verödung.

Seit Mitte der 80er Jahre gibt es in der Bundesrepublik eine neue politische Aufmerksamkeit für Kunst und Kultur. Bundeskanzler Kohl erkannte, daß unser Land »beides zugleich ist: Industrie- und Kulturgesellschaft«. Kurt Biedenkopf plädierte für eine Kultur, die verhindern soll, »daß der technisch-wissenschaftliche Fortschritt in einem Verdummungs-, Enthumanisierungs- oder gar Selbstzerstörungsprozeß« endet. Lothar Späth visierte eine »Versöhnungsgesellschaft an, die sich selbst als Kulturleistung versteht«.

Diese großen Worte sind nicht einfach Sonntagsreden, sie deuten vielmehr auf einen Wandel hin, der sich in der Industrie und den führenden Unternehmen ganz realistisch zeigt: Immer mehr kulturelle Ereignisse werden von den großen Unternehmen »gesponsert«, wie es mit einem aus dem Amerikanischen übernommenen neuen Wort heißt, zu deutsch, sie werden finanziell unterstützt.

Was steht hinter diesem neuen Interesse des Staates und der Wirtschaft an der Kultur, die bisher doch eher als Stiefkind angesehen wurde, als eine oft störende, bestenfalls schöne, in jedem Fall aber machtferne Nebensache?

In der postindustriellen Gesellschaft wächst die Freizeit immer weiter an und muß gefüllt werden. Vieles, was als

Kultur gilt, stellt einen neuen Markt für die Freizeitindustrie dar. Diese Industrie wächst und wird weiter wachsen. Inhaltlich läßt sie sich als *fun culture*, als Kultur, die Spaß bringt, benennen. Von der alten Bestimmung der Kunst, die Menschen zu unterhalten und zu belehren, bleibt nur noch die Unterhaltung übrig, das *entertainment* ist zum einzigen Maßstab geworden.

Kultur wird nach den Einschaltquoten bemessen, sie muß sich verkaufen lassen, sie wird den landesüblichen Werbekriterien unterworfen: der Konsumierbarkeit, der Akzeptanz, der Verkäuflichkeit. Große Stadtfeste werden inszeniert – und die kleine Bücherhalle in der Vorstadt wird geschlossen. Was nicht unterhaltsam ist, nicht dem *entertainment* dient, rutscht ins Abseits, ins Nachtprogramm oder auf ein Nebengleis. Die große Kultur findet in den großen Städten statt; die Metropolen beweisen ihre Attraktivität, und die Provinzen veröden. Dabei ist die konservative Kultur-Renaissance zunächst mit dem Anspruch angetreten, die Kultur solle die von der Modernisierung beschädigten Menschen entschädigen, sie solle kompensieren, was an lebensweltlichen Verlusten durch die technisch-instrumentelle Vernunft eingetreten ist. Sie soll den »Sinn« des Ganzen versöhnend feiern und die Zerstörung der kulturellen Lebenswelt erträglich machen.

Die lebensweltlichen Verluste sind der Preis für den technischen Fortschritt, die Kultur soll uns damit versöhnen, ihre kritische Funktion tritt zurück, es wird Sinn verabreicht, aber es darf nur ja keine Veränderung, die an die Wurzeln der kulturellen Verarmung ginge, auch nur – im Bereich der Kunst – erträumt werden.

Ich will ein Beispiel für die Zerstörung der kulturellen Lebenswelt geben. Eine Freundin von mir, Lehrerin an einer Grundschule in einem Arbeiterviertel, geht mit ihren Achtjährigen auf eine Freizeit. Zwei Kinder haben Heimweh und wollen nicht einschlafen, da erzählt sie ihnen in wenigen Sätzen, was sie träumen sollen. Schließlich wollen alle zwanzig Kinder ein paar Worte, ein Gute-Nacht-Ritual. Sie erfindet, benennt, erzählt, von Bett zu Bett gehend, jedem Kind einen Traumwunsch. Nach der Rückkehr verlangen einige

Kinder dasselbe von ihren Müttern. »Das können wir nicht«, sagen mehrere Mütter, »das kann nur die Lehrerin, die hat das ja gelernt.«

Die Frauen selber sind ohne Sprache, die über den Alltag hinausginge. Was in der traditionellen Kultur als Singen, Beten, Erzählen angeeignet und weitergegeben wurde, ist nicht mehr vorhanden. Ähnliche Formen der kulturellen Stummheit und seelischen Verwahrlosung finden sich häufig auch bei sehr reichen Eltern. Was sind die Ursachen einer solchen Auslieferung von Menschen an die Banalität? Ist es die Arbeitsteilung und Professionalisierung, die bestimmte kulturelle Fähigkeiten, die allen gehören sollten, spezialistisch aufteilt? Welche Aufgaben stellen sich in diesem Umkreis den Kulturarbeiterinnen und -arbeitern?

Eins ist klar: Das neue Interesse an der Kultur, das Staat und Wirtschaft heute bekunden, wird an diesen verstummten und beschädigten, kulturell verödeten Frauen vorbeigehen. Aufwendige Stadtfeste, Saunaspaß, Prestigeobjekte im Museum, internationale Spitzenklasse in den Konzertsälen – all das wird diese Frauen nicht zum Singen bringen.

Die neue Kultur richtet sich an ganz andere Konsumenten, sie bezieht sich auf das High-Tech-Lebensgefühl junger, urbaner, professioneller, meist einzeln lebender, kurz Yuppies genannter Menschen. Für sie sollen die Städte mit postmoderner Architektur attraktiv gemacht werden, die Lebensqualität dieser Gruppe soll glänzender, flimmernder werden. Die materialistische Verblödung eines großen Teils der Bevölkerung wird dabei billigend in Kauf genommen.

Der *Sozialabbau*, die Einsparung von Personalkosten, ist *massiver Kulturabbau*. Bücherhallen, vor allem in Randzonen, werden geschlossen oder haben selten geöffnet – meist mit der Begründung, daß die Ausleihziffern zurückgegangen seien; daß Bücherhallen auch Kommunikationsorte sind, Treffpunkte für Kinder und für alte Leute, ist für die Behörden kein Argument; das Kulturverständnis der Stadt ist vollständig quantifiziert. Die Museen haben die Eintrittspreise erhöht, eine Reihe von Abteilungen sind »wegen Personalmangels« geschlossen . . .

Kultur wird nicht nur abgebaut, sondern auch zerstört durch *Trivialisierung*. Ich befürchte, daß wir den Höhepunkt dieser Zerstörung durch Trivialisierung noch nicht erreicht haben. Ein horrendes Beispiel aus dem Bereich religiöser Kultur ist eine Verkündigungssendung in einem privaten Sender. Vor dieser Zweiminutenandacht läuft ein heißer Beat, sie gleitet in ihn hinein, Beat setzt sofort danach wieder ein, manchmal wird den Texten auch Musik unterlegt. Die kurzen Sätze sind ein Gehämmere, schnell und dem Rhythmus der Musik angepaßt gesprochen. Der Text will unauffällig sein und ununterscheidbar im Gesamtprogramm des Senders. Sein Verfasser teilt die Auffassung des Senders, daß eigentlich, besonders von jungen Leuten, *nur* Musik aufgenommen und gehört wird, Texte höchstens dann, wenn sie musikähnlich sind. Der vermusikalisierte Text, der nicht interpunktierte akustische Fluß bezeugt das hohe Interesse, nicht aus dem Rahmen zu fallen, keine Aufmerksamkeit herzustellen. Er teilt dem Hörer mit: Nicht aufgepaßt! Es kommt nichts Besonderes! Ganz locker! . . .

»Endlich ist es mal wieder soweit, die Sonne strahlt wärmer. Die Reiselust bricht durch. Da will ich wissen, welche Chancen ich als Mann bei einem kleinen Urlaubsflirt habe. Als Deutscher kann ich es kaum besser haben; das ergab eine Umfrage. 56 Prozent der befragten Frauen finden deutsche Männer am spannendsten. Sie verstehen Flachs, sie legen nicht jedes Wort auf die Goldwaage und sind auch nicht langweilig. Damit haben die deutschen Männer in puncto Urlaubsflirt Italienern den Rang abgelaufen. Die sollen zwar herrlich romantisch sein, aber trotzdem belegten sie mit 16 Prozent Beliebtheit nur den zweiten Platz. Das beruhigt. Die Konkurrenz ist also erst mal abgeschlagen. Aber wenn ich darüber nachdenke, dann kommen mir doch ein paar Zweifel. Ob die Umfrage auch auf mich zutrifft, dafür kann mir niemand garantieren. Vielleicht hilft mir da mein Horoskop weiter. Für ein paar Mark kann ich mir sogar ein persönliches erstellen lassen. Im Kaufhaus aus dem Computer. So ein bißchen Absicherung kann ja nichts schaden. Schließlich will ich einen gelungenen Urlaub machen. Aber auch das Horoskop kann mir nicht besonders weiterhelfen. Das redet nur von Möglichkeiten. Ob die eintreffen oder nicht, nichts Genaues weiß man nicht. Und ich bin schon wieder da, wo ich angefangen habe. Was bleibt mir übrig? Entweder freue ich mich gar nicht auf meinen Urlaubsflirt, oder ich warte ab, was sich vor Ort so abspielt. Und das scheint mir immer noch die beste Lösung zu sein. Die nette Überraschung. Das hat schließlich auch etwas. Gefühle kann man eben nicht im voraus planen, sonst wären sie unecht, und mit dem erhofften Genuß wäre es vorbei. Also kein Verlassen auf Umfragen oder Horoskope, sondern auf den Menschen vertrauen. Denn bekanntlich muß man kein Casanova sein, um bei den Frauen anzukommen. Das ist immer noch eine Frage des persönlichen Geschmacks. Und da hat jeder Mensch so seine eigenen Vorstellungen. So wie Gott uns geschaffen hat, lassen sich die in keine Schablone pressen. Deshalb: auch wenn mir die große Beliebtheit deutscher Männer den Bauch pinselt; ich verlasse mich lieber auf eine höhere Instanz. Ganz nach dem biblischen Motto: ›Ich vermag alles durch den, der mich stark macht, Christus.‹«

Die innere Zerstörung der Kultur läuft über die Trivialisierung der Banalität. So viel Verpackung wie irgendmöglich in zwei Minuten, so wenig Inhalt wie noch benötigt. Die Sprache ist formlos, eine Allerweltssprache oder das, was der Autor dafür hält. Unvollständige Sätze, plumpe anbiedernde Redewendungen, alles soll locker und relaxed sein. Die Stillosigkeit gilt als Umittelbarkeit. Wo es formlos zugeht, da fühlt man sich wie zu Hause. Form kann in diesem Medium nur als Entfremdung verstanden werden. Die Sprache soll assoziativ und zufällig klingen. In dieser Mißachtung der Gestalt wird das Jeweilige, Augenblickliche, Nächstbeste als das Originale ausgegeben. Die Art der Vermittlung, die Verpackung dominiert den Inhalt total; man könnte von einer Verblödung durch Didaktik sprechen. Das Allerweltsgeplauder mündet in die bemerkenswerte Einsicht, daß man Gefühle nicht im voraus planen kann und auf den Menschen vertrauen muß. Am Ende erscheint dann doch – die Sendung wird schließlich durch Kirchensteuer bezahlt – eine Art geistlicher Heckenschuß, des Inhaltes: Ich verlasse mich lieber auf eine höhere Instanz. ... Ich vermag alles durch den, der mich stark macht, Christus! Die Potenz wird durch Omnipotenz garantiert! Wenn man auch nur die leiseste historische Erinnerung hat, aus welchem Leiden heraus Paulus diesen Satz gesagt hat und in welchen Ängsten er Menschen getröstet hat, dann überkommt einen angesichts dieser Beleidigung der biblischen Tradition, Beleidigung der Frauen und Beleidigung der Hörer, ein Ekel, der einem beinahe die säuerliche Ernsthaftigkeit älterer evangelischer Morgenandachten wieder sympathisch macht!

Wir amüsieren uns zu Tode und machen aus der Kultur das *entertainment*. Das Wort »Kultur« leitet sich von colere (collui, cultum) »bebauen, pflegen« ab. Es bezieht sich auf Ackerbau und Arbeit einerseits und Kult und Verehrung der Gottheiten, die Saat und Frucht segnen, andererseits; beides wurde als zusammengehörig betrachtet. Bei uns wird nicht nur die Kunst, sondern die gesamte veröffentlichte Kultur, auch die Religion, auch der Sport den Kriterien der Unterhaltsamkeit, der Konsumierbarkeit, der Akzeptanz und der Verkäuflichkeit unterworfen.

Was sind die Ursachen einer solchen Auslieferung der Menschen an die Banalität? Und was ist mit denen, die vom Geist alleingelassen und von der instrumentellen Vernunft nur beschädigt, vereinsamt, verstädtert, nuklearfamilisiert worden sind? Was ist mit den 400 000 Menschen, die zu einem der wichtigsten Ereignisse dieser sogenannten Kulturgesellschaft gefahren sind, nämlich zum Flugtag von Ramstein? Wie nennen wir denn die Kultur, die die Leute dorthin treibt? Wie zerstört müssen denn Menschen sein, deren Kultur keinen Waldspaziergang, keine Gutenachtgeschichte, keinen Theaterbesuch außer dem Todestheater der Militärtechnologie erlaubt?

Die *Unterbrechung des Zynismus und der Banalität* möchte ich als Voraussetzung einer anderen Kultur nennen. Beide umschließen uns wie Gefängniswärter in einem der komfortabelsten Gefängnisse der Welt, dessen Fenster und Türen weit offen zu stehen scheinen. Sobald wir uns aber herausbewegen wollen, schließen Zynismus und Banalität, diese sanften Besetzer unserer Bilderwelt, uns ein. »Anything goes«, erklären sie uns höflich, und warum sollten wir dann noch herauswollen. Jedes wirkliche Aufbegehren gegen die verödete und bedrohte Lebenswelt wird durch die Banalität abgewehrt und den Zynismus, der immer schon Bescheid weiß, lächerlich gemacht. Ein milder, dämpfender, begütigender Populismus ersetzt Demokratie und ihr kämpferisches und leidensfähiges Verhältnis zur Realität. Jede Katharsis kann heute als Jux verwendet werden.

Ich habe bisher den weiten Begriff von Kultur vorausgesetzt, wie wir ihn für vergangene Zeiten oder für die Kultur der Völker der Dritten Welt ansetzen, einen ganzheitlichen Begriff, der Landwirtschaft und Kochkunst einschließt. Dieser weite, ethnologisch geprägte Kulturbegriff erscheint zwar theoretisch auch in der neuen Debatte um die Kultur, zum Beispiel wenn wir von Streitkultur, Eßkultur oder neuer Firmenkultur sprechen, er wird aber praktisch an vielen Stellen wieder im Sinne deutscher Geistesgeschichte zurückverengt und auf die Geisteskultur der Museen und Opernhäuser allein bezogen. So übernimmt die Postmoderne das elitäre Erbe der Tradition, entledigt sich aber zugleich aller inneren Ansprüche, die diese Tradition bürgerlicher Kultur erhob, uns zu humanisieren. Die bildenden, verändernden kathartischen Anteile werden geleugnet. Ein formalistisch-neutrales Kulturverständnis macht sich breit. *All is pretty.*

Ich möchte hier zwei altmodische Definitionen von Kultur einführen. Die erste stammt von dem Walliser Schriftsteller Maurice Chappaz, der in seinem Tagebuch notiert: »Was ist Kultur? Es ist das, was die Fähigkeit, die Gabe zu lieben, entwickelt.« Dann wäre die Arbeit am gemeinsamen Überleben Kulturarbeit. Eine Geschichte solcher individueller Kulturarbeit: Auf einer Straße in Altona sind an einer Stelle, wo die Autos rasen, mehrere Verkehrsunfälle geschehen. Die Eingaben der Bürger wurden nicht beachtet. Ein Bürger, von den meisten als Spinner angesehen, nimmt einen schönen Stoff in der Breite eines Zebrastreifens, rollt ihn über die Straße und läßt die Kinder die Straße überqueren, ehe er von der Polizei wegen Störung festgenommen wird. Er wiederholt seine Aktion und wird wieder verhaftet.

Kultur ist das, was die Gabe zu lieben entwickelt. Eine zweite Definition stammt von Hugo Ball aus dem Jahr 1919 und lautet: »Was ist Kultur? Eintreten für die Ärmsten und Geringsten, als solle aus ihnen das Höchste und alle Himmel sich gebären.« Gibt es Spurenelemente dieses Geistes in dem neuen Interesse an der Kultur? Ich vermute, die sich so ungeheuer neu dünkende und *Fun*-besessene Kulturdebatte hat sich von den humanistischen Grundlagen so weit entfernt, weil sie die Moderne nicht eigentlich aufnimmt und integriert, sondern sie postmodern zu überhüpfen versucht.

Ich will das kurz an verschiedenen Kunstauffassungen klarmachen. Die traditionelle klassische Kunstauffassung beruhte auf einem Kanon der Kultur. Sie wiederholte Anerkanntes, sie tradierte Stile und Formen, ihre Inhalte waren als allgemein gültig angenommen, sie überhöhte die Gesellschaft. Die Kultur war in den Formen imitativ gebunden, in den Inhalten weihend und versöhnend.

Die Moderne hat den Kanon der Kultur aufgelöst, sie experimentiert mit Neuem, sie kreiert Stile und Formen, ihre Inhalte sind ohne allgemeine Zustimmung, subjektiv gesetzt. Sie stellt die innere Verlassenheit dar, übrigens auch wenn sie »postmodern» *fun* und Unterhaltung verbreitet. Sie ist in den Formen experimentell und innovativ, in den Inhalten kritisch und unversöhnt mit der Zerstörung der Lebenswelt.

Die gegenwärtige Annäherung der Politiker und Unternehmer an die Kultur, das Reden von der »Kulturgesellschaft« versucht etwas, das meiner Meinung nach nicht gelingen kann: Sie will die gesellschaftliche Weihe aus der Traditionskultur vermittels innovativer Formen der Moderne retten oder wiederherstellen. Sie will die Kompensation für den Verlust an Lebenswelt mit den Mitteln, nicht aber den Intentionen der Moderne. Sie will innovativ und experimentell sein, weil nur dies lustvoll besetzbar und daher verkäuflich ist, aber die Freiheit ist auf den kulturellen Sektor beschränkt, jeder überspringende Funke wird vom Zynismuswächter gelöscht. Sie will dem neuesten Stand der Produktivkräfte entsprechend »spielerisch« – in der Firmenkultur: nicht-hierarchisch, in der Popkultur: »ganz locker« – leben und leben lassen, aber die Grundlagen der Zerstörung der Lebenswelt sollen nicht angetastet, nur angekitzelt werden.

Wo immer der Zynismus in der Gefahr steht, zusammenzubrechen unter der Last von einem Drittel der verödeten Gesellschaft und zwei Dritteln der verhungernden Menschengesellschaft und der Gesamtheit der von uns mit Ausrottung bedrohten Mitgeschöpfe, wo immer die Gefahr besteht, daß wir nicht mehr zynisch, sondern leidend, sympathetisch reagieren, da hilft die Banalität dem Zynismus wieder auf die Beine: Nichts ist leichter als die Trivialisierung des Leidens, seine Erübrigung durch Wiederholung, man füge einfach Kambodscha und die Sahelzone und Kalkutta zu Nicaragua hinzu, und schon hat man es hinter sich, schon hat man sich der Herrschaft der Banalität unterworfen.

Manchmal empfinde ich, die Gesamtkultur besteht aus Bildchen, die sich an die Stelle des Lebens setzen und in ihrer Bildtotalität ein Denkverbot ausdrücken. Dieses Bild ist ja stärker als das Wort, es verführt ganz anders, in seiner Ausformuliertheit zerstört es die Phantasie. Es ist fast unmöglich, nein zu dem Bild zu sagen. Die Reduktion der Wortanteile zu der Kultur, also ihre Verbilderung, hat enorme Gefahren, deren eine Kulturpolitik sich bewußt sein sollte. Manchmal scheint mir eine Art Askese vom Bild, eine Erneuerung des biblischen Bilderverbots wie eine heilsame Unterbrechung der weiter bestehenden Zwänge. Lebendige Kultur ist in diesem Sinn Unterbrechung der gewaltförmigen Verhältnisse, ästhetische Erziehung, die ihren Anfang damit macht, daß sie Prioritäten setzt. Es gibt auch in der Kunst ein Ozonloch, durch das die Weltuntergangsängste einströmen. Vielleicht bedeutet das behördliche neue Interesse an der Kultur nichts mehr als ihren geistigen Ausverkauf. Wo ist denn die Oper, die die Klage der Tiere und Pflanzen gegen ihre Herren und Mörder aufführt, dramatisch benennt? Wo wird denn unterhaltsam und in der Tat *funny* die Beziehung der führenden deutschen Wirtschaftsunternehmen zum südafrikanischen Rassismus aufgewiesen, wer veröffentlicht denn kulturell sichtbar die nächste Runde konventionellen Wahnsinns unserer Brüsseler Herren von der NATO? . . .

Die Beheimatung von Kultur in der Befreiungsgeschichte hat tiefe geschichtliche Wurzeln, die weit hinter die Moderne zurückgreifen. Ich zitiere Bertolt Brecht:

»Auch die Kunst muß in dieser Zeit der Entscheidungen sich entscheiden. Sie kann sich zum Instrument einiger weniger machen, die für die vielen die Schicksalsgötter spielen und einen Glauben verlangen, der vor allem blind zu sein hat, und sie kann sich auf die Seite der vielen stellen und ihr Schicksal in ihre Hände legen. Sie kann die Menschen den Rauschzuständen, Illusionen und Wundern ausliefern, und sie kann den Menschen die Welt ausliefern. Sie kann die Unwissenheit vergrößern, und sie kann das Wissen vergrößern. Sie kann an die Gewalten appellieren, die ihre Kraft beim Zerstören beweisen, und an die Gewalten, die ihre Kraft beim Helfen beweisen.«

Ich kann diese Sätze Brechts auch heute nachsprechen – mit Ausnahme des letzten Satzes, der vom Appell an die Gewalten spricht, dem ich vielleicht weniger zutraue als Brecht in einer Zeit, die noch vor der Televisionskultur lag. Die Kunst soll die kulturelle Verödung und die entpolitisierte Verblödung durchaus unterhaltend und belehrend angehen. Eine Tanzgruppe führte die Schildbürger auf. In einer Szene lagen alle im Kreis, die Füße im Mittelpunkt des Kreises übereinander. Das Stück sah ein großes Gejammer darüber vor, daß niemand mehr sein eigenes Bein finden kann. Ein Fremder kommt von außen mit einem Knüppel und schlägt auf den Beinknäuel. Die Getroffenen schreien »au« und erkennen ihre Füße. Reicht es? »Tut es schon weh genug?« fragt der Fremde, und ein Schild taucht auf, auf dem steht: »Die Robben sterben. Tut es schon weh genug?« Vielleicht noch nicht . . .

Ich will mit einer letzten kleinen Kultur-Geschichte schließen, die vor kurzem geschehen ist. In Chile gingen nach dem Sieg des Plebiszits gegen den Diktator Tausende auf die Straße. Die Polizei griff nicht an und beobachtete die Leute. In dieser Situation wurde ein Lied gesungen, das Sie alle kennen, ein deutsches Lied, das merkwürdigerweise in der Kultur anderer Länder mehr zu Hause ist als in unserer, wo man es nicht auf der Straße hört. Ein großes Lied der klassischen Epoche, Schiller und Beethoven zusammen. »Freude schöner Götterfunken«, von Tausenden gesungen auf der Straße Santiagos im Morgengrauen der Freiheit.

Vielleicht läßt an dieser Geschichte die Utopie einer Kultur zeigen, die auch uns in der Befreiungsgeschichte beheimatet, in ihren Leiden, ihren Kämpfen und ihren unzerstörbaren Hoffnungen.

II. Jenseits des Patriarchats

Von Siegfried zu Rambo

Männerträume und neue Besetzungen des Mythos

Auf Siegfried bin ich wieder gestoßen, als ich zum ersten Mal den militärstrategischen Ausdruck vom »Fenster der Verwundbarkeit« gehört habe. Es war im Zusammenhang mit der Debatte über die fahrbaren Interkontinentalraketen, die gerechtfertigt werden mußten. Dazu braucht man eine Lücke im Verteidigungssystem, eine mögliche Einbruchstelle des Gegners, ein Fenster der Verwundbarkeit. In der New York Times standen damals ein Artikel dafür und einer dagegen. Zwei Publizisten argumentierten darüber, ob die MX-Raketen tatsächlich dieses »window of vulnerability« schließen könnten; einer sagte: ja, wenigstens teilweise, der andere sagte: nein, dieses Mittel sei untauglich . . . *Daß* das Fenster geschlossen werden mußte, war nicht kontrovers, dieses Ziel war beiden Schreibern gemeinsam, es wurde nicht einmal problematisiert.

Daran ging mir auf, wie weit die Militarisierung der Gehirne vorangeschritten ist. Daß das Fenster der Verwundbarkeit offen bleiben muß – wenn wir Menschen bleiben oder es werden wollen –, scheint unbekannt zu sein. Als wollten wir uns mit aller Gewalt vom Licht abschotten. Jedes Fenster macht ja verwundbar und weist hin auf Beziehung, Verständigung, Mit-teilung. Ein Fenster ist ein *window,* ein Auge des Windes – und ich fragte mich, was heißt es denn, wenn wir uns vom Wind ausschließen, wenn wir das Auge des Windes zubetonieren?

Verwundbarkeit und Unverwundbarkeit ist ein altes Thema in den Mythen der Völker. In der germanischen Mythologie ist Siegfried der stärkste Held. Er erschlägt einen

Drachen und badet im heißen Blut des Untiers. Dieses Bad gibt ihm eine Hornhaut, durch die kein Schwert dringen kann; er ist unverwundbar geworden. Er ist der Stärkste, er ist *Number One*, und ihm kann keiner etwas anhaben. Welcher Wunsch steckt hinter diesem Mythos? Warum denken sich Menschen so etwas aus? Es ist ein Männertraum, der Stärkste und zugleich der Unverwundbare zu sein. Es ist nicht einfach ein Menschheitstraum. Die Mythen und Märchen erzählen uns zwar auch von schrecklichen, listigen und grausamen Frauen. Als böse Hexen lassen sie Menschen zu Stein erstarren, mischen sie Gift, nehmen sie einem die Kleider, die Sprache, das Lachen weg. Aber mir fällt keine Geschichte ein, in der Frauen sich unverwundbar gemacht haben, in der sie sich – freiwillig! – eine Hornhaut zulegten, die beim Erkalten Unverletzlichkeit garantiert.

Was für ein Ideal, was für ein Wunschtraum steckt hinter diesem Mythos vom zürnenden Siegfried? Wer will denn so etwas: im Blut des erschlagenen Drachen baden? Wer möchte denn unberührt, ja unberührbar, unverletzt, ja unverletzbar durchkommen?

Drachenblut ist ein sakramentales Erkennungszeichen der Mächtigen, in ihm haben sie gebadet, die Unverwundbaren mit ihrem Siegerlächeln. Alle Fenster wollen sie vermauern, kein Licht darf einfallen, nichts soll sie berühren. Hat denn je ein Kriegs-, pardon! Verteidigungsminister sich dafür interessiert, wieviel Landapotheken und Bewässerungsstationen von dem Geld, das er fürs Drachenblut beansprucht, eingerichtet werden könnten? Ist es ihm denn je »unter die Haut gegangen«, wie wir so schön sagen, das Elend der Hungernden und derer, die aus Proteinmangel geistig zurückbleiben? Hat es ihn denn auch nur einen einzigen Panzer, Starfighter, nur ein kleines Manöver, nur ein bißchen Giftgas gekostet? Nein, er hat im Blut des Drachen gebadet, nichts kann ihn verletzen, er hört es gar nicht, das Stöhnen, das manche von uns nachts hören, das Seufzen und Wimmern der Erde, das der Apostel Paulus hörte, wenn er davon spricht, daß die ganze Schöpfung auf Befreiung von dem Elend, in dem wir jetzt sind, wartet (Römer 8). Das Blut des Drachen schirmt ihn ab, den einsamen Mann der großen Entschlüsse, den Helden, der weiter nach Westen zieht, unverletzlich, unberührt. Aber ist er denn so allein?

Ein mythisches Symbol wie das von Siegfried bezieht sich nicht nur auf einzelne Figuren oder eine besondere Klasse von Technokraten, einzelne Militaristen. Im Drachenblut haben wir alle gebadet, und auch die, die sich nie unverwundbar machen wollten, haben sich doch für ihr Land, für ihre Wirtschaftsordnung aufs Drachenblut eingelassen. Wenigstens in einem Teilbereich unseres Lebens setzen wir, auch Frauen, auch Pazifisten, aufs Drachenblut, einfach durch unsere Kooperation mit der Welt, in der wir leben und Steuern zahlen.

Ich will versuchen, eine Brücke zu schlagen von Siegfried zu Rambo. In vielen amerikanischen Erzählungen, Jugendbüchern und Filmen taucht ein ähnlich unverwundbarer Held auf. Er kommt von weither aus einem Dorf, das von einer finsteren Bande von Räubern oder Schmugglern beherrscht wird. Der Sheriff ist gescheitert, er kann Recht und Ordnung nicht herstellen. Er verspricht dem einziehenden Helden seine Tochter zur Frau, falls er die Siedlung befreit. In einem verzweifelten Kampf gelingt es dem Helden, trotz der Übermacht der Gegner zu siegen. Am Tage darauf soll die Hochzeit gefeiert werden. Aber ehe es noch soweit ist, frühmorgens, sattelt der junge Mann mit der Melancholie des Abschieds in den Augen sein Pferd und reitet ins Morgengrauen . . . zu neuen Abenteuern. Auch er ist unverletzbar. Auch er hat im Blut des Drachen gebadet. Er ist einsam, niemand versteht ihn. Aber er will auch nicht verstanden werden, das würde ja eine Beziehung herstellen zwischen ihm und den anderen, und was könnte eine Beziehung bedeuten für jemanden, der seine Haut, dieses empfindliche Organ des Austauschs, das Feuchtigkeit, Luft, Wind, Kälte und Wärme aufnimmt, gegen eine Hornhaut eingetauscht hat? Der einsame männliche Held läßt alle Bindungen hinter sich und zieht weiter.

Er ist Teil eines großen Mythos, und wir leben in einer mythenfreudigen Zeit. Angeregt durch Film, phantastische Literatur und bildende Kunst gibt es heute eine neue Mythosdiskussion, die möglicherweise das Ende der europäischen Aufklärung anzeigt. Coppolas »Apocalypse now« mag als Beispiel dienen. Dieser Film über Vietnam gehört in den Anfang der achtziger Jahre in den Vereinigten Staaten einsetzenden Prozeß der Umdeutung der Geschichte des Vietnamkriegs, der als Verbrechen und als Niederlage nicht mehr wahr sein durfte. Die historische Realität des Vietnamkrieges wird in diesem Film zu einer ästhetischen Remythisierung benutzt. Nicht eine Großmacht überfällt ein Volk von Reisbauern, das sich von seinen Kolonialherren zu befreien versucht, sondern einige besessene Männer, einsame, unverstandene Technoheroen, eilen unter Wagnermusik einem tragischen Schicksal im Dschungel entgegen!

Tragisch ist ja auch Siegfrieds Schicksal. Er war besessen vom Traum der Unverwundbarkeit, aber der alte Mythos kultiviert die Besessenheit nicht, er hätschelt den Männertraum nicht, man könnte eher sagen, er ironisiert ihn. Ohne daß Siegfried es merkt, ist ihm beim Baden ein Lindenblatt zwischen die Schultern gefallen; eine kleine Stelle Haut, die er selber nicht sehen kann, bleibt übrig. Später wird Kriemhild auf diese Stelle der Verwundbarkeit ein Kreuzchen sticken – was für ein triviales Hausfrauenmotiv in der Welt heroischer Männer! Als wollte der alte Mythos zugleich seine eigene Ent-mythologisierung betreiben! Als wollte er erinnern an die Unmöglichkeit des unverwundbaren Lebens. So fällt Siegfried seinem Gegenspieler Hagen zum Opfer.

Und Rambo? Der neue, der primitivierte Siegfried, der starke Mann, der schmutzigen, übermächtigen, triebhaften Feinden gegenübersteht und sie niederknallt? Keine Schwäche, keine Verwundbarkeit, keine Lindenblätter oder andere Fehler im perfekten System! Psychologen und Historiker in New York haben kürzlich eine Untersuchung über Kriegswünsche und Kriegslust an Tausenden von Dokumenten, Zeitungsartikeln, Filmen, Werbespots, Aufklebern, politischen Karikaturen usw. vorgenommen. Ihre Ergebnisse: In amerikanischen Filmen dominieren Rambos, die eine erbarmungslos feindselige Welt zusammenschießen. Teenager spielen Atomkriegs-Videospiele, tanzen zu Video-Clips, die nukleare Vernichtung darstellen, und erklären gegenüber Interviewern: »Ich bin bereit, gegen Kommies in Nicaragua zu kämpfen.« »Ronbo«-Poster, die Ronald Reagans Kopf auf Rambos Körper zeigten, wurden an jeder Ecke im Laden verkauft. Zeitungsschlagzeilen transportieren zuhauf unterschwellige Botschaften wie etwa »Wort-Krieg«, »Bier-Krieg«, »Wanzen-Krieg«, »Geld-Krieg«, »Handels-Krieg«, und Tausende ähnlich versteckter Botschaften werden täglich in die nationale Psyche gehämmert. Private paramilitärische Gruppen breiten sich aus, die sich am Wochenende zu Kriegsspielen treffen und Geld für Waffenlieferungen an Contra-Terroristen sammeln. Beide Kongreß-Parteien haben mit Reagan für eine Billionen-Dollar-Aufrüstung zusammengearbeitet, die in der Geschichte der Nationen unübertroffen ist. Tausende von amerikanischen Soldaten übten regelmäßig die Invasion Nicaraguas, von dem die Vorstellung existiert, es drohe die amerikanische Freiheit zu zerstören. In einer solchen Stimmungslage der Nation muß ein Feind gesucht werden, er muß unveränderlich und unbekehrbar sein. Denn nur dann ist klar, daß es nur eine Methode gibt, mit ihm umzugehen – man muß ihn erledigen.

Der Mythos von der Unverwundbarkeit feiert seinen technologischen Triumph in dem gigantischen Projekt, das von seriösen Wissenschaftlern immer wieder als unmöglich, nicht machbar, unwissenschaftlich eingeschätzt worden ist: dem SDI-Programm, dem Krieg der Sterne. Es stellt sozusagen den kosmischen Siegfriedtraum dar. Amerika soll unverwundbar gemacht werden und sich als die stärkste Macht gegen alle Angriffe endgültig die Weltherrschaft sichern. Wenn der gigantische Siegfriedtraum nicht mehr nur der Traum eines Helden ist, sondern der der mächtigsten Macht der Welt, dann entsteht eine Militarisierung nach innen. Wenn Unverwundbarkeit zum allgemeinen Ziel, zur verklärten Hoffnung wird, so hat ihr gegenüber nur noch die Apokalypse Wahrheit; ein Leben zwischen diesen Extremen kann gar nicht mehr gedacht werden. Zwischen den apokalyptischen Untergangsphantasien und dem Mythos der Unverwundbarkeit läge gerade das alte, das verwundete Leben. Die aufgesprungenen Kratzer und Schürfungen an der Haut der Kinder, die sich bewegen und lebendig sind. Die Realität der Wunden. Ich will diese Realität des gefährdeten, verwundeten, des verwundbaren Lebens auch in einem Bild unserer Überlieferung fassen und diesem Siegfried vor uns, um uns und in uns einen anderen Menschen gegenüberstellen, der Verwundbarkeit gelebt hat. Ich denke an den Zimmermannssohn aus Galiläa.

Was immer man über Transzendenz sagen mag und wie immer man diesen Begriff füllen mag – sie macht verwundbar. Wahre Transzendenz schirmt gerade nicht ab, und deswegen ist sie gefährlich. Darum muß ein Staat, der die Unverwundbarkeit als »Sicherheit« zum Idol erhebt, alle wahre Transzendenz zu verhindern suchen; nur die falsche, die sich aufs Jenseits und aufs Individuum reduziert hat, ist erlaubt. Viele Kirchenkonflikte der letzten Jahre haben dieses Entweder-Oder von Sicherheit und Gerechtigkeit, dieses »aut Caesar aut Christus« sichtbar gemacht. Der Männermythos vom unverwundbaren Helden steht dem waffenlosen Nazarener gegenüber, da gibt es nichts zu harmonisieren. Was für alle Religionen gilt, daß Transzendenz verwundbar macht, das ist im Christentum auf die Spitze getrieben: Gott macht sich in Christus verwundbar, Gott definiert sich in Christus als gewaltfrei. Das männische Ideal der Unverwundbarkeit steht dem Gekreuzigten, der von seinen Freunden als Gottes Sohn erfahren wurde, wie eine Fratze des Lebens gegenüber. Und wenn wir das Gleichnis vom Weltgericht, in dem jedes hungernde Kind Christus ist (Matthäus 25), richtig verstehen, so können wir sagen: Christus ist die Wunde Gottes in der Welt. In Christus bleibt dieses Fenster der Verwundbarkeit offen. Noch gibt es Kirchen, die das Blut des Lammes gern mit dem Blut des Drachen vermischen. Sie versuchen uns den in dieser Gesellschaft herrschenden Idealen – der Unverwundbarkeit und des Erfolges – zu unterwerfen und schließen darum das Fenster der Verwundbarkeit. Aber es ist das einzige Fenster zum Himmel, das wir haben.

Zur Freiheit befreit – zum Schweigen verdammt

Das Bild der Frau im Christentum

Dem Thema vom Bild der Frau im Christentum nähere ich mich belastet mit einer existentiellen Schwierigkeit, die ich mit jeder Frau, die heute versucht, Christin zu sein, teile. Ich muß mich fragen lassen, wie ich beides – mein Frausein und meine Zugehörigkeit zur Gemeinschaft der Glaubenden – vereinbaren kann. Es gibt einen tiefen Ekel vor der in den Kirchen selbstverständlichen Männerherrschaft, die gerade die sensibelsten und wachsten Frauen heute im Christentum heimatlos macht. Es gibt eine alte und längst nicht überwundene Tradition von Verachtung der Frauen, Trivialisierung ihrer Fragen, ja Frauenhaß, die, von den fadenscheinigsten theologischen Vorwänden genährt, auch unterhalb scheinbarer Liberalität weiterwuchert. Gespeist wird der Ekel zugleich durch die Verehrung der männlichen Werte, die Anbetung der Macht um jeden Preis, die selbst Gott nur als Repräsentanten schlechthinniger Macht denken kann, die erobernd-unterwerfende Grundhaltung der Erde gegenüber, die Vergötzung der Wissenschaft, auch wenn sie auf Kosten des Lebens-Gewebes geht. Diese Haltung hat eine ihrer Wurzeln in der religiös eingeübten Demütigung der Natur und der Frauen. Der Auszug aus dem christlichen Glauben in die postchristliche Existenz hinein ist heute eine Option bewußter Frauen.

Andere Frauen, zu denen ich gehöre, haben begonnen, den Konflikt zwischen Religion und Frausein aus ihrer Verunsicherung heraus zu bearbeiten. Diese Arbeit findet seit etwa zwanzig Jahren unter dem Titel »Feministische Theologie« statt, und zwar als Dekonstruktion herrschender Theologie und als Rekonstruktion befreienden Glaubens. Ich will auf beide Funktionen feministischer Theologie hier eingehen und beginne mit der Dekonstruktion jener religionsgeschichtlich uralten, weithin auch heute noch herrschenden Vorstellung der patriarchalischen Tradition, die Heiligkeit und sakrale Macht nur dem Mann zuordnet.[1]

Die feministische Theologie hat sich intensiv am Androzentrismus kirchlicher Sprache abgearbeitet, weil in dieser Sprachform, die Gott nur als Mann nennt und denkt, die Herrschaft der Männer und die Demütigung der Frauen unantastbar gemacht worden ist. Es ist aber wichtig, sich über die generelle Patriarchatskritik hinaus den historischen Ort klarzumachen, an dem diese kritische und befreiende Theologie heute entsteht. Mit einem Titel aus der feministischen Geschichtsschreibung über die Hexenverfolgung möchte ich diesen Ort die Zeit der Verzweiflung nennen.[2] Damit will ich auf die heute immer sichtbarer gewordene Todestendenz patriarchaler Weltgestaltung aufmerksam machen. Das wichtigste Produktionsmittel der Menschen, die Wissenschaft, ist von einer tiefen Schöpfungsfeindlichkeit angetrieben. Der Anspruch, das Leben zu beherrschen, alle Grenzen, die dem penetrierenden Forschen widerständig bleiben, zu beseitigen, alles zu machen, was gemacht werden kann, ist heute sichtbarer als je. Ich meine damit nicht, daß alle Forscher vom Willen zur Macht besessen sind, aber daß das patriarchale System westlicher Wissenschaft die Schöpfung, das Gewebe des Lebens, heute bedroht wie nie zuvor.[3] Denn diese Forschung hat sich ja mit und seit Hiroshima zuständig gemacht für das Ende der geschichtlichen Welt, genauso wie für den Anfang des Lebens, das in der Gentechnologie zusammengeklont wird. Ob Atomindustrie, nuklearer Winter oder Vermarktung der Reproduktionsfähigkeit – sie finden statt unter Absehung von Gott –, was immer das Wort in verschiedenen Konfessionen heißen mag. Das Patriarchat hat Schöpfung und Weltende, Alpha und Omega längst besetzt und seinem Imperium einverleibt: Macht, oft unmittelbar als Omnipotenz reklamiert, ist der zentrale Wert; Unterwerfung der Natur und der Frau (beide Begriffe sind in vielen Texten austauschbar) ist die Aufgabe; Segregation, Abgrenzung, Apartheid, Repression und die offene Gewalt sind die Methoden, die der weiße Mann gegenüber allem, was als anders definiert wird, anwendet. Die Spaltung des Atoms und der Zellkerne hat in der Tat alles verändert, nur das patriarchale Denken blieb auf seine Werte fixiert. Wir vermögen technisch alles, sagte General Abrahamsson, ein hoher Funktionär des wissenschaftlich-militärisch-industriellen Komplexes, der für die militärische Nutzung des Weltraums zuständig ist.[4]

Ich glaube, wir müssen diesen Hintergrund ernst nehmen, um auch nur zu ahnen, was das Projekt der feministischen Theologie, die mit dem ganzen Syndrom von Mensch = Mann = Maschine bricht, bedeutet. Wer außerhalb dieses existentiellen Erschreckens versucht, die Frauenbewegung etwa in bürgerlichen Kategorien des Habens und der Karriere oder in den postmodernen einer ganz schreckensfreien New-Age-Bewegung zu begreifen, der trivialisiert sie und projiziert die eigene Oberflächlichkeit in dieses neue Frauendenken. Christa Wolf hat die Kritik am Patriarchat, an seiner Technologie und seinem Militarismus, in den Mittelpunkt ihrer Erzählung »Kassandra« gestellt. Da ermordet der gefeierte griechische Held Achill das Vieh, wie es immer wieder heißt, den Knaben Troilus, der seinem Schlächter zu entkommen sucht und am Altar des Tempels Schutz findet:

»Ja gab es das denn: Mörderlust und Liebeslust an einem Mann? Durfte unter Menschen das geduldet werden? Des Opfers starrer Blick. Das tänzelnde Herannahn des Verfolgers, den ich jetzt von hinten sah, ein geiles Vieh. Das Troilus, den Knaben, bei den Schultern nahm, das ihn streichelte, ihn befingerte, alles lachend. Ihm an den Hals griff. An die Kehle ging. Die plumpe kurzfingrige Hand an des Bruders Kehle. Pressend, pressend . . . Des Bruders Augen aus den Höhlen quellend. Und in Achills Gesicht die Lust. Die nackte gräßliche männliche Lust. Wenn es das gibt, ist alles möglich.«[5]

Genau das ist das Grundgefühl der Frauen . . . den gutaussehenden Männern mit der Obsession des Todes gegenüber, die ja keine andere ist als der ganz ordinäre Wunsch nach totaler Verfügbarkeit über die Objekte und Kontrolle über das Lebendige. Sich alles verfügbar halten zu wollen, ist ja nur möglich, wenn man alles andere als Totes wahrnimmt.

Aus diesem Projekt des Todes brechen Frauen heute aus. Sie entdecken Schwesterlichkeit und neue Formen des Umgangs miteinander, sie beginnen eine oft verquere Heimatsuche. Innerhalb der sich vertiefenden Fremdheit der bestehenden Kultur gegenüber wächst auch eine sich zaghaft artikulierende Religiosität. *Reweaving the Web of Life* (Das Gewebe des Lebens wiederherstellen) ist ein wichtiges Buch der amerikanischen Frauenbewegung.[6] Das Leben selber wird als zerstört, das Netz als zerrissen erfahren, das gräßliche Lachen Achills in den Ohren machen sich Frauen auf einen anderen Weg.

Der Wunsch, ganzheitlich zu leben, zu denken, zu fühlen, öffnet auch die Türen zu einer Beziehung zum Göttlichen, die lange verschlossen waren, weil hinter ihnen nur versteinerte Konvention erwartet wurde. Viele, die aus dem Patriarchat auswandern, tun diesen Schritt ja aus einer Größeres wollenden Frömmigkeit heraus, die sich im Namen von Vater, Sohn & Co. (Mary Daly) nicht mehr formulieren kann. Der Gott, der weibliche Seelenanteile und folglich auch grammatische Pronomen ausschließt und verleugnet, ist zu klein für die sich selber kennenlernenden Frauen. Sexismus in der Theologie ist nicht eine relativ leicht korrigierbare Angewohnheit herrschaftsgewohnter Männer, sondern Götzendienst: die Quelle des Lebens wird mit patriarchaler Macht verwechelt. Daß die im Bilde Gottes Geschaffenen zwei sind, aufeinander angewiesen und bezogen, gerade das wird in einer nur männlichen Theologie geleugnet; wenn statt der verheißenen Gerechtigkeit plötzlich die immer schon bewährte Ordnung durchschlägt.

Wenn Macht das Höchste ist, Omnipotenz das ist, das Theologen ihrem Gott bescheinigen, wenn Gott unverwundbar im Himmel sitzt, dann ist diese Art von Theologie für bewußte Frauen – und feministische, das heißt menschheitlich denkende Männer – unerträglich. Ihr entspricht das Frauenbild der submissiven Frau: Gehorsam, Brechung des

Eigenwillens, Unterwerfung unter die als göttlich gedeutete Ordnung ist ihre Aufgabe. Auch wenn die befehlende Macht mit Barmherzigkeit versetzt wird und der an der Spitze des Universums thronende Vater als gütig erscheint, so bleibt doch die Frömmigkeit der Frauen, die sich innerhalb dieser Struktur entwickelt hat, eine Art Uncle-Tom-Frömmigkeit. Unterwerfung unter die als weiblich definierten sozialen Rollen und Gehorsam einem Gott gegenüber, der ihre Regeln angeblich naturhaft gesetzt hat, zerstören die weibliche Möglichkeit, Mensch zu werden.

Dieses Bild der Frau, wie es sich historisch im Christentum präsentiert, ist vielleicht am deutlichsten in jenem Idealbild der Maria zu erkennen, die uns als Gipsfigur aus der Grotte von Lourdes anblickt: niedergeschlagene Augen, der Körper bis zur Unkenntlichkeit verhüllt, stellt sie Entsexualisierung und Demut dar. Verklärt und erhaben thront sie über uns. Sie ist rein, wir sind schmutzig. Sie ist entsexualisiert, wir haben sexuelle Wünsche und Leiden. Wir können sie nie erreichen und sollen deswegen Schuld und Schamgefühle empfinden. Das wiederum macht demütig. Ein Symbol, geschaffen, den Unterdrückten die Selbstunterdrückung, den Verunsicherten die Selbstzensur und den Ausgebeuteten die Selbstausbeutung beizubringen.[7]

Aber ist das die ganze Wahrheit? Hat das Christentum den Frauen nichts zu bieten außer Schuldgefühlen und Unterwerfung? Ich beginne meinen Entwurf der Rekonstruktion mit einem Zitat der Teresa von Avila, dieser spanischen Frau und Mystikerin, die um religiöse Freiheit gegenüber einer ausgesprochenen Männergesellschaft und Männerkirche kämpfte. Im damaligen Spanien wollte man den Frauen verbieten, lesen und schreiben zu lernen, die Bibel zu lesen oder die Kunst der Meditation zu üben. Für Frauen genüge es, weben zu lernen und das Vaterunser und das Ave Maria zu beten. Manche Briefe Teresas hat man über drei Jahrhunderte hinweg nicht zur Veröffentlichung freigegeben; gewagte Aussagen in den Handschriften ihrer Bücher und Briefe machte man fast unleserlich, vor allem jene, in denen sie sich scharf gegen die Diskriminierung der Frau wendet. Doch sie beruft sich auf die Haltung Jesu gegenüber den Frauen. In einem Dialog mit Christus, den der Zensor fast unleserlich gemacht hatte und der in vielen Ausgaben ihrer Schriften lange Zeit fehlte, sagt sie:

»Als du auf dieser Welt warst, bist du, weit entfernt, die Frauen zu verachten, ihnen mit großem Wohlwollen begegnet. Du hast bei ihnen größere Liebe und mehr Glauben gefunden als bei Männern... Wenn ich unsere Welt von heute sehe, dann finde ich es nicht gerecht, daß Menschen mit einem tugendhaften und starken Gemüt verachtet werden, einzig und allein weil sie Frauen sind.«[8]

In diesen Sätzen ist die ganze Doppeldeutigkeit unseres Themas ausgedrückt: Jesus, der Stifter der christlichen Religion, fand größere Liebe und mehr Glauben bei den Frauen; sie aber werden von der Institution verachtet, einzig und allein weil sie Frauen sind. Dieser Widerspruch zieht sich durch die ganze Geschichte des Christentums – aber am deutlichsten tritt er in der Stiftungsurkunde selber auf, im Neuen Testament. Dieses, so weit wir wissen, nur von Männern geschriebene Buch ist tief geprägt von der Androzentrik der antiken Welt, und wir finden in ihm beides: die Unterbewertung der Frau, ja, den offenen Frauenhaß auf der einen Seite und den befreienden Aufbruch aus dem ältesten Unrecht, den Jesus und die ursprüngliche Jesusbewegung auf der anderen Seite darstellen.

Die Jesusbewegung war eine Gruppe von Freundinnen und Freunden des kleinen Mannes aus Nazareth, die sich ihm angeschlossen hatten. Viele hatten keinen festen Wohnsitz und hatten die traditionellen Familienbande verlassen. Die Frauen, die da mit ihm durchs Land zogen, waren der patriarchalen Eheordnung und Aufsicht entzogen, viele waren auch geschieden oder von ihren Männern verlassen worden. Wir können uns die Verhältnisse am besten vorstellen, wenn wir an die riesigen Elendsviertel zum Beispiel in Lateinamerika denken, in denen ebenfalls die Ärmsten unter den Armen die Frauen sind. Wenn das Neue Testament fast auf jeder Seite von den Kranken erzählt, so müssen wir auch hier vor allem an kranke Frauen denken, blind, gelähmt, vom Elend gezeichnet, viele waren psychisch krank – von Dämonen besessen, wie das Neue Testament sagt. Die Jesusbewegung verkörperte Hoffnung für diese Elenden. Sie wurden geheilt, und sie fingen an zu heilen. Sie hörten die gute Nachricht von der Befreiung, und sie erzählten sie weiter. Sie wurden gesättigt, und sie teilten das Wenige, was sie besaßen.

Die Jesusbewegung lebte in Konflikt mit ihrer Gesellschaft. Jesus hat die Umkehrung aller sozialen Gegensätze durch Gottes Eingreifen erwartet, aber dieses »bald kommt Gottes Reich« nahm in der Bewegung schon jetzt Gestalt an. Alle die, die nach den Normen ihrer Gesellschaft Außenseiter waren und nach dem Gesetz als unrein galten – Arme, Landlose, öffentliche Sünder, Zöllner und Frauen –, wurden hier akzeptiert. Die Letzten werden die Ersten sein ist ein Grundgedanke, der sich durch die gesamte Botschaft Jesu zieht. Wer sind diese Letzten? Wir können an einen in Schulden geratenen, von seinem gepachteten Land vertriebenen, rechtlos gemachten Landarbeiter denken. Aber noch unter ihm, religiös minderwertig und kultisch als unrein angesehen, standen die Frauen. Eine Frau zu sein – das war das Allerletzte!

Eine der schönsten Geschichten im Neuen Testament handelt von einer Frau, die seit zwölf Jahren an einem Blutfluß gelitten hat. Sie ist sozial isoliert, weil Menstruation oder blutende Frauenkrankheiten in antiken Vorstellungen als gefährlich für die Umgebung gelten. Gegenstände, die eine solche Frau berührt, werden unrein. Am Passaopfer darf sie nicht teilnehmen. Menstruation, Frauenkrankheiten und Aussatz wurden als gleichartiges Problem angesehen. Die allgemeine Einstellung zu solchen Kranken wird von Plinius d. Ä. so beschrieben:

»Most, dem sie in diesem Zustand zu nahe kommen, wird sauer . . . Gartenpflanzen verdorren, und die Früchte des Baumes, auf denen sie gesessen haben, fallen ab . . . Erz und sogar Eisen befällt sogleich der Rost und widerwärtiger Geruch die Luft . . .«[9]

Eine so angesehene Frau, die viel durchgemacht hatte mit vielen Ärzten und all ihr Gut aufgewendet hatte, aber es hatte ihr nichts geholfen, alles war vielmehr schlimmer mit ihr geworden (Markus 5,25), eine solche Frau nähert sich Jesus und berührt ihn.

»Als sie von Jesus gehört hatte, kam sie unter dem Volk von hinten herzu und rührte sein Kleid an. Denn sie sagte: ›Wenn ich auch nur seine Kleider anrühre, werde ich gesund werden‹« (Markus 5,27 f.).

Es ist, wie in den meisten Krankenheilungsgeschichten, der kranke Mensch selbst, hier die gemiedene Frau, die die Beziehung zu Jesus herstellt, die ihn berührt und auf seine Kraft vertraut. Das Geheimnis Jesu ist die Kraft, die *dynamis* Gottes, die in ihm ist und die in der Begegnung mit anderen freigesetzt wird. Die Heilung wird nicht durch Jesus an und für sich, den Wundertäter, Supermann möglich, sondern in der gegenseitigen Beziehung.[10] Jesus hatte das Herz der Frau berührt, und deswegen wollte sie seinen Mantel anfassen.

Ich habe einmal nach einem Vortrag etwas sehr Schönes erlebt. Eine alte Frau kam zu mir und umarmte mich, indem sie sagte: »You touched me, I want to touch you« (Sie haben mich angerührt, ich möchte Sie berühren). Ich weiß nicht, ob das eine Heilung war, aber jedenfalls war da eine Kraft im Spiel, etwas von der lebendigmachenden Macht des Lebens, von der *dynamis,* die die blutflüssige Frau in Jesus wachgerufen hat.

Es ist eine falsche, vom männlichen Konkurrenz- und Herrschaftsgedanken gefärbte Vorstellung, wenn Ausleger meinen, Jesus habe ein Monopol auf diese Kraft. Jesus ist keine Besonderheit, und er besitzt Gott nicht und hat die Macht in Beziehung nicht als Eigentum. Es ist der Glaube dieser verachteten und beschädigten Frau, der sie heil macht, dieses Berühren und Berühren-lassen, in dem wir die Macht Gottes erfahren. Wir müssen die Wundergeschichten als Geschichten der Liebe, die in der Welt lebt und befreit werden will, ansehen, und wir verstehen sie richtig, wenn wir Jesu Aufforderung an seine Jüngerinnen und Jünger, nun selber Kranke zu heilen, Dämonen auszutreiben, Hungrige zu speisen und die gute Nachricht weiterzutragen, mitdenken.

Nicht der autoritäre Gott von oben kann heilen, sondern der sanfte, der sich in den Beziehungen von Schwestern und

Brüdern anders und verändernd ausdrückt. Darum mußte Jesus und die Jesusbewegung mit dem hierarchischen, patriarchalen Denken in Konflikt kommen. Der Geist Gottes kann sich nicht nach Geschlechtsmerkmalen richten, und die älteste Ungerechtigkeit konnte in dem Reich, von dem Jesus sprach, nicht fortbestehen. Theologisch gesprochen wurde die Gottebenbildlichkeit der Frau, die das Patriarchat zerstören will, in der Jesusbewegung wiederhergestellt. Auch die Frau hat unbeschränkt Anteil am Geheimnis des Lebens, an Gott. Auch sie war, so erlebten es die Frauen um Jesus, nicht ausgeschlossen. Auch sie gehörte in die Geschichte der großen Heilung, die sich in der Jesusbewegung zeigte, hinein: daß die Blinden sehend werden und die in die eigene Ohnmacht Versklavten angerührt werden, so daß sie als Männer und Frauen, die Gottes Geist erfahren, nun auch Gottes Werk tun – Blinde sehen machen, Frieden stiften, Dämonen austreiben –, genau wie es heute geschieht, wenn Frauen in Greenham Common, im Hunsrück an der großen Mauer vor den Atomwaffen oder vor dem Pentagon den größten Dämon, von dem wir besessen sind, den Militarismus, austreiben.

Das Bild der Frau im Neuen Testament ist bestimmt vom Verhalten Jesu. Er war kein Sexist, kein Macho, es gibt kein einziges negatives Wort von ihm über Frauen. Er machte sie zu Jüngerinnen, er heilte sie von der Angst, nur eine Frau zu sein, ein zweitrangiges schwaches Wesen. Es bedeutet auch, daß diese Jesusfrauen Mut und Kraft bekamen, sich in Gegensatz zu den allgemein akzeptierten Werten des Rassismus, der Exklusivität, der strukturellen Ungerechtigkeit, des Patriarchats zu stellen. Frauen waren in der Jesusbewegung nicht Randfiguren, sondern Apostel, Prophetinnen und Missionarinnen.[11] In Christus sind alle eins und einander ebenbürtig. »Da gilt nicht mehr Jude oder Grieche, Sklave oder Freier, Mann oder Frau – denn ihr seid alle eins in Jesus Christus!« (Galater 3,28) sagt Paulus. Das Klassenunrecht, die religiöse Exklusivität und die patriarchalen Herrschaftsverhältnisse waren prinzipiell in der Jesusbewegung überholt. Menschen namen Jesus als den Befreier aus diesen Zertrennungen und Herrschaftsstrukturen an, sie sahen ihn als den, der, von Gott gesandt, das wirkliche Leben bringt und nicht nur neue Vorteile für die Hälfte der Menschheit. Sie nannten ihn den Christus. Neben dem von der Tradition oft als einzigartig gefeierten Bekenntnis des Petrus zu diesem Christus steht das Messiasbekenntnis der Martha von Bethanien, die nach dem Johannesevangelium ihren Glauben bekannte in den Worten: »Ja Herr, ich glaube, daß du der Messias bist, der Sohn Gottes, der in die Welt kommen soll« (Johannes 11,27). Petrus und Martha sind die ersten, die sich zu dem Erlöser bekennen. Aber dreißig Jahre nach Paulus und in glattem Widerspruch zu seinem Evangelium der Freiheit »Hier ist nicht Sklave noch Herr, nicht Mann noch Weib« heißt es im 1. Timotheusbrief, von einem Schüler des Paulus geschrieben, ganz anders:

»Einem Weib gestatte ich nicht, öffentlich zu lehren, ebensowenig einem Manne dreinzureden. Sie soll sich vielmehr still verhalten. Denn: Adam ist zuerst geschaffen worden, danach erst Eva. Und nicht Adam war es, der verführt worden ist, sondern die Frau hat sich zuerst zur Übertretung verführen lassen. Doch wird sie Rettung finden, indem sie Kinder zur Welt bringt. Sie (gemeint: die Christinnen) müssen nur im Glauben, in der Liebe und in der Heiligkeit zuchtvollen Lebens bleiben« (2,12–15).

In diesen katastrophal folgenreichen Worten spiegelt sich die Reaktion des Patriarchats auf den urchristlichen jesuanischen Feminismus. Frauen lehrten ja in den Gemeinden, ihnen war ja der auferstandene Christus zuerst erschienen, und Frauen wußten, daß die Nachfolge Christi frei macht und nicht die Erfüllung einer vorgegebenen Geschlechtsrolle. Die Worte aus dem Timotheusbrief spiegeln die patriarchale Angst von Kirchenführern des Frühkatholizismus vor lehrenden, denkenden, selbständigen Frauen. Der Verfasser entblödet sich nicht, die selbstgerechten Verdrehungen der Geschichte von der Vertreibung aus dem Paradies zu benutzen. Der Kampf des Apostels Paulus war um religiöse Gleichheit der verschiedenen Rassen, Traditionen und Geschlechter gegangen. Die Gleichheit aller, die den Kyrios anrufen, war für Paulus mit der guten Nachricht gegeben. Elisabeth

Schüssler-Fiorenza schreibt in ihrer grundlegenden Untersuchung »In Memory of Her« über die Bedeutung der Taufe im Urchristentum:

»Dieser Kampf des Paulus um religiöse Gleichheit hatte wichtige Konsequenzen für judenchristliche und heidenchristliche Frauen. Wenn der wichtigste Initiationsritus nicht mehr Beschneidung, sondern Taufe ist, dann können Frauen Vollmitglieder des Volkes Gottes mit gleichen Rechten und Pflichten werden. Dies bewirkte eine grundlegende Veränderung nicht nur ihrer Stellung vor Gott, sondern auch ihrer kirchlichen und sozialen Stellung und Funktion. Durch die Taufe traten Christinnen und Christen in eine ›Verwandtschaftsbeziehung‹ mit Menschen sehr unterschiedlicher rassischer, kultureller, nationaler Herkunft ein.«[12]

Das Bild der Frau im Urchristentum läßt sich nur verstehen, wenn man das Taufbekenntnis aus Galater 3,28, dieses Manifest der Freiheit und Zeugnis der Gleichheit, ernst nimmt:

»Ihr seid alle durch den Glauben Gottes Kinder in Christus Jesus.
Denn ihr alle, die ihr auf Christus getauft seid, habt Christus angezogen.
Hier ist nicht Jude noch Grieche,
hier ist nicht Sklave noch Freier,
hier ist nicht Mann noch Frau,
denn ihr seid alle eins in Christus« (Galater 3,26–28).

Dieses Stück enthält eine Vision der Freiheit. Es stammt höchstwahrscheinlich aus der vorpaulinischen Missionsbewegung, es ist eine Taufdeklaration aus den Kreisen der frühchristlichen Geisttheologie, in der Frauen in Hauskirchen und in der Mission Führungsrollen hatten. Es stammt aus den kurzen Tagen der Freiheit. »Zur Freiheit hat uns Christus befreit. Laßt euch nicht wieder in das Joch der Sklaverei spannen« (Galater 5,1). Freiheit ist das zentrale Thema des Galaterbriefes, und mit diesem Begriff der *eleutheria* wird die Situation der Christen vor Gott und in der Welt zusammenfassend ausgedrückt. »Zur Freiheit seid ihr berufen« (Galater 5,13). Der Jubel der Befreiten durchklingt den Brief. Er bestimmt auch das Taufversprechen derer, die zum Glauben gekommen waren und die nun bekannten: »In Christus gilt nicht Jude noch Grieche, nicht Sklave noch Freier, nicht männlich und weiblich, wir sind alle eins in Christus.«

Ich stelle mir jetzt eine junge Frau vor, die im ersten Jahrhundert Christin wurde. Ich stelle sie mir als Sklavin vor. Sklaven waren zur Zeit des Paulus rechtlich nicht Personen, sondern Sachen. Sie wurden unter dem Gesichtspunkt betrachtet, daß sie Körper waren: Körper zur Arbeit und Körper zum sexuellen Gebrauch durch die Herren. Die junge Frau, die ich mir vorstelle, wurde mit elf oder zwölf Jahren zuerst von ihrem Besitzer sexuell mißbraucht; jetzt machen sich die heranwachsenden Söhne über sie her. Alle Frauen wurden unter dem Gesichtspunkt der Benutzbarkeit angesehen: zum sexuellen Gebrauch, zum Gebären und zur Arbeit. Ich stelle mir vor, wie diese junge Frau es wagt, Mitglied einer winzigen christlichen Zelle zu werden. Sie erlebt die Taufe und spricht das feierliche rituelle Bekenntnis mit. Wiedervereinigung der Menschen miteinander wird da proklamiert. Es ist egal, ob du Nordafrikanerin bist oder Europäerin, ob du Haussklavin des geilen alten Mannes bist oder Färberin, die den Gestank der Häute nicht los wird und darum gemieden wird. Die Zwangsordnung der patriarchalen Ehe ist unwichtig, es gibt eine neue Form der Zusammengehörigkeit in Christus. Die *familia Dei* orientiert sich nicht wie das Patriarchat an Körperkraft und Gewalttätigkeit, an einer Rechtsordnung, die das älteste Unrecht zementiert, und an einer Religion, die genau diesen Zustand noch einmal, himmlisch, absegnet.

Die junge Sklavin muß das Evangelium gehört haben wie eine Träumende. »Wenn der Herr die Gefangenen Zions erlösen wird, werden wir sein wie die Träumenden« (Psalm 126,1). Sicher, es ist nur ein ritueller Zuspruch in einer winzigen Gruppe, die sich heimlich trifft, die in der normalen Welt der Gesamtgesellschaft nichts bedeutet, und doch ist diese Veränderung des symbolischen Universums, an dem auch sie teilhat, alles für sie. Sie stürzt nieder, sie kann nicht sprechen, stammelt, manche verstehen das Wort Abba, das sie ruft. Die erste Gestalt der Freiheit ist die Ekstase, das Überwältigtwerden vom Glück. Sie singt, die Tränen der furchtbaren Jahre brechen hervor, sie zieht das alte Kleid aus, an dem jeder sie erkennen und das bedeutet demütigen konnte, sie taucht unter ins Wasser der Reinigung. Der Himmel geht über allen auf, auch in der miesen Wohnung der kleinen Leute, wo all dies sich vollzieht. Und sie hört die Stimme ihr sagen: »Dies ist meine liebe Tochter, an der ich Wohlgefallen habe.«

Jahrhundertelang haben die Exegeten sich Mühe gegeben, diese sozialen, revolutionären Konsequenzen abzuschwächen. Sie haben der jungen Sklavin bescheinigt, daß sie nur ein oberflächliches Verständnis des Evangeliums habe, wenn sie es tatsächlich auf Freiheit hin auslegt! Sie haben im sogenannten tieferen Verständnis die Gleichheit auf Gott bezogen, vielleicht noch auf den Tod, den großen Gleichmacher, aber nicht auf die Welt und ihre Ungleichheit. Macht, Besitz und Privilegien blieben dort, wo sie immer schon waren. Als drängte das In-Christus-Sein nicht auf Verwirklichung! In der Theologie, die ich gelernt habe, wurde das Zauberwort eschatologisch, am Ende aller Tage, zur Zähmung der Freiheit benutzt.

In der Taufformel des Galaterbriefes wird die Freiheit benannt mit ihren guten negativen Namen. Nicht dieses, so nicht, nicht, wie ihr euch das denkt! Habt keine Angst vor diesen Neins, die Freiheit braucht sie! Nicht erst die Französische Revolution, schon der Galaterbrief begreift, daß die Grundlage der Freiheit die Gleichheit ist. Ohne *égalité* keine *liberté!* Die Gemeinden der frühen Jesusbewegung waren Gemeinschaften von Gleichen, das ist ein wichtiges Ergebnis feministischer Forschung. Bestehende Ordnungen wie die Superiorität einer Rasse, eines Geschlechtes, einer Wirtschaftsform, die Sklaven brauchte, um zu funktionieren, waren – im symbolischen Universum der Religion – entwichtigt, so drängte es die Menschen nach sozialer Veränderung. Zumindest in der Kirche sollte das Neue Sein sichtbar werden, wenigstens hier sollte die Macht nicht hierarchisch, durch ewige Ungleichheit befestigt werden. Bis auf den heutigen Tag leiden wir unter den vielen Niederlagen der Freiheit bei ihrem zweiten Schritt. Manchmal denke ich, wir haben das neue Kleid der Gerechtigkeit nie angezogen. Nackt, halbgetauft, nach den alten Kleidern der Macht der wenigen, der Erniedrigung der vielen schielend, stehen wir da.

Aber diese Leiden an der Unfreiheit, am Weiterbestehen der Privilegien, die blutige Terrororganisationen benötigen, um sich aufrechtzuerhalten, kann uns die Vision der Befreiung nicht löschen. Es ist ein Irrtum der Buchhalter, zu meinen, weil der zweite Schritt nicht möglich, ortlos, utopisch sei, lohne es sich nicht, den ersten zu tun! Christus anziehen heißt, die alten Kleider dieser Welt abzulegen, die Schuhe, die über Leichen gehen, zu verbrennen und die Kosmetik, die uns die Luft zum Atmen vergiftet, wegzuwerfen. Christus anziehen heißt auch mit Christus nackt werden.

Ich denke noch einmal an die junge Frau aus Galatien, die Sklavin, die sich taufen läßt. Geht sie nicht anders, aufrechter, wenn sie aus der Taufe und von Gottes Nähe umhüllt zurückgeht in ihren Alltag, ihre Misere? Jetzt ist sie Abrahams Kind und Erbin nach der Verheißung. Sie leidet nicht weniger, ich denke, eher mehr. Ihre Sehnsucht ist größer geworden, auch das ein Kennzeichen der Befreiung. Ein anderes Bild der Frau taucht auf, sie ist die *eikon* Gottes, sie spiegelt den Gott, der die Toten ins Leben ruft und »dem, was nicht ist, ruft, daß es sei« (Römer 4,17). Sie ist als Bild Gottes geschaffen, sie, der die patriarchale Welt bestätigt, daß sie ein Nichts ist, als Objekt des Mannes bestimmt, ohne eigenes Recht und daher ohne Würde, sie ist ein neues Geschöpf, zur Freiheit geboren.

Anmerkungen

[1] Vgl. z. B. die Stellungnahme der nordelbischen Bischöfe Krusche, Stoll und Wilkens zur feministischen Theologie vom 1. 7. 1985, in der die patriarchalische religiöse Symbolik gerechtfertigt wird als unveränderbares Zeugnis von Gott, dem es gefallen hat, sich so und nicht anders zu offenbaren (These 7), nämlich in der exklusiven Männertrinität.

[2]) Becker, Bovenscher, Brackert u. a., Aus der Zeit der Verzweiflung. Zur Genese und Aktualität des Hexenwahns. Frankfurt 1977.

[3]) Vgl. Christine Thürmer-Rohr, Vagabundinnen. Feministische Essays, Berlin 1987.

[4]) Dorothee Sölle, Ein Volk ohne Vision geht zugrunde, Wuppertal 1986, S. 100 f.

[5]) Christa Wolf, Kassandra, Darmstadt 1983, S. 85.

[6]) Pam McAllister (Hrsg.), Reweaving the Web of Life. Feminism and Nonviolence, Philadelphia 1982.

[7]) Dorothee Sölle, Und ist noch nicht erschienen, was wir sein werden. Stationen feministischer Theologie, München 1987, S. 170 ff.

[8]) J. Kotschner (Hrsg.), Der Weg zum Quell. Teresa von Avila, Düsseldorf 1982, S. 18.

[9]) Vgl. Luise Schottroff, Frauen in der Nachfolge Jesu in neutestamentlicher Zeit, in: W. Schottroff/W. Stegemann (Hrsg.), Traditionen der Befreiung 2, Frauen in der Bibel, München 1980.

[10]) Vgl. Carter Heyward, Und sie rührte sein Kleid an. Eine feministische Theologie der Beziehung, Stuttgart 1986, S. 92 ff.

[11]) Vgl. Elisabeth Schüssler-Fiorenza, Der Beitrag der Frau zur urchristlichen Bewegung. Kritische Überlegungen zur Rekonstruktion urchristlicher Geschichte, in: W. Schottroff/W. Stegemann (siehe Anm. 9).

[12]) Elisabeth Schüssler-Fiorenza, Zu ihrem Gedächtnis . . . Eine feministisch-theologische Rekonstruktion der christlichen Ursprünge, S. 258 ff.

Aus der Zeit der Verzweiflung

Ursprünge und gegenwärtige Tendenzen feministischer Theologie

Es gibt nun schon seit zwanzig Jahren »feministische Theologie« und frau könnte mit guten Gründen erwarten, daß auch von Seiten der Theologenzunft die minimalen Voraussetzungen für einen Dialog in dieser Sache respektiert würden. Dies ist aber in der Regel nicht der Fall: Feministische Theologie steht einer Wand aus Arroganz und Ignoranz gegenüber, aus Mißverständnis und dem Versuch, sich am Mißverständlichen festzuklammern, Nebenerscheinungen für die Hauptsache zu halten, damit nur ja der sexistische Anspruch im theologischen Herren-Denken und im Männlichkeitswahn der Institution erhalten bleibe! Die religionsgeschichtlich uralte Vorstellung der auch heute, auch im Protestantismus ungebrochen herrschenden patriarchalen Tradition ist, daß Heiligkeit und sakrale Macht nur dem Mann zugeordnet werden kann; daß folglich der Androzentrismus der kirchlichen Sprache unangetastet stehenbleiben muß. Dieses Macht- und Herrschaftsstreben schlägt jeder wirklich befreienden Theologie ins Gesicht.

So kann zum Beispiel Karl Barth vom Begriff der »Ordnung« nicht lassen, er löst ihn zwar von den barbarischen Rollenfestschreibungen des Patriarchats ab, um ihn dann aber doch, wennschon gänzlich entsubstantialisiert, in Ehren beizubehalten! Schließlich folgt er einem rational schwer begründbaren Zwang, zwischen Mann und Frau wie zwischen A und B zu unterscheiden: »A geht vor B, B kommt nach A. Ordnung heißt Folge, Ordnung heißt Vorordnung und Nachordnung, Überordnung und Unterordnung«[1]. Er beteuert zwar, daß diese »gefährlichsten Worte« keine

»innere Ungleichheit« begründeten und daß diese Vorordnung nur ein »Primat des Dienstes« sei, aber das verstärkt nur den Eindruck, daß hier ein hilfloses Ringen mit einer übermächtigen patriarchalen Tradition stattfindet. Es siegt die Obsession mit der Ordnung (A vor B!) und sie hindert Barth daran, Beziehung herrschaftsfrei zu denken.

Dieses zwanghafte imperiale Ordnungsdenken hat tiefste Wurzeln im abendländischen Dualismus und seiner Subjekt-Objekt-Spaltung, die als eine Wesensbestimmung patriarchaler Religion zu gelten hat. Der objektivierbare Gott bewahrt seine Distanz zu uns, er muß so ungleich wie möglich von seinen Subjekten (Untertanen) sein, und das objektive Anders-sein Gottes, seine Unabhängigkeit von den Subjekten, wird gefeiert, Objektivität beinhaltet im patriarchalen Denken – in der Theologie wie in der Wissenschaft – Unverwundbarkeit, Unberührbarkeit, Unbezogenheit; den subjektiven Bezogenheiten ist der gern als »Herrscher« proklamierte Gott entrückt, ihnen schlechthin überlegen.

Beverly Harrison, führende feministische Theologin in den USA, schreibt: »Karl Barth ist das theologische Symbol par excellence für diese scharfe Subjekt-Objekt-Spaltung in der Theologie. Auf der einen Seite wird er als der Theologe gefeiert, der Gott als ganz anderen verkündigte, auf der anderen Seite ist er genauso berühmt dafür, daß er, in der zweiten Hälfte seines Wirkens, auf der konkreten Inkarnation bestand und den grundlegenden Charakter von ›Beziehung‹ in der Theologie festhielt. Der ganze andere – *und* der schlechthin Beziehungshafte! Welch scheinbar tiefes Wissen darum, daß das, was ›ganz anders‹ ist, das ist, auf das man nicht bezogen sein kann! Für Feministinnen ist dieses gespaltene Bewußtsein bei den herrschenden Theologen verblüffend. Das Verständnis, daß es heilige Macht oder Göttlichkeit nur geben soll, wenn sie ›jenseits‹ der Beziehungshaftigkeit gedacht wird, formt die herrschende theologische Vorstellung über ›Gott‹ und den ›Menschen‹ (›God‹ and ›Man‹). Wir Feministinnen haben diese Subjekt-Objekt-Spaltung mit Leidenschaft hinterfragt. Wir haben ausgesprochen, daß das, was heilige Macht ist, uns im Bild eines Objektes nicht betreffen könnte oder je kann. Was gänzlich objektiv für uns ist, Objekt unserem Subjekt gegenüber, das, was sich durch das Eintauchen in unsere Subjektivität nicht verwundbar macht, das ist unerkennbar; aber vor allem kann es nicht geliebt werden.«[2] In diesem Sinn ist der Gott der patriarchalen Theologie »unknowable and, above all, unlovable«! Es ist also nicht eine bloß rhetorische Veränderung oder eine – womöglich antijudaistische – theologische Naivität, wenn wir eine andere Gottessprache suchen, sondern in der Tat eine Kritik an der herrschenden Theologie und ihrem Gottes-Imperialismus.

Wenn Macht das Höchste ist, Omnipotenz das ist, was Theologen ihrem Gott bescheinigen, wenn Gott unverwundbar im Himmel sitzt, dann ist diese Art von Theologie für bewußte Frauen (und Männer) unerträglich. Sie artikuliert nur das Männerideal, »objektiv« und unabhängig zu sein.

Diese Dekonstruktionsarbeit feministischer Theologie ist heute schon weit fortgeschritten; mit aller gebotenen Vorsicht möchte ich von einem gewissen feministischen »Konsens« sprechen. Ich meine damit die Kritik am Patriarchat, an der androzentrischen Sprache (die man eben nicht als eigentlich theo-zentrisch verkaufen kann!) an der Repatriarchaisierung des urchristlichen Feminismus und an vielen anderen Punkten. Die inneren Schwierigkeiten feministischer Theologinnen untereinander liegen in der Konstruktion und zeigen sich erst allmählich. Mit einer gewissen Verspätung entwickelt sich die europäische Diskussion entlang derselben Linien, die in den USA ausgemacht werden können.[3]

Ich versuche hier eine Idealtypisierung gegenwärtiger feministischer Theologie, die ich nicht an einem Buch oder einer Autorin festmachen kann, aber als Tendenz wahrnehme. Die Funktion dieser Gegenüberstellung ist nicht, einer institutionellen Urteilsbildung vorzuarbeiten, sondern die inhaltliche innerfeministische Diskussion zu vertiefen. Für sie brauchen wir heute Freiräume, die in Kirche oder theologischen Fakultäten nicht oder nur sehr begrenzt gegeben sind, herrschaftsfreien Dialog, nicht um im Sinne institutionalisierter Macht »richtig« von »falsch« abzugrenzen, wohl aber um der für uns Frauen selber notwendigen Klarheit willen in unserer Beziehung auf die jüdische und christliche Tradition: Wir müssen lernen, ja und nein zu sagen.

Feministische Spiritualität nimmt heute zwei Formen an. Mit Rosemary Radford Ruether läßt sich ein »ästhetisches« von einem »ethischen« Verständnis feministischer Theologie unterscheiden.[4] Beide Auffassungen feministischer Spiritualität gehen von einer ursprünglichen Harmonie, von einem Symbol für den guten, authentischen Urgrund aus.

In der matriarchalen oder »ästhetischen« Frömmigkeit wird diese Harmonie als der ursprüngliche Rhythmus der verschiedenen Aspekte der Wirklichkeit gesehen:

– Ying und Yang, das Weibliche und das Männliche, Geist und Fleisch, Mensch und Natur, die Natur und das Göttliche gehören zusammen und sind Bestandteile der ursprünglichen Harmonie.

– Teilt man diese Einheit in weltanschauliche Gegensätze, so gerät man in eine tiefe, alles umfassende zerstörerische Täuschung. Die Sünde und das Böse existieren in Wirklichkeit nicht, sie sind die weltanschaulichen Lügen einer widernatürlichen Zivilisation, der wir uns entziehen müssen, um uns der Natur zuzuwenden und wieder in die ursprüngliche Harmonie einzutauchen.

– Die ursprüngliche Harmonie steht unter der Vorherrschaft der Mutter, der großen Göttin. Mit dem Einbruch der Vaterherrschaft wurde diese ursprüngliche Harmonie gebrochen und die Mutter unterjocht. Lust und Ganzheit, also Heil-Sein, können erst wiederhergestellt werden, wenn wir die Kultur des Patriarchats entzaubern und uns aus ihr lösen. Die patriarchale Religion ist das Herzstück dieser Kultur.

– Wir müssen die Religion der Muttergöttin wieder annehmen und sie kultivieren, in Gruppen von Frauen oder in Gruppen, die Männer integrieren, wenn sie sich der Mutterherrschaft unterordnen.

– Eine Konsequenz aus diesem Ansatz ist, daß diese Art feministischer Religion den biblischen Glauben radikal ablehnen muß. Die Anhängerinnen der Göttin nähern sich in Anknüpfung an die vorpatriarchalischen Kulturen einem ursprünglichen Heidentum an, wie es vor den patriarchalischen Religionen Judentum, Christentum und Islam bestand. Die Religion der Göttin fordert den Bruch.

Die christliche Substanz der Theologie wird hier entweder bewußt und in radikaler Absetzung als frauenfeindlich und also menschenfeindlich kritisiert – wie bei Mary Daly – oder, häufig halbbewußt und im Rahmen kirchlicher Strukturen bleibend, entsubstantialisiert und durch andere Rituale und Mythen ersetzt. Das Interesse dieser nachchristlichen Spiritualität entzündet sich an Archäologie, Vorgeschichte, Göttinnen und dem kollektiven Unbewußten, nicht an der Geschichte, dem leidenden Jesus und der ethisch-religiösen Bewußtheit.

Es gibt auch eine ganz andere Richtung feministischer Spiritualität. Ruether nennt sie die »ethische« oder »befreiungstheologische« Sicht der feministischen Theologie. Sie unterscheidet sich vor allem darin, wie sie den Bruch, den Fall aus der Harmonie des Seins, und das, was traditionell die »Sünde« genannt wird, artikuliert. Die gebrochenen Beziehungen zwischen Mensch und Mensch, Mensch und Gott, Mensch und Natur sind nicht einfach eine falsche Sicht der Dinge, sondern eine reale Störung, die zwischen der Wirklichkeit des menschlichen Miteinander und dem schöpferischen Urgrund steht. Wir sind verantwortlich für das Böse in der Welt, das aus gestörter, zerbrochener Beziehung entsteht. Diese Störung und Zerstörung geht tiefer als allein auf männliches Denken und Herrschaft des Vaters. Auch wenn das Patriarchat den Inbegriff von Lüge und Täuschung darstellt, so können doch weibliches Denken und Mutterschaft nicht für ungebrochene Harmonie stehen. Es genügt nicht, von der Zivilisation zur Natur zurückzukehren, als sei diese »gut« und »gerecht«, und es ist irreführend, wenn wir die Vernunft als korrupt und entstellt den spontanen körperlichen Empfindungen gegenüberstellen, die uns mit der Harmonie und dem Guten verbinden sollen – ohne ethische Anstrengungen. Rosemary Ruether faßt ihre Analyse zuammen:

»Wenn patriarchalische Theologie die Lüge der entstellten Beziehungen dadurch sakralisiert, daß sie die männliche Seite des weltanschaulichen Dualismus als gut anerkannte und die weibliche Dimension als böse abwertete, dann läuft die moderne Religion der Göttin Gefahr, diesen Dualismus bloß umzukehren. Befreiungsfeminismus glaubt nicht, daß man die Widersprüche des Patriarchats verbannt, indem man alle kulturellen Mittel und Methoden zum Zwecke einsetzt, eine Identifizierung mit dem mütterlichen statt dem väterlichen Pol des traditionellen Dualismus zu fördern. Er ruft vielmehr zu einer ethischen Anstrengung auf, die sowohl das Selbst als auch das soziale System, welches ausbeuterische Beziehungen untermauert, verwandelt. Frauen und Männer, Natur und Kultur, Körperlichkeit und Vernünftigkeit sind durchweg durch gebrochene Existenz entstellt worden. Beide Seiten haben es nötig, zusammen zu einem neuen Ganzen umgestaltet zu werden.«[5]

Die feministische Befreiungstheologie baut auf dem biblischen Fundament auf, wenn auch nicht in absolut gesetzter Ausschließlichkeit. Sie sieht die Sünde als zertrennende, zerstörende Kraft auch in matriarchalen Kulturen wirksam und arbeitet an der Befreiung nicht im Rückgang zur Natur, sondern innerhalb der geschichtlichen Bedingungen. Befreiungstheologischer Feminismus steht den separatistischen Tendenzen der Religion der Göttin zumindest skeptisch gegenüber. Er schließt aber die Verwendung von außerchristlichen Traditionen und Symbolen ein. Er erforscht und braucht die Bibel, benutzt sie kritisch, samt der in ihr verdrängten »häretischen« Traditionen. Ihrer innersten Tendenz nach spricht die Bibel im Interesse der Unterdrückten. Deswegen ist sie für Frauen unverzichtbar.

Beide theologischen Grundpositionen innerhalb der feministischen Theologie überschneiden sich natürlich an vielen Punkten. In der Praxis der Feier, des Rituals, des Körperausdrucks, der Bewegung sind oft verschiedene Elemente integriert. Diese Elemente, die Leib und Seele beieinanderhalten, sind für alle Frauen unaufgebbar. Aber genügen sie als solche schon, um dem großen Anspruch »Feminismus« gerecht zu werden? Es besteht mitunter die Gefahr, daß der Kopf, die Analyse, die deutliche politische Aussage und die theologische Reflexion draußen vor gelassen werden. Wenn wir Frauen wirklich »ganzheitlich« denken, erfahren, erleiden – und handeln, beten und arbeiten wollen, dann können wir auf ein klares kämpferisches Bewußtsein nicht verzichten!

Matriarchal orientierter Feminismus macht uns zwar ausdrucksstärker, gefühlsreicher, aber er verarmt uns doch durch einen Mangel an Analyse der Realität und der verändernden Praxis. Zur Analyse der Realität brauchen wir die besten verfügbaren Instrumente, und ein für die Befreiungstheologie unverzichtbares Instrument ist der Marxismus. Die Entwicklung der letzten Jahre etwa in Lateinamerika hat gezeigt, daß die Christen nicht, wie eine reaktionäre These will, vom Marxismus als »nützliche Idioten« instrumentalisiert worden sind. Sondern umgekehrt: Es findet eine begrenzte konstruktive, selektive Aneignung marxistischer Inhalte, wie Wirtschaftsanalyse oder Ideologiekritik, statt, in der Christen den Marxismus als nützliches Instrument, keineswegs als Glaubensersatz gebrauchen. Feministische Befreiungstheologie profitiert von diesen Erfahrungen. Sie überschreitet bewußt den Horizont der Mittelklassefrauen, um an der »speziellen Vorliebe Gottes für die Armen« zu partizipieren – schon deswegen, weil die ärmsten dieser Armen in den verschiedenen Gesellschaftssystemen die Frauen sind.

Der andere Punkt der wachsenden Entfernung zwischen den beiden Strömungen feministischer Theologie ist die Praxis der Veränderung. Frauen, die in der Friedens-, der Ökologie- oder den Solidaritätsbewegungen mitarbeiten, können sich aufgrund ihrer Praxis nicht separatistisch definieren. Ihr Verständnis von Frauenbefreiung ist menschheitlich. Es wird jedem Mann heute vernünftigerweise zugemutet, Feminist zu sein! Keine Frage natürlich, daß frau sich in jeder nichtseparatistischen Praxis enorme frauenspezifische Schwierigkeiten, eben die altbekannten, einhandelt. Schon deswegen brauchen wir immer wieder die Frauenzusammenkunft, die Zellenbildung, die »sister celebrations«, wie die Frauengottesdienste in der Ökumene genannt werden. Nur gehört zum befreiungstheologischen Engagement eine andere Praxis als die der Selbstfindung und Selbstvergewisserung. Wir können uns nicht nur als Opfer empfinden und beschreiben, wenn wir doch als Mittäterinnen auch an der Ausplünderung der Frauen anderer Länder mitbeteiligt sind. Der Mond und die Blumen machen unser Verhältnis zur Natur noch nicht heil, solange Wackersdorf weiter gebaut wird. Die *Touchy-feely*-Kultur hat eine Tendenz, sich im Einklang zu fühlen, die gute Energie aufsteigen zu spüren – und die Lösung der realen Probleme dann von selber zu erwarten. Da wird der kämpferische Geist der Befreiungskämpfe aufgegeben, von einer handlungsorientierten Praxis wird abstrahiert. Sogenannte »Erlaubnisse« ersetzen ja nicht nur den alten patriarchal-autoritären Anspruch der »Gebote«, sondern auch das lebendige politisch-praktische Engagement von Frauen, die wissen, daß sie mit Outspan-Apfelsinen und Krügerrand töten. Und mit schweigender Duldung der Politik der Aufrüster auch ihr jetziges Leben verstümmeln.

Feministische Theologie hat nicht die Aufgabe, den unerträglichen Kapitalismus »soft«, frauenverträglich zu machen und seine schlimmsten Beschädigungen für andere und uns selber aus den Augen zu wischen. Die Vergiftung des Rheins und die Abrichtung unserer Schwestern in Indonesien zu Sklavinnen des Sextourismus werden wir nicht durch Psychogesäusel und Körperwohlsein aus der Welt schaffen, dazu gehört schon etwas mehr Kampfgeist, Analyse und Mut. Wenn Gott nicht der Gott des Patriarchats ist, sondern »mehr«, welche Namen auch immer wir ihr oder ihm dann geben, dann bedeutet das für uns alle eine andere konsequentere Radikalität des Herzens, aber auch des Kopfes. In den Träumen feministischer Befreiungstheologinnen gehören Maria Magdalena, mit ihrem Mut zum Grab zu gehen und zu weinen, Sophie Scholl und Rosa Luxemburg zusammen. Es ist noch nicht erschienen, was wir sein werden (1 Johannes 3,2).

Anmerkungen

[1]) Karl Barth, Kirchliche Dogmatik, Zürich 1959 III/4, S. 189.

[2]) Beverly Wildung Harrison, Restoring from the Tapestry of Life: The Vocation of Feminist Theology. Unveröffentlichtes Manuskript.

[3]) Vgl. zum folgenden: Dorothee Sölle, Einleitung zu Carter Heyward, Und sie rührte sein Kleid an. Eine feministische Theologie der Beziehung, Stuttgart 1986.

[4]) Rosemary Radford Ruether, Feminist Theology and Spirituality, in: Christian Feminism. Visions of a New Humanity, New York 1984.

[5]) Übersetzung in FAMA, Feministisch-theologische Zeitschrift, August 1985.

III. Aus dem babylonischen Exil

Verwerflich ist es, nichts zu tun

Über den Pazifismus als Widerstand

Soldaten können sterben, Deserteure müssen sterben«, so Adolf Hitler in »Mein Kampf«. Diese Maxime wurde von den deutschen Militärrichtern befolgt bis in die letzten Stunden des Krieges. Mehr als 25 000 Todesurteile wegen Fahnenflucht wurden gefällt und 15 000 mindestens wurden vollstreckt. Je aussichtsloser der Krieg wurde, desto brutaler schlug die Militärjustiz gegen die eigenen Soldaten zu. Am Ende reichte schon eine »defaitistische« Äußerung für ein Todesurteil. Aber die Opfer dieser Wehrmachtsjustiz werden bis heute nicht als Verfolgte des Nationalsozialismus anerkannt. Die Wehrmachtsrichter machten im Justizapparat der Bundesrepublik Karriere, ihren Opfern wird die Zeit, die sie in Todeszellen und Lagern verbrachten, nicht einmal auf die Rente angerechnet.

Desertieren heißt »Leistungsverweigerung für den Staat«. Ein großer rheinischer Dichter hat in seinem Lebenswerk genau diese Leistungsverweigerung anarchistisch und human, lebensbejahend und subversiv-kölsch dargestellt. Leistungsverweigerung zieht sich wie ein roter Faden durch das Werk Heinrich Bölls. Ich brauche nicht mehr darauf einzugehen, welche Leistungen der Staat damals forderte. Mir ist wichtig, was die Behörden dieses Staates heute an Leistungen fordern:

– von den Krankenschwestern und Ärzten, daß sie unterscheiden sollen, wer nach dem Atomkrieg noch medizinisch versorgt werden soll, wer nicht,

– von Lokführern und Bahnbeamten, daß sie Waffen und Gift transportieren,

– von Schuldirektoren, daß sie selektieren, welche Kinder im Bunker Platz haben dürfen und welche nicht,

– von Ingenieuren, Technikern und Wissenschaftlern, daß sie von der Atompille bis zum Geräuschbelastungstest für den Kriegsfall arbeiten,

– von Museumsleuten und Geschichtslehrern, daß sie ein Geschichtsbild herstellen, das den Militarismus als neutral und staatsfördernd darstellt,

– und von uns allen im Golfkrieg 11 Milliarden Steuergelder als Beihilfe zum Mord.

Was verlangt der Staat von uns an kriegsvorbereitenden Leistungen? Alle Steuerzahler zahlen für den Jäger 90, der militärisch anerkanntermaßen sinnlos ist, aber als Prestigeobjekt unserer Militaristen beibehalten wird. Weite Gebiete unseres Landes werden von Tieffliegern terrorisiert, die den Überfall auf andere Länder und den *deep strike* simulieren. Sollen wir nicht von den Brüdern Deserteuren aus dem Zweiten Weltkrieg Leistungsverweigerung schon jetzt lernen? Hier wird gefeiert: Fahnenflucht von der blutigen Fahne, Verrat an der eigenen Klasse, die noch immer mit den Wölfen heult, Entfernung von der Truppe, die zum Morden ausgebildet wird. Wir ehren die Deserteure, wenn wir uns von ihnen belehren lassen.

Ich möchte zwei Dinge nennen, die mich bewegt haben, als ich Dokumente über die Deserteure zur Kenntnis nahm. Es ist einmal die Rolle der Frauen und zum andern die der sogenannten Asozialen. Es gibt kaum eine Desertion, bei der nicht eine Frau dahintersteckt, das haben die Kriegsrichter ganz richtig gesehen. Ohne eine helfende Frau, Mutter, Geliebte wären die meisten Geschichten der Entfernung vom Verbrechen nicht möglich gewesen. Frauen haben die Last getragen, ohne zu fragen, ob die Motive eines Fahnenflüchtigen besonders hoch oder nur aufs Überleben gerichtet waren, sie haben nicht gefragt, ob der Deserteur es verdiente, beschützt zu werden, oder nicht. Sie haben ihm Essen und Kleider, zivile versteht sich, gegeben, Obdach und Lebensmittelmarken, Fahrkarten und Ausweise. Sie haben so an die Stelle der Männerbündelei, der angeblichen Ehre und der falschen

Kameradschaft aus Alkohol und Gehorsam eine menschliche Solidarität gesetzt.

Die Norwegerin Marie Lindgren, Freundin von Walter Gröger, dessen Todesurteil Hans Karl Filbinger als Marinestabsrichter im Januar 1945 erwirkt hatte, konnte sich erinnern.

»Walter sah ich erst bei der Verhandlung wieder. Ich hatte noch nie vor einem Richter gestanden. Dieser schrie mich gleich an. ›Du bist schlimmer als ein Tier. Zu einer Ratte müßtest du Sie sagen. Du bist nicht einmal wert, daß man dir Unkraut zu essen gibt. Du bist ein nichtsnutziger Teufel, ein Schmarotzer der Menschheit. Deine Verbrechen am deutschen Volk sind so schwer, daß wir dich sofort erschießen sollten. Du hast einem deutschen Soldaten geholfen, Fahnenflucht zu begehen. Du wirst dem Erdboden gleichgemacht werden. Du bist eine nichtsnutzige Hure, die es mit jedem treibt. Der gesunde deutsche Geist wird sich an deiner Tätigkeit rächen.‹ Ich fühlte mich nicht länger als Mensch. Der Ankläger sah gut aus. Seine Worte waren Gift. Hilflos, eingekeilt von den Wachen, war ich auf die Hilfe des Übersetzers angewiesen. Die meisten Worte, die er sagte, hatte ich in meinem Leben nie gehört. Aber ich konnte nicht antworten. Immer wenn ich sagte: ›Ich habe Walter gern. Ich fragte nicht nach dem, was er gemacht hat. Ich will ihm helfen‹, brüllte er mich an: ›Schwein, Nutte, Spion!‹ Am Ende sollte ich für zwei Jahre ins Zuchthaus. Ich blieb noch in Oslo. Dann wurde ich plötzlich noch einmal dem Gericht vorgeführt. Der Ton änderte sich nicht: ›Drecksau, Tier.‹ Walter war wieder da. Er sah noch schwermütiger aus. Wir waren getrennt. Mein Urteil änderte sich nicht: zwei Jahre (...).

Ich wache oft nachts auf und sehe den Ankläger vor mir: ›Du bist ein Tier, schlimmer als eine Ratte.‹«

Was können Frauen heute aus einem solchen Bericht lernen? Ich denke, wiederum Leistungsverweigerung einem Staat gegenüber, der nach wie vor die Zahl der Soldaten erhalten und von der Kriegsindustrie profitieren will. Leistungsverweigerung ist die plebejische, die unheroische Form des Widerstands.

Heute gibt es einen breiten offiziellen Konsens, den politischen Widerstand gegen Hitler anzuerkennen. Nicht anerkannt dagegen ist der kleine, der plebejische Widerstand. Die simplen Formen des Widerstands kleiner Leute, die nicht an Hitler herankamen, aber die Wehrkraft auf ihre Weise zersetzten, werden nicht gefeiert. Der Witz, die Miesmacherei, das verlangsamte Tempo bei der Todesproduktion, die Sabotage und auch das einfache Mitleid, zu dem die Vertreter der deutschen Justiz nicht fähig waren, all das wird verschwiegen und soll nicht als Widerstand gelten. Ich denke aber, wir brauchen einen breiten, umfassenden, alltagsbezogenen Begriff von Widerstand sowohl für die Fahnenflüchtigen von damals wie für die Leistungsverweigerer von heute.

Es ist keine Nazierfindung, sondern eine Tatsache, daß viele Deserteure aus Waisenhäusern, Fürsorgeanstalten und schlechten Verhältnissen kamen. Manche hatten Diebstahl und Betrügereien hinter sich. Diese kleinen, zur Disziplin unfähigen, manchmal durchtriebenen Gestalten – haben sie uns nichts zu sagen? Ist ihre Humanität nicht höher als die der Offiziere und Juristen, die sie zu Tode brachten? Ist ihr Lebenswille nicht größer als derer, die bis zum bitteren Ende mitmachten? Haben sie nicht mehr Mut bewiesen als die gehorsam Funktionierenden? Ist ihr Ekel vor der Militärmaschine, keineswegs nur an der Front, sondern auch in der Etappe, nicht etwas, das sie mit den großen Pazifisten teilen?

Wir ehren die Deserteure, indem wir auf ihre Stimme hören, ihr Nein ernst nehmen und ihre Verweigerung als produktiv ansehen. Wir fangen in unserem Land ja erst an, eine pazifistische Kultur des Widerstands aufzubauen. Wir müssen die Formen unserer Fahnenflucht erst lernen. Eine Bundesrepublik ohne Armee wäre ein Ergebnis der großen Desertion von der immer noch wehenden falschen Fahne. Dann könnten wir uns endlich mit aller Kraft dem Überleben auf dem kleinen Erdball widmen. Es fehlt uns nicht an Loyalität dem Staat gegenüber, davon haben wir immer noch viel zuviel, vielleicht aber an Loyalität dem Leben gegenüber.

Ich möchte vier verschiedene Dimensionen des Begriffes Widerstand unterscheiden. Allgemein anerkannt ist der

– aktive gewaltsame Widerstand gegen den Staatsterror eines Unrechtregimes, wie ihn die Leute vom 20. Juli 1944, in der Tradition des Widerstandsrechts, bis zum Tyrannenmord verkörpern.

– Davon zu unterscheiden die Resistenz gegen totalitäre Herrschaft, wie sie vor allem in den Nischen der Gesellschaft entsteht. Illegalen Ausländern Asyl und Schutz zu gewähren, Deserteuren des Golfkriegs mit Telefonnummern Hilfe anzubieten, sind gegenwärtige Formen der Resistenz.

– Die legale politische Opposition, innerhalb und außerhalb des Parlaments, versteht sich als Widerstand, der im Rahmen der Legalität die Grundrechte einzuklagen versucht.

– Der gewaltfreie zivile Ungehorsam, der die Rechtsordnung respektiert, ihre Auslegung aber im Sinne von Militarismus und Bellizismus bekämpft.

Für die letzte Form des Widerstands zitiere ich einige Sätze des amerikanischen Jesuitenpaters Daniel Berrigan, der seit dem Vietnamkrieg ein hervorragender Vertreter gewaltfreier Aktion im Sinne von Gandhi und Martin Luther King ist: »Die Juristen neigen zu der Vorstellung, der Mensch sei die Summe seiner Gesetze; die Soziologen, er sei die Summe gesellschaftlicher Phänomene; die Philosophen, er sei die Definition seiner eigenen Weisheit und Logik; religiöse Menschen, er sei mit seiner eigenen Religion identisch . . . Aber ich wage, auf die Tatsachen des Lebens gestützt, zu behaupten, daß es manchmal notwendig ist, all diesen Definitionen zu entfliehen, um Mensch zu bleiben. Man muß das Getto öffnen, dem Gesetz den Gehorsam verweigern, die eigene Rasse verleugnen, über die Religion hinauswachsen. Um Student sein zu können, muß man die Columbia-Universität angreifen. Um ein Bürger sein zu können, ist es notwendig, auf den Straßen Chicagos zu marschieren. Um dem Gesetz gehorchen zu können, ist es notwendig, ihm die Stirn zu bieten. Menschen sind ungehorsam, zerstören, brechen die Gesetze. Sind sie deshalb wirklich kriminell? Oder ist etwas Tieferes, Geheimnisvolleres am Werk? Kann die Überschreitung des Gesetzes in gewissen Fällen eine Funktion des Gewissens darstellen?«

Diese Formen des Widerstands, in denen der verhängte Konsens aufgekündigt wird, haben tiefe christliche Wurzeln. »Stellt euch nicht dieser Welt gleich, sondern verändert euch durch Erneuerung eures Sinnes«, heißt es bei Paulus (Römer 12,2). Im Urchristentum war das Bewußtsein, daß Christen sich nicht dieser Welt gleichförmig machen sollen, unbestritten. Christen besuchten zum Beispiel die öffentlichen Spiele, in denen wilde Tiere auf Gefangene gehetzt wurden, nicht. Sie weinten sogar um zu Tode Gefolterte, wie die Frauen am Grabe Jesu, was verboten war. Als sich später das Christentum der öffentlichen Herrschaft anpaßte und immer römischer wurde, zogen die Mönche in die Wüste, auch das eine Entfernung von der Truppe, eine Art Fahnenflucht.

Diese Traditionen der Ungleichförmigkeit zu dieser Welt gehen auf den Jesus der Evangelien zurück, der den religiösen Konsens des Sabbats und den sozialen Konsens des Umgangs mit Menschen niederer Ordnung verließ; er verkehrte mit Frauen, Kindern, öffentlichen Sünderinnen und Sündern und mit Heiden. Darin lag ein Gestus der Aufkündigung des herrschenden Konsens, eine Art Leistungsverweigerung aus der Distanz zur Welt, die wir brauchen, weil diese Welt eine Welt der Gewalt ist. »Unsere Heimat ist im Himmel«, sagten die Christen, nicht um auf ein Jenseits abzulenken, sondern um ihren Protest gegen die gewaltförmigen Zustände darzustellen.

In diesem Sinne kann uns die Rückbesinnung auf die religiöse Tradition helfen beim Aufbau einer Kultur des Widerstands, die wir, wie der Golfkrieg gezeigt hat, mehr als alles andere brauchen. Wir werden Flüchtlinge und Verfolgte zu verbergen haben, und manchmal scheint mir die Wahrheit auch wie eine verfolgte Flüchtlingsfrau, die hier keinen Zuzug erhält. Wir werden Steuerverweigerung und andere Formen des zivilen Ungehorsams einüben. Wir werden von der falschen Fahne, die über uns weht, desertieren.

Ist die Friedensbewegung gescheitert?

Zur geistigen Situation nach dem Golfkrieg

Die Friedensbewegung sei am Golfkrieg gescheitert, so war es vielerorts zu hören. Dieser Satz hat mich verstört; in welchem Sinn ist er zu verstehen, faktisch oder moralisch? Daß David den Riesen Goliath keineswegs immer mit seinen Kieselsteinen kampfunfähig macht, wissen doch alle, die die Bekanntschaft mit dem Riesen Rüstungsindustrie samt den Unterabteilungen Forschung, Produktion, Export und Profit gemacht haben. Und dazu gehören Tausende, die in den Friedensgruppen nicht nur Händchenhalten übten, sondern handfeste Analysen – wer was und an wen lieferte – erarbeiteten. Auf die »Mordindustrie« selber, wie Bertha von Suttner es in klarem Deutsch vor dem Ersten Weltkrieg noch sagen durfte, ihren Export, ihre praktische Möglichkeit, Waffen in fernen Ländern auszuprobieren und dann zu verbessern, hatte die Friedensbewegung den geringsten Einfluß. Es ist ihr gelungen, die Herzen und Hirne von Tausenden junger Leute, die nicht mehr mitspielen, zu gewinnen. Aber das andere Terrain, wo Krieg nach wie vor systematisch vorbereitet und profitreich vermarktet wird, haben wir kaum antasten können.

Das Wort vom Scheitern kommt mir eher in den Sinn, wenn ich an die Milliarden Mark denke, die plötzlich für den Golfkrieg verfügbar wurden. Woher die Akzeptanz für diese Art von Blutgeld? Lag es daran, daß die Friedensbewegung so schwach war? So klein geworden, daß keiner der 200 Munitionszüge der Bundesbahn, die nach Bremerhaven gingen, um beim Krieg zu helfen, auch nur angehalten wurde? Heißt das, daß jetzt, nach dem Ende der Nachkriegsperiode, Krieg als *ultima ratio* für alle wieder führbar, akzeptabel wird? Ist der Pazifismus eine absolute Position, weil Krieg nach Gottes Willen nicht sein soll – oder gibt es doch Ausnahmen? Ich persönlich bin zum Beispiel der Meinung, daß der Krieg der Alliierten gegen Hitler gerechtfertigt war, halte aber die Übertragung dieses Modells auf den Golfkrieg für unmöglich.

Mich beschäftigen die geistigen Folgen des Golfkriegs. Er hat zur Verwirrung nicht »der«, aber einiger Pazifisten beigetragen. Ist das ein Grund, in das Propagandahorn der angeblichen Sieger zu blasen und eine furchtbare weltgeschichtliche Niederlage des Friedens als einen Sieg von Vernunft, Realitätssinn und Völkergemeinschaft zu deklarieren?

Das Ende der Nachkriegszeit war schon vorher eingeläutet; mit diesem Krieg beginnt eine neue Vorkriegszeit, deren Anfang wir gerade erlebt haben. »Vor uns liegt die Chance, für uns und für künftige Generationen eine neue Weltordnung zu formen, in der die Herrschaft des Gesetzes und nicht die Herrschaft des Dschungels das Verhalten von Nationen leitet«, so Präsident George Bush in seiner Rede am Tag des Angriffs auf den Irak. Wie sieht diese neue Herrschaft des Gesetzes aus? Ich nenne nur drei Merkmale:

– Das erste Merkmal ist das Ende der freien Berichterstattung, die bisher als ein Grundpfeiler der Demokratie angesehen wurde. Während des Golfkriegs war nur ein begrenzter Pool von Journalisten zugelassen. Wer berichten durfte, entschieden die Militärs; sie stellten auch Spielregeln auf, die an propagandistischer Deutlichkeit nichts zu wünschen übrig ließen. Die Opfer, die Verletzten, die Verstümmelten mußten unsichtbar gemacht werden.

– Das zweite Merkmal dieser neuen Ära nach dem Golfkrieg ist, daß Krieg endlich wieder führbar, gewinnbar und begründbar erscheint. Während die letzten Kriege in Europa mit einem überwältigenden »Nie wieder Krieg!« endeten, scheint die neue technologisch und rüstungspolitisch spannende Frage zu sein: Wie führen wir den Krieg besser, effizienter, schneller? Das Militär, seine Notwendigkeit und Unersetzlichkeit, ist aufgewertet. Es geht eben nicht ohne, so wie Ampeln im Straßenverkehr leider notwendig sind. Daß die Waffenproduktion und ihr Export erst die Voraussetzungen dafür schaffen, daß die Militärs bomben dürfen, wird in dieser »neuen Weltordnung« nicht reflektiert.

– Die dritte gefährliche Folge aus dem Golfkrieg scheint mir die Akzeptanz der Umrüstung, die uns ins Haus steht. Sie beruht auf einer merkwürdigen Doppelstrategie. Die neu gestellten Fragen heißen: Wie halten wir uns heraus? Und zugleich: Wie mischen wir besser mit? Was im Westen ansteht, ist nicht Rückbesinnung auf die Opfer, sondern Vorbereitung weiterer Präventivkriege, nicht Abrüstung, sondern Umrüstung, nicht Versorgung der Verelendeten mit Trinkwasser, sondern neue Epidemien, von denen die Cholera nur die sichtbarste ist. Das Geld übrigens, das an nur einem Tag des Golfkrieges verbraucht wurde, hätte für das kleine Land Peru gereicht, sauberes Wasser für alle zu gewinnen.

Statt dessen stehen bei uns auf der Tagesordnung: eine neue NATO-Strategie für den neuen Feind im Süden; eine Umstrukturierung der Bundeswehr auf schnelle, technisch hochgeschulte Eingreiftruppen, die gleich für die verschiedenen Kontinente ausgebildet werden; eine Änderung des Grundgesetzes und ein rasches Verdrängen der eigentlichen Problematik, der Rüstungsexporte in die Länder der Dritten Welt. Die anderen Veränderungen sorgen dafür, daß die entscheidende und notwendige Veränderung unserer Produktions- und Exportbestimmungen unterbleibt. Die freie Marktwirtschaft funktioniert bestens als Todesindustrie. Anders läßt sich unser Lebensstil nicht sichern.

Die geistige Situation nach dem Golfkrieg ist so widersprüchlich wie eh und je. Der Präsident hat eine neue Weltordnung heraufbeschworen, in der die Führungsrolle der USA das Fundament für Recht und Frieden sein soll. Der Golfkrieg hat diese Ordnung eingeläutet; er war beliebter als alle anderen Kriege. Während die großen europäischen Kriege des Jahrhunderts mit einem übereinstimmenden »Nie wieder! Nie wieder das!« zu Ende gingen, produzierte der Golfkrieg eine Stimmung des »Noch einmal«, es klappte ja so gut, es ging so schnell, ein sauberer chirurgischer Eingriff, man fühlte sich richtig gut dabei. Die Paraden im ganzen Land waren eitel Jubel und Freude, kaum jemand wollte abseits stehen, endlich war das schreckliche Vietnam-Syndrom überwunden, und die Nation konnte sich selber feiern als Schaufenster der Macht und der Selbstgerechtigkeit. Eine Mehrheit sprach sich für die Fortsetzung des Krieges aus, zumal alle vorgegebenen Ziele der Aktion nicht erreicht wurden.

KriegsgegnerInnen kamen aus verschiedenen Gruppen der Bevölkerung. Doch mehrheitlich waren es Studierende und Menschen der älteren Generation, darunter viele Frauen. Viele der KriegsbefürworterInnen hatten das Gefühl »let's do it«; sie versprachen sich unmittelbare Wunscherfüllung ohne Aufschub, wie es die Konsumgesellschaft so erfolgreich propagiert. Auf einem kritischen Flugblatt der KriegsgegnerInnen lese ich: »Sie sind herzlich eingeladen, Mitglied der neuen Weltordnung zu werden. George Bush, François Mitterrand, John Major, Helmut Kohl und König Fahd sind bereits Mitglieder, treten auch Sie dieser exklusiven neuen Organisation bei. Helfen Sie uns, Ordnung in dieser Neuen Welt aufrechtzuerhalten. Unterstützen Sie den Frieden durch Krieg, den amerikanischen Lebensstil und die ›Übermacht weißer Männer.‹« Und unter den Bedingungen für die Mitgliedschaft in diesem Club werden genannt: »Erinnerung an irgendein Ereignis von historischer Bedeutung, das vor gestern stattfand, ist streng verboten. Ein fester Entschluß, ausgewählte Könige, Monarchen, Emire oder Diktatoren an der Macht zu halten oder sie wiedereinzusetzen, ist notwendig.« Und unter diesem ironischen Text wird versichert, »jede Ähnlichkeit zwischen diesem Angebot einer Neuen-Welt-Ordnung und dem, das Herr Goebbels 1933 machte, ist rein zufällig«.

Kann man tatsächlich, wie viele kritische BeobachterInnen, die ich in den letzten fünf Wochen traf, von einer »Faschistisierung der amerikanischen Gesellschaft« reden? Nationalismus ist hier gepaart mit einem Gefühl religiöser Überlegenheit. Die moralische Verantwortung für die Welt drückt sich als amerikanisches Sendungsbewußtsein aus. Ein

Geist der Militanz und des Konformismus breitet sich aus. Eine junge Frau erzählte mir von ihrer Weigerung, die gelbe Schleife, die die Verbundenheit der Heimat mit der Front im Nahen Osten ausdrücken sollte, zu tragen. »Ich wußte plötzlich«, sagte sie, »wie einer Frau, die sich in Hitlerdeutschland weigerte, die Fahne mit dem Hakenkreuz aufzuhängen, zumute gewesen sein muß.«

Damit bin ich schon bei meinem Gegenbericht, den Minderheiten, die dem Macht- und Kriegsrausch widerstanden. Die Kirchen sind hier an erster Stelle zu nennen, der Nationale Kirchenrat und die Katholische Bischofskonferenz in den USA haben allen Versuchen, den Krieg als gerecht darzustellen, widerstanden. George Bush, der der episkopalen Kirche angehört, lud seinen Bischof nach Washington ein, um den Krieg abzusegnen. Dieser weigerte sich und ging statt dessen demonstrieren. Der evangelikale Prediger Billy Graham sprang ein, und die Weigerung des anderen Hirten verschwand blitzschnell aus den Medien, wie so viele andere Formen des Protests; die 250 000 Menschen in Washington wurden zu 50 000 heruntergelogen, und die Gleichschaltung der Medien war nicht nur in der Kriegsberichterstattung ohne Leichen und Verstümmelung zu finden, sondern auch in den Berichten über die Friedensbewegung, auch dies ganz anders als im Vietnamkrieg.

Dennoch lassen sich die inneren Schwierigkeiten des Imperiums nicht durch militärische Erfolge vertuschen. Es läßt sich nicht vom Tisch wischen, daß ein wachsender Teil der Bevölkerung verelendet. Die öffentlichen Schulen sind von Drogen, Gewalt und Chaos geprägt, an vielen Stellen sehen sie aus wie Gefängnisse, mit Mauern und Stacheldraht umgeben, von Kontrolleuren bewacht. Die Gefängnisse, in denen prozentual mehr Schwarze eingesperrt sind als in den schlimmsten Zeiten Südafrikas, sind total überfüllt. Der Staat Michigan hat in diesen Tagen die Sozialhilfe für 80 000 Erwachsene, die nichtbehindert und kinderlos sind, gestrichen, um ein Finanzdefizit und zugleich die sogenannte »Wohlfahrtsabhängigkeit« loszuwerden. Ein öffentliches Gesundheitswesen existiert nicht, der Ruf danach wird zwar von der Vereinigung der Ärzte boykottiert und diffamiert, ist aber nicht mehr zu überhören. Ich halte es für möglich, daß auch für Amerika ein Punkt der Umkehr gegeben ist, eine Art Rehumanisierung der Gesellschaft ist vorstellbar. Man muß schließlich nicht Sozialistin oder Schlimmeres sein, um alte schwarze Frauen medizinisch versorgen zu wollen. Auch in der Mittelklasse, die sich selbst durch den Zusammenbruch der öffentlichen Institutionen in Wohnungspolitik, Gesundheits-, Schul-, und Transportwesen gefährdet sieht, wächst das Unbehagen, die Suche nach einer anderen Art von Zukunft.

Was bedeutet das alles für die von ihren Gegnern totgesagte Friedensbewegung? Ist sie gescheitert, und kann der Krieg jetzt unter neuen technologischen Bedingungen wieder als Fortführung der Männerpolitik mit anderen Mitteln erscheinen? Es wird nicht ganz leicht sein, alle Menschen in unserem Land von diesen militaristischen Grundwahrheiten zu überzeugen. Der Menschheitstraum vom Frieden, der nicht nach diesem Leben und nicht nur in der Seele von einzelnen gedacht war, sondern tatsächlich »auf Erden« sein soll, läßt sich nicht ersticken. Auch die Utopie, daß die Hungrigen satt werden, läßt sich nicht auslöschen. Ob die Friedensbewegung scheitert, entscheidet sich jetzt, am Beginn der neuen Weltordnung, die auf Gewalt und Lüge aufgebaut ist, beide aber besser als je verpackt. Diese Weltordnung begann mit einem Krieg neuer Qualität, der nur der erste von vielen sein wird.

Christa Wolf schrieb in »Kassandra«, eindeutig gegen die alte DDR-Herrschaft gerichtet, aber auf unsere jetzige Situation übertragbar: »Wann der Krieg beginnt, das kann man wissen, aber wann beginnt der Vorkrieg. Falls es da Regeln gäbe, müßte man sie weitersagen. Laßt euch nicht von den Eignen täuschen.« Ich habe den Umfall vieler deutscher Intellektueller zu Beginn des Golfkriegs als ein schreckliches Zeichen erlebt, ähnlich – wenn auch im Stil ganz anders – wie die Kriegsbegeisterung des Jahres 1914. Wir müssen uns auf den Minderheitenstatus einlassen. Pazifismus war nie billig zu haben. Es ist heute möglich, Kriegsdienst zu verweigern, aber was ist mit Kriegsgeld, Kriegssteuern, Kriegsforschung? Wer boykottiert die angenehmen Nebenprodukte der Mordindustrie?

Die Aussicht auf Erfolg oder die Erwartung des Scheiterns kann das Handeln modifizieren, aber nicht bestimmen. In diesem Sinn hat die Friedensbewegung (und das ist ihre größte Leistung in diesem Land) ein Gegenmodell zur erfolgsbesessenen Orientierung inszeniert. Sie hat eigentlich nichts anderes getan, als den alten Satz »Selig sind, die Frieden bauen. Gottes Kinder werden sie heißen« nachzustammeln. Siegen oder Scheitern ist möglicherweise die falsche Frage. Wie wir Gott über alle Dinge und Profite lieben können, wäre eine bessere Frage, und gerade sie muß offenbleiben. Die Geschichte des Pazifismus ist noch nicht zu Ende.

Habt ihr irgendeine Art von Hoffnung? fragte ich eine Gruppe von UniversitätsprofessorInnen. Ein Pädagoge sagte, der Golfkrieg habe den Auseinanderfall der Klassengesellschaft bewußter gemacht als je zuvor. Die Leute fragen: »Warum gibt es für uns keine Wohnungen, wenn doch der Palast des Emirs gleich nach dem Krieg mit Seidentapeten und goldenen Wasserhähnen von amerikanischen Armeeingenieuren wiederaufgebaut wurde?« Und eine Professorin versuchte mir über meinen Mangel an Hoffnung hinwegzuhelfen, indem sie sagte: »Die Religion ist völlig privatisiert, die Pop-Psychologie beherrscht das Feld. Eine systematische Analyse der Situation wird nicht einmal mehr gesucht und von unseren StudentInnen erfragt.« »Und die Hoffnung?« fragte ich. »Ach wissen Sie, das ist wie Jazz, wie gute Jazzmusik, nie auf den Hitlisten oben, nie ganz populär, aber doch kontinuierlich da, nicht kaputtzukriegen, dieser Versuch, eine andere Musik zu spielen, schöner und ein bißchen intelligenter als das, was wir täglich zu hören bekommen.«

Die mit Tränen säen, werden mit Freuden ernten

Dorothy Day, Anarchistin und Pazifistin

Am liebsten möchte ich Dorothy Day als eine Heilige einführen. Das Magazin »Time« hatte 1974 eine Titelgeschichte »Heilige unter uns«. Man sah eine weißhaarige Frau als Streikposten vor einem Gebäude, sie wurde gerade von zwei bewaffneten Hünengestalten verhaftet, übrigens zum achten Mal in ihrem Leben. Was heißt »heilig«? Im Neuen Testament werden die gewöhnlichen Christen »Heilige« genannt. Paulus schreibt zum Beispiel seine Briefe an die Heiligen in Korinth oder Rom, das Wort bedeutet nicht, daß sie fehlerlos, moralisch superior sind, sondern daß sie Gott geweiht, geheiligt sind in ihrem Leben. Ich denke, daß »heilig« ein religiöses Wort ist für das, was wir in philosophisch-politischer Sprache »radikal« nennen. Gemeint ist nicht Askese, Weltflucht, besondere Tugendhaftigkeit, sondern ein konsequentes Eintreten für die Gerechtigkeit, eine Leidenschaft für das Leben und eine Unbeirrbarkeit der Liebe.

Dorothy Day wurde 1897 unweit der Brooklynbrücke in New York geboren, ihr Vater war ein kleiner Zeitungsmann, der sich vor allem für Pferderennen interessierte, Whisky liebte – und Neger, Ausländer und Radikale verabscheute. Übrigens wurden vier von seinen fünf Kindern Journalisten. Die Familie lebte ärmlich, man zog häufig um, von New York nach Kalifornien, von dort – nach dem großen Erdbeben von San Francisco im Jahre 1907 – nach Chicago, wo Dorothy 1914 die höhere Schule abschloß und dank eines Stipendiums ein College besuchen konnte. Mit sechzehn Jahren zum erstenmal frei von dem Vater, der ihre Bücher für »trash« hielt, frei auch von der Fürsorge für den vierzehn Jahre jüngeren Bruder John, mit dessen Kinderwagen sie so oft durch die finstere Westseite Chicagos spazierte. Sie las ihr ganzes Leben lang leidenschaftlich gern, damals zum Beispiel Tolstoi und Dostojewksi, Peter Kropotkin, den russischen Anarchisten, und Upton Sinclair, dessen »Dschungel« das Elend der Armen in den urbanen Ghettos, denen Dorothys Familie gerade mit Mühen entronnen war, zeigte.

Für die Kirche, zu der sich Dorothy als Kind hingezogen fühlte, obwohl ihre Eltern wenig kirchlich waren, hatte sie nun vor allem Kritik übrig. »Ich sah keinen Menschen«, schreibt sie später, »der seinen Mantel auszog und ihn den Armen gab, ich sah keinen, der ein Bankett hatte und die Blinden, die Lahmen und die Krüppel einlud . . .«[1] Damals, 1915, war der Zehnstundentag in den USA allgemein üblich, nur acht Prozent der amerikanischen Arbeiter waren gewerkschaftlich organisiert. »Mein Herz schlug für diese unbekannten Frauen in New England, die den ersten Streik anführten, um Frauen und Kinder von den Baumwollwebereien zu befreien.« Sie wird Mitglied erst der Sozialistischen, später der Kommunistischen Partei. Sie bricht das College ab, geht nach New York zurück und versucht als Journalistin zu arbeiten. Aber die beiden einzigen Redakteure, die die Achtzehnjährige überhaupt anhören, erklären ihr, daß Stadtreportage nun wirklich nichts für junge Mädchen sei – genau das, was ihr Vater ihr immer gesagt hatte! Schließlich überzeugt sie die Leute von »The Call«, einer sozialistischen Tageszeitung, daß sie eine Frau als Reporterin bräuchten, weil viele Leute eher zu einer Frau als zu einem Mann sprächen. Wenn die Zeitung ihr nur fünf Dollar pro Woche gäbe, was viele Fabrikmädchen bekamen, würde sie, von einer viel radikaleren Sicht her – für sie schreiben! Sie wird genommen. Sie interviewte Leo Trotzki, der damals im Exil in der Lower East Side lebte, ehe er 1917 nach Rußland zurückkehrte. Dorothy war auch dabei, als Tausende im Madison Square Garden die russische Revolution begrüßten und die Internationale sangen. »Ich fühlte die Erhebung, den fröhlichen Geschmack vom Sieg der Massen ›Wacht auf, Verdammte dieser Erde . . .‹« Damals hörte sie auch Elisabeth Gurley

Flinn, die später die kommunistische Partei in den USA führte und Jahre im Gefängnis saß, sprechen. Bei einer Sammlung für die Angehörigen der Streikenden leerte Dorothy einfach ihre Börse, so daß sie sich dann das Fahrgeld borgen und einige Tage ohne Mittagessen gehen mußte.

Im November 1917 verbietet die Regierung marxistische Zeitschriften. Dorothy Day wird arbeitslos. In Washington schließt sie sich einem Protestmarsch von Frauenrechtlerinnen an und wird verhaftet. Vergeblich sucht sie sich aus der Gewalt der Polizei zu befreien, indem sie einen Beamten vors Schienbein tritt und ihn in die Hand beißt. Die siebenunddreißig verhafteten Frauen treten in einen Hungerstreik. In der Haft, unter tagelanger Isolierung und menschenverachtender Brutalität der Wärter, entdeckt sie, wie es jenen ergehen kann, die für Recht und Befreiung kämpfen.

Sie macht eine deprimierende Erfahrung: Einige der Frauenrechtlerinnen würden genauso für den Krieg stimmen wie die Männer. Später schreibt sie über dieses erste Mal im Gefängnis: »Niemals würde diese Wunde verheilen, niemals würde ich vergessen können, welchen Tiefstand der Mensch in der Behandlung seiner Mitmenschen erreichen könnte ... Daß ich nach dreißig Tagen wieder frei wäre, bedeutete mir nichts. Ich würde niemals wieder frei sein, niemals frei, wenn ich wußte, daß hinter Gittern in der ganzen Welt Frauen und Männer, junge Mädchen und Jungen säßen, zusammengepfercht, Strafe, Isolation und Ungemach leidend für Verbrechen, deren wir alle schuldig sind ... Leute verkauften sich selber für Arbeitsplätze, für die Lohntüte, und wenn sie einen entsprechend hohen Preis erzielten, wurden sie geehrt. Falls ihr Betrug, ihr Diebstahl, ihre Lüge von gewaltigen Ausmaßen waren, wenn sie erfolgreich waren, trafen sie auf Ruhm, nicht auf Schande.«

Damals bat Dorothy Day um eine Bibel und las in den Psalmen: »Die mit Tränen säen, werden mit Freuden ernten.« Ihr Kommentar: »Wenn wir Glauben an das hätten, was wir tun, wenn wir gegen Brutalität und Ungerechtigkeit protestieren, dann würden wir tatsächlich Samen säen, und das Versprechen der Ernte, die kommt, wäre da.«

Nach dem Hungerstreik wurde die Isolation und Sonderbehandlung politischer Gefangener zurückgenommen. Dorothy gehörte in diesen Jahren zur politischen und künstlerischen Bohème-Szene im Greenwich Village. Der Stückeschreiber Eugene O'Neill, der damals schon massiv trank, gehörte zu ihren Freunden. Beide waren aus dem College abgehauen, arbeiteten als Reporter, versuchten Schriftsteller zu werden, beide hatten eine Nähe zu den Ausgestoßenen. In einer Winternacht brachte Dorothy zwei schwere Jungs, Männer mittleren Alters, die sie auf den vereisten Stufen einer Kirche schlafend gefunden hatte, mit in eine Bar und bestellte drei Whisky, um sie aufzutauen, dabei sang sie die Ballade von »Frankie und Johnny«, was den neun Jahre älteren O'Neill faszinierte. Sie brachte ihn oft zu Bett, wenn er betrunken und von panischen Schrecken geschüttelt nicht weiter konnte, lehnte es aber ab, »ihm ihre Jungfräulichkeit zu opfern«. Beide kannten eine Einsamkeit, die über die ihrer vielen politischen und literarischen Freunde hinausging.

Dorothy arbeitete dann in einem Hospital, wo ihr einmal eine verwirrte alte Patientin die volle Bettpfanne ins Gesicht warf . . . Während einer Grippeepidemie verliebte sie sich in einen Abenteurer, der damals die Leichen aus dem Hospital in die Morgue schaffte, Kameramann, Journalist, später ein Mitarbeiter Hemingways. Er nahm sie in seine Wohnung, aber unter äußerst repressiven Bedingungen: Sie durfte nicht arbeiten, nicht einmal schreiben, sie mußte nur für ihn da sein. Er drohte sie zu verlassen, falls sie ein Kind bekam, kümmerte sich aber um nichts. Sie wurde schwanger und hat in einem autobiographischen Roman beschrieben, wie sie mit 23 Jahren weder in ein Haus für ledige Mütter will, noch nach Hause kann, wegen der Spannungen mit ihrem Vater, noch mit ihrem Liebhaber sprechen kann aus Angst, daß er sie sofort verläßt. Sie hat eine Abtreibungsadresse in der Tasche, geht aber nicht hin. Sie beobachtet die spielenden Kinder im Park, gequält von tausend Fragen. »Schließt nicht die vollkommene Liebe die Idee eines Kindes aus? Wie könnte sie allein ein Kind durchbringen? Wovon sollten sie leben? Verdient und braucht ein Kind nicht auch einen Vater?«

Als ihr Liebhaber ihr mitteilt, daß er einen Auftrag in Caracas hat und in einer Woche fortgeht, bricht sie mit ihrer Nachricht heraus. Ihm tut es leid, sorry, sagt er und rät zur Abtreibung; sie weint. In der Klinik wird das Kind mit einem chirurgischen Eingriff vom Mutterleib getrennt und kommt nach einigen Stunden qualvoller Wehen tot zur Welt, ein halbes Jahr alt. Der Mann, der versprochen hatte, sie abzuholen, erschien nicht; in der Wohnung findet sie einen Brief, in dem er sie daran erinnert, daß Millionen von Frauen diese Erfahrung gemacht haben. Er läßt etwas Geld zurück und hofft, daß sie bald einen reichen Mann zum Heiraten findet.

Dorothy folgt diesem Rat, heiratet einen zwanzig Jahre älteren Literaten, der sie für ein Jahr nach Europa mitnimmt, eine »Heirat mit Rückfahrt«, die nach einem Jahr beendet ist. In dieser Zeit schreibt sie einen autobiographischen Roman »Die elfte Jungfrau«, der 1924 erschien und von Hollywood für 5000 Dollar angekauft wurde. Damit erstand sie sich ein Strandhaus auf Staten Island, einer Insel bei New York. Dort lebt sie mit dem bekannten Anarchisten Forster Battingham zusammen. Aus dieser Verbindung geht die Tochter Tamara hervor. In dem Ort gibt es eine Gruppe von international bekannten Radikalen, Intellektuellen und Künstlern. Man führt uferlose Diskussionen und beschäftigt sich auch mit religiösen Fragen. Das hatte sie schon früher im Elternhaus getan und nie ganz aufgegeben. Als Studentin hat sie dann begonnen, die Christen zu verachten, weil sie ihr zu wenig kämpferisch schienen. Mit Karl Marx sah sie im Christentum das Opium des Volkes.

Doch die Religion läßt sie nicht los. Sie liest Dostojewski, aber auch den Religionsphilosophen William James. Sie beginnt Jesus von Nazareth wahrzunehmen und sieht ihn anders als die Kirche. Jesus war ein Arbeiter. Die Radikale entdeckt in Jesus einen Radikalen. Für ihre Umwelt ist das befremdlich, um so mehr, als nach und nach ihr Entschluß reift, katholisch zu werden. Für ihren Lebensgefährten ist Religion indiskutabel. Vergebens versucht sie, mit ihm darüber zu sprechen. Der Konflikt ist unausweichlich.

Es ist die Zeit, in der Sacco und Vanzetti, zwei italienische

Anarchisten, durch einen Justizmord umkommen. Ihr einziges Verbrechen bestand darin, Ausländer zu sein, radikale Ansichten zu haben, sich für die Armen einzusetzen und die Reichen zu verurteilen. Trotz weltweiter Proteste wird das Todesurteil nicht zu lebenslänglicher Gefängnisstrafe umgewandelt. Die Überschriften der Zeitungen waren so groß wie beim Ausbruch des Ersten Weltkrieges. Dorothy erinnert sich an die Kreuzigung. »Das ganze Volk trauerte«, schreibt sie, »ich meine das Volk, das aus den Armen, den Arbeitern, den Gewerkschaftern besteht, die die Bedeutung der Solidarität am deutlichsten fühlen, dieser Sinn von Solidarität, der mich langsam die Lehre vom mystischen Leib Christi verstehen ließ, durch den wir alle Glieder, einer des anderen, sind.« Forster war für einige Tage so betroffen, daß er wie tot war, unfähig zu essen oder zu sprechen, die Brutalität und Herzlosigkeit der Mächtigen machte ihm speiübel. Und in diese Kirche, die nichts tat gegen die Tötung Unschuldiger auf dem elektrischen Stuhl, in diese Kirche wollte Dorothy eintreten!

Dorothy schreibt: »Ich litt unter dem Gedanken, daß Forster durch meinen Übertritt zum Katholizismus schwer getroffen würde. Er wollte nicht über Glaubensfragen reden und hüllte sich in tiefes Schweigen, wenn ich das Thema berührte. Ich liebte ihn auf jede Weise. Ich liebte seinen hageren Körper, wenn er sich neben mir in den kalten Winternächten ausgestreckt hatte, ich liebe seine Integrität und seinen unbezähmbaren Stolz. Es endete damit, daß ich im Sommer schwer krank wurde. Man sagte mir in der Klinik, mein Zustand sei seelisch bedingt. Im Winter war die Spannung zwischen mir und Forster so unerträglich geworden, daß es zu einer stürmischen Auseinandersetzung kam und wir uns — wieder einmal — trennten. Als er dann zurückkehrte, was er immer tat, weigerte ich mich, ihn ins Haus zu lassen. Mir brach fast das Herz über meinen Entschluß, ein für allemal dieser Quälerei ein Ende zu machen.« Am anderen Morgen läßt sie Tamara, die kleine Tochter, bei ihrer Schwester zurück und begibt sich in die Kirche, wo sie sich auf den katholischen Glauben vorbereitet hat. Sie läßt sich taufen, von einer inneren Kraft getrieben, wie sie selbst sagt, fast, scheint es, gegen ihren Willen. Sie ist nun dreißig Jahre, trennt sich von Forster wie auch von der kommunistischen Partei. Aber sie wendet sich von ihren ehemaligen Freunden und Zielen nicht ab. Sie bleibt kämpferische Anarchistin.

Zwei Themen haben sich in ihrem Leben herauskristallisiert: Armut und Pazifismus, Themen, die auch die wichtigsten Kriterien der ursprünglichen Jesusbewegung sind. Anders gesagt: Sie sieht das Leben miteinander von zwei zerstörerischen Mächten bedroht, Geld und Gewalt. Beide sind eng miteinander verbunden: Je mehr Besitz bestimmte Gruppen in der Gesellschaft anhäufen, um so notwendiger müssen sie diese Privilegien mit Waffengewalt beschützen und verteidigen. Die Ungleichverteilung, die Verelendung immer größerer Massen, die Folgen des Elends wie Prostitution, Alkoholismus, Verrohung, hatte Dorothy in vielen Erfahrungen – im Krankenhaus, im Gefängnis, in den Slums – erlebt. Aber erst der Übertritt zum Katholizismus brachte sie dazu, ein altes sozialistisches Ziel zu realisieren, nämlich »die neue Gesellschaft in der Schale der alten aufzubauen«, wie die »Industrial Workers of the World« (IWW) sagten.

Es ist kein Zufall, daß Dorothy nach der Geburt ihrer Tochter Tamara zum christlichen Glauben kam. »Kein menschliches Geschöpf konnte eine so ungeheure Flut und Freude empfangen oder fest aufbewahren, wie ich sie oft nach der Geburt meines Kindes empfand. Zugleich kam damit das Bedürfnis anzubeten und zu verehren«, schreibt sie später in ihrer Biographie. Von ihrer Konversion an bis zu ihrem Lebensende wird sie täglich die Messe besuchen und viele Stunden im Gebet verbringen.

Als ich Dorothys Biographie las, erschienen mir im nachhinein ihre Aktivitäten und ihre radikale Kritik an einem System, das auf Lohnarbeit, Gefängnis und Krieg aufgebaut ist, wie eine Vorbereitung ihrer Konversion zum Katholizismus. Ihre Autobiographie heißt »The long loneliness« und macht schmerzlich deutlich das Bedürfnis zu verehren, etwas oder jemanden über alle Dinge zu lieben, die Sehnsucht zu loben, zu preisen. Ich scheue mich, den Ausdruck »religiöses Bedürfnis« zu brauchen. Aber unsere Sprache ist sehr hilflos, wenn wir keinen Gebrauch von der besudelten Sprache unserer Tradition machen wollen. Wie soll ich da erklären, daß eine junge Journalistin, die äußerst klar denkt und fühlt; die leidenschaftlich, selbstkritisch und ironisch schreibt; die so lebendig ist, daß alles, was sie anfaßt, Leben gewinnt – was kann eine solche radikale Frau dazu bringen, jeden Morgen in die Messe zu gehen? Jedenfalls wurde Dorothy Day katholisch; manchen auch zu katholisch – mir auch, was Fragen der Sexualität angeht. Keine Frage aber, daß sie anarchistisch blieb und immer frömmer und immer radikaler wurde.

1933 gründete sie zusammen mit Peter Maurin, einem aus Südfrankreich stammenden Landstreicher, Philosophen, ehemaligen Kleinen Bruder, einer Art Jakob Böhme im 20. Jahrhundert, die Bewegung des »Catholic Worker«. Das hieß: Suppenküchen, Gastfreundschaftshäuser und eine Zeitung gleichen Namens, die heute im 55sten Jahr ist und immer noch 1 Cent kostet. Beim Start hatte die Zeitung eine Auflage von 2500 Exemplaren, nach einem Jahr waren es 100 000.

Aus der Zeitschrift ist eine Bewegung hervorgegangen, eine Art Gewerkschaft, die katholische Arbeiterbewegung der USA. Die »Catholic Workers« treten für unbequeme und umstrittene Positionen ein, sie streiken und kämpfen für das Recht der Industriearbeiter, sich gewerkschaftlich zu organisieren; für den Schutz von Kindern und Frauen am Arbeitsplatz, für Rassengleichheit und vieles andere.

Aber nicht nur eine Bewegung ist entstanden. Von Anfang an hat Peter Maurin Häuser der Gastfreundschaft im Sinn gehabt, in die die Armen kommen können. Das erste wird in New York eingerichtet. Als die wirtschaftliche Depression hereinbricht, erhalten hier viele Arbeitslose das Lebensnotwendige: Brot und Suppe, Kleidung und Schlafstätten. Die körperliche Anwesenheit der Armen wird zur Bewährungsprobe der Arbeiterbewegung. Ein Teil der Mitarbeiter wendet sich ab, angewidert von dem Stumpfsinn und dem Gestank, den sie bei manchen Gästen ertragen müssen, die meisten aber halten durch. Das Motiv für diese Arbeit hat Dorothy Day so umschrieben:

»Jedes Haus sollte eine Wohnung Christi sein . . . Es nützt

nichts, die Leute zu einer Agentur zu schicken, zur Stadt, zum Staat oder zur Caritas. Du mußt selbst die Werke der Barmherzigkeit tun . . . Wir erkannten Christus, als er das Brot brach, und so ist das Leben: selbst wenn wir nur eine Brotkruste haben, aber mit anderen vereint sind . . . Wir lernen einander kennen, wenn wir zusammen Brot brechen und nicht länger allein sind . . . Der Himmel ist ein Gastmahl.«

Der »Catholic Worker« ist ein christlicher Lebensstil; eine Bewegung des bürgerlichen Ungehorsams; ein Versuch, Arbeit und Arbeitsteilung nichtkapitalistisch zu definieren. Das Lohnsystem sollte abgeschafft werden; schließlich ist Arbeit genug da, wenn man sich auf der Straße umsieht. Historisch gesehen ist der »Worker« eine Antwort auf die große Depression, zur selben Zeit, als in Deutschland eine ganz andere Antwort gegeben wurde. Dorothy Day und Peter Maurin hatten weder Geld noch einflußreiche Freunde; von den drei Methoden, sein Leben zu fristen, nämlich Betteln, Stehlen und Arbeiten, hatten sie nichts gegen die erste. An den berühmt gewordenen Freitagabenden in der Lower Eastside versuchten sie, »clarification of thought«, wie Peter Maurin das nannte, zu gewinnen: eine Philosophie der Arbeit und der Armut zu entwickeln.

Im Herbst 1976 nahm mich ein Freund mit in die ärmste Gegend im Süden Manhattans.[2] Die Leute, die in der Armenküche des »Catholic Worker« arbeiten, erbitten von Bäckereien und Lebensmittelhändlern Reste, Altgewordenes, Unverkäufliches und bereiten daraus eine Suppe für ihre zahlreichen Gäste. Diese gehören zu den Ärmsten der Armen; es sind Stadtstreicher, Obdachlose, psychisch oder geistig Gestörte, aus Anstalten Entlaufene, die meisten von ihnen Alkoholiker, die, was sie an Geld von der Fürsorge bekommen, in Alkohol anlegen. Ihre einzige warme Mahlzeit ist, was sie in der Suppenküche des CW bekommen. Ich habe dort mit andern, meist jungen freiwilligen Helfern, Suppe ausgegeben, und was mir besonders gefiel, war, daß nicht die alten Leute Schlange stehen mußten, sondern daß sie zu Tisch gebeten wurden und wir sie bedienten.

Ich habe da ein langes Gespräch mit Dorothy Day geführt.

Sie fragte mich zu Beginn, was ich täte; ich wußte nicht recht, was sagen, murmelte etwas von Unterrichten am »Union Theological Seminary« und fügte dann hinzu, ich sei bei den Christen für den Sozialismus. »Sozialismus«, die Augen der alten Dame funkelten nur so, »Sozialismus? Alles, was von oben kommt, ist schlecht«, fuhr sie mich an. Ich gleich zurück: »Wieso? Sozialismus kommt von unten, von den Leuten.« So waren wir nach einer halben Minute im heftigsten Disput über marxistischen und utopischen Sozialismus, über jugoslawische Selbstkontrolle der Arbeiter, über Kuba, über uns selbst. Wir wurden ständig unterbrochen von den Leuten im Obdachlosenasyl, die kamen und gingen. Dorothy Day erwähnte nebenbei, daß Leute immer wieder in ihr Zimmer kommen, dort eine Weile hausen, Sachen mitnehmen oder liegenlassen. Der Verzicht auf Eigentum, den sie lebte, schloß auch den Verzicht auf eine private Sphäre ein. Sie lebte im Dienst derer, die von der Gesellschaft aufgegeben sind und in den allermeisten Fällen auch sich selber aufgegeben haben.

Was ist freiwillige Armut? In einem Artikel für den »Worker« erwähnt sie die beiden Handtücher, die sie benutzt; braucht man mehr? Zu viele Dinge machen das Leben kaputt, sie ersticken uns. »Wir müssen sein, was wir von andern erwarten«, ist einer der personalistischen Grundsätze der Leute vom »Catholic Worker«. Freiwillige Armut, klar zu unterscheiden von erzwungener, ist der Verzicht auf persönlichen Besitz an materiellen wie immateriellen Gütern. Den materiellen, geistigen und geistlichen Besitz mit andern zu teilen und vor allem das Wertvollste zu teilen, unsere Zeit, das gehört zu dem mystischen Verständnis von Armut; eine äußerst klare, Praxis gewordene Mystik. »Liebe von uns zu verlangen, das ist eine harte und schreckliche Sache.« Zufällig hörte ich einen Wortwechsel, der eine dritte Person betraf. »Sie soll sogar ein Sparkonto haben«, sagte die Partnerin mit Entsetzen, und Dorothy schüttelte traurig den Kopf.

Ich will hier ein Stück theoretische Reflexion einfügen, um die Mystik der Armut, in der Dorothy Day gelebt hat, deutlich zu machen. Innerhalb der christlichen Tradition lassen sich zwei Arten von Armut unterscheiden: die erzwungene, über Menschen verhängte Verelendung, die von den Ökonomen »absolute« Armut genannt wird, und die freiwillig gewählte, in der Menschen ihre von Natur aus unbegrenzten materiellen Bedürfnisse zurückstellen und Freiheit füreinander gerade aus der relativen Besitzlosigkeit gewinnen.

Die erste Form der Armut, von der heute über die Hälfte der Erdbewohner betroffen ist, bedeutet physische Verstümmelung oder Vernichtung, geistige Unterentwicklung und psychisch-soziale Zerstörung, die sich in Kriminalität, Alkoholismus und der brutalen Unterdrückung anderer, vor allem der Frauen, ausdrückt. Dieser Zustand der Verelendung ist das Ergebnis nicht von einem natürlichen Mangel, etwa an Bodenschätzen, fruchtbarem Land oder brauchbaren Technologien, sondern das Resultat eines Verbrechens, das die Reichen an den Armen begehen. Wenn die Reichen sich bereichern, werden die Armen verarmt; beide Begriffe haben eine spezifische Dynamik. Daher sind die Reichen gezwungen, einen als »Verteidigung« deklarierten Krieg gegen die Armen zu führen. »Der Bischof von Assisi, den Franz öfter um Rat fragte, nahm ihn stets gütig auf. Doch sagte er gerne: ›Euer Leben scheint mir hart, und nichts Irdisches zu besitzen, ist schwer.‹ Darauf Franz: ›Herr, wollten wir etwas besitzen, dann müßten wir ja auch Waffen zu unserer Verteidigung haben. Daher kommen ja die Streitigkeiten und Kämpfe alle und verhindern die Liebe. Aus diesem Grund wollen wir nichts besitzen!‹«[3] Heute findet dieser Krieg der Reichen gegen die Armen im Rahmen einer globalen geopolitischen Strategie statt, und in diesem Krieg fallen täglich nach sehr konservativen Schätzungen 40 000 Menschen.

Für die Mehrheit sowohl der Verarmten wie der Sichbereichernden stellen Armut und Reichtum natürliche schicksalhafte Abläufe dar, in denen man sich einrichten muß. Diesem Schicksalsglauben widerspricht die biblische Botschaft, insofern sie den Hungrigen, Entrechteten und Armen Befreiung ankündigt. Das Versprechen ist aber nicht, daß alle wie die Reichen werden sollen, das Ideal ist nicht der Millionär und seine Generale, sondern die kleinen Leute, Kinder und Frauen. Ihnen wird »Leben in seiner Fülle« physisch, geistig und psychisch zugesagt. Frieden wird in der Bibel nicht vom Besitz her definiert, sondern von der Gerechtigkeit her. Das Versprechen an die Armen ist eine Einladung zum Kampf, zum Eintreten für die Opfer und zum Mitleiden. Menschen, die sich auf die Seite der Armen ziehen lassen, begegnen Gott in den Armen. Sie kommen mit dem Grund allen Lebens in Berührung.

Bei diesem Schritt von der Bewußtlosigkeit zum Bewußtsein, aus dem Glauben an das verhängte Schicksal zum Glauben an den Befreiergott, verändert sich auch die Qualität der Armut, weil sich das Verhältnis zu ihr verändert. Sie kann, quantitativ gesehen, größer werden, weil der Kampf und das Mitleiden Opfer fordern; sie kann auch geringer werden, weil der Kampf und das Mitleiden eine bessere Verteilung der Güter schon jetzt bedeutet. In beiden Fällen aber ist die erzwungene, verhängte Armut nicht mehr dieselbe; sie nimmt die Züge der freiwilligen Armut an; es leuchtet die Realität der Freiheit in der Armut auf; sie wird Gottes Armut, wie sie es für Jesus, für Franziskus, für Oscar Romero, für Dorothy Day und viele andere war.

In diesem Sinn können wir, die in der Ersten Welt bewußtlos an das Verbrechen gefesselt sind, Gott bitten, uns immer ärmer zu machen, uns immer mehr zu befreien vom Besitz, seiner Benutzung als Waffe und seiner Verteidigung als Krieg. Wir können an der Dialektik der Armut Anteil gewinnen, so daß sie eine Dialektik der Freiheit wird: Gott, der unsichtbar ist, wo Geld und Gewalt verehrt werden, spricht zu uns mit der Stimme der Armen. Genau diese Stimme Gottes hat Dorothy Day gehört. Wer mit den Armen lebt, für sie da ist, gerät in die freiwillige Armut, die nicht Verelendung, Destitution, Zerstörung der Würde bedeutet. Dorothy Day wird nicht müde, die einfachen Sätze der Tradition zu wiederholen: »Liebe ist ein Austausch von Geschenken«, wie Ignatius sagt. Es ist Gott, was wir in den Armen sehen. Ihre für die Zeitung geschriebenen Artikel, die unter dem Titel »On Pilgrimage« herausgegeben sind, enthalten Stücke wie für einen Katechismus. »Wie kannst du Christus in den Leuten sehen? Durch den Glauben. Woher wissen wir, daß wir glauben?

Weil wir Seine Hände und Seine Füße in den Armen um uns herum gesehen haben. Er hat sich uns in ihnen gezeigt.«

Es ist keine Spur von Herablassung, von peinlicher »caritas« im Verhalten zu den Armen, auch keine Glorifizierung. Die Schwierigkeiten mit Alkoholikern, Schlägern, Drogenabhängigen auf der einen Seite und dem »burning out« der Freiwilligen auf der andern werden nüchtern gesehen; die Mystik der Armut ist nicht romantisch; sie ist anarchistisch darin, daß die Würde der Armen in jedem Moment gesehen und angenommen wird und Vorrang hat vor ihrer »Erziehung«. Die Würde des Menschen kann nicht verschoben werden auf morgen; es gibt ein mystisches Jetzt für den Glauben wie für den Anarchismus. »Es ist eine Glückserfahrung, die Armen zu bedienen und selber arm zu sein.«

Alle Journalisten, die an dieser Volkszeitung arbeiten, kochen auch für die ganze Familie von vierzig; die Freiwilligen, oft Studenten, kommen, um zu helfen, und lernen die Probleme der Armut und der Sozialordnung kennen. Sie lernen auch das Betteln, und Dorothy benutzt gelegentlich den Ausdruck betteln für beten, zum Beispiel um die Freude Gottes. »Das Geheimnis der Armen ist, daß sie Jesus sind, und was du für sie tust, tust du für ihn. Das ist der einzige Weg, den wir haben, unsere Liebe zu kennen und an sie zu glauben. Das Mysterium der Armut ist, daß wir, wenn wir sie teilen und uns selber ärmer machen, indem wir anderen geben, unser Wissen von und unseren Glauben an die Liebe vergrößern.«

Zur freiwilligen Armut und dem Zurückschrauben unserer materiellen Bedürfnisse gehört auch eine Hochachtung vor der Arbeit, die der kapitalistischen Lohnarbeit entgegengesetzt ist. Solange wir Arbeit nach ihrem Tauschwert definieren, nach dem, was sie bringt, zerstören wir ihren eigentlichen Sinn, der darin besteht, Mitschöpfer mit Gott zu sein. Arbeit wird hier nicht, wie so oft im Protestantismus, als Strafe für den Sündenfall aufgefaßt, sondern als das, was uns ein Bild und Gleichnis des Schöpfers sein läßt. Peter Maurin träumte von einer Synthese von Kult, Kultur und Kultivierung des Landes, von Religion, Ästhetik und körperlicher

Arbeit. Diese Hoffnungen, in kibbuzähnlichen landwirt-schaftlichen Kommunen etwas von dieser Idee der Arbeit zu verwirklichen, haben sich innerhalb des »Catholic Worker« am wenigsten realisiert; vielleicht sind noch viele Versuche der »counter culture« notwendig, bis die Utopie von der Abschaffung der Lohnsklaverei sichtbarer wird.

Der andere Schwerpunkt in Dorothy Days Leben war der radikale Pazifismus. Der »Catholic Worker« hat eine lange Tradition des zivilen Ungehorsams: Luftschutzübungen, wie sie im Kalten Krieg befohlen waren, wurden boykottiert und öffentlich gestört; die Zeitung erklärte, was sie bedeuten. Steuern wurden verweigert – das Symbol, das Erzbischof Raymond Hunthausen setzte, hat Tradition. Als Dorothy Day während des Vietnamkrieges bei einer Protestaktion verhaftet wurde, haben viele Christen in den Staaten verstanden, was für ein Krieg und was für ein System das ist, das es nötig hat, diese absolut furchtlose alte Frau ins Gefängnis zu werfen. Diese Tradition des gewaltfreien Widerstandes hat die Mitarbeiter des »Catholic Worker« geprägt. »Vergebt uns, wenn wir zuviel über Gefängnisse reden. Das Gefängnis ist für uns ein Symbol geworden. Wir sind gefangen im Fleisch, im Schmerz und in unserer Einsamkeit« — so beginnt einer der Artikel, in dem Dorothy Day ihre Erfahrungen im Gefängnis erzählt.

Heute gehen katholische Nonnen, zum Beispiel die »Sisters of Loretto«, auf Aktionärsversammlungen der Waffenindu-strie; sie verlangen, mit den Chefs zu sprechen, und besetzen die Lobbyräume; es dauert Stunden, bis die Polizei kommt und diese Frauen wegräumt, und sie nutzen diese Zeit für Diskussionen mit dem gesamten Management über die Todesproduktion.

Vor mir liegt ein Flugblatt des »Catholic Worker« vom November 1987. Workergruppen aus Las Vegas und Los Angeles fordern dazu auf, den 90. Geburtstag von Dorothy Day zu feiern. Sie selbst ist 1980 gestorben; »Newsweek« schrieb dazu: »Beim Requiem, der Totenmesse, sah man keine Tränen, man hörte nur ein vielstimmiges Hallelujah für ein langes und leuchtendes Leben.« Die jetzt ihren Geburtstag feierten, gingen nach einem Training in Gewaltfreiheit zur »Nevada Nuclear Test Side«, einem Testort für Atomwaffen, und betraten in einer direkten Aktion des zivilen Ungehorsams den »Ort der größten Finsternis in unserer Kultur«, wie das Flugblatt sagt. Über Dorothy Day sagen sie folgendes: »Ihr ganzes Leben lang legte sie Zeugnis für das Licht ab in der Dunkelheit des menschlichen Leidens und der Konflikte. Sie speiste die Hungrigen, tröstete die Betrübten und verunsicherte die im Wohlstand Lebenden. Sie kleidete die Nackten und denunzierte das Unrecht und den Skandal des Wettrüstens.«

Was mich am tiefsten an Dorothy Day bewegt hat, habe ich erst nach ihrem Tod erfahren. Wie jeder Mensch, der nach Gerechtigkeit und Frieden hungert und dürstet, so geriet auch sie in Phasen der absoluten Erschöpfung, der Trauer, des Schmerzes. Das Wort »Verzweiflung« scheint mir nicht angemessen, aber sehr weit entfernt davon kann es nicht gewesen sein, was sie durchmachte. In diesen Zeiten, so wurde mir berichtet, habe sie sich zurückgezogen und geweint. Stundenlang, tagelang geweint. Ohne Gespräch, ohne Nahrung, einfach dagesessen und geweint. Sie hat sich nie aus ihrem kämpferischen und aktiven Leben für die Ärmsten zurückgezogen, und sie hat nie aufgehört, den Krieg und die Kriegsvorbereitung als ein Verbrechen an den Ärmsten anzusehen. Aber zuzeiten hat sie bitterlich und lange geweint.

Als ich das hörte, verstand ich etwas besser, was Pazifismus ist; was Gebet in der Mitte der Niederlage bedeutet; wie der Geist uns tröstet und zur Wahrheit führt, wobei eines nicht auf Kosten des andern geht und der Trost nicht mit dem Verzicht auf Wahrheit gekauft werden kann. Daß Dorothy Day tagelang weinte, bedeutet für mich Trost und Untröstlichkeit zugleich; aber wie sie immer wieder sagte: »Der ganze Weg zum Himmel ist Himmel, schon jetzt.«

Anmerkungen

[1]) Vgl. Jim Forest, Love is the Measure. A Biography of Dorothy Day. New York 1986.

[2]) Für das Folgende vgl. u. a. Dorothee Sölle, Fürchte dich nicht. Der Widerstand wächst. Zürich 1982, S. 127–137.

[3]) Adolf Holl, Der letzte Christ. Franz von Assisi. Stuttgart 1979, S. 138.

Das Klima der Gewalt

Rede zur Demonstration in Mölln

Wir sind hier nach Mölln gekommen, um zu trauern. Wir tragen Leid um drei türkische Frauen, die kleine Yeliz Arslan, ihre Tante Ayse Arslan und ihre Großmutter Bahide Arslan. Ihre verbrannten Körper sind jetzt in die alte Heimat am Schwarzen Meer zurückgekehrt, da können die Mörder sich freuen, sie haben mal wieder erreicht, was sie sich wünschen . . . Wird es ihnen auch gelingen, die Toten aus unserem Bewußtsein zu vertreiben? Aus unserer Erinnerung? Aus unserer Scham? Aus unserer Angst? Vielleicht könntet Ihr Schülerinnen und Schüler Eure Schule nach der Schülerin Yeliz nennen, damit dieses Schulkind nicht vergessen wird und auch nicht das, was in Mölln geschehen ist. Unsere Trauer soll nicht stumm bleiben, ihr bitterster Teil ist Scham. So, wie es ist, ist es nicht zum Aushalten.

Unser Land befindet sich in der schlimmsten politischen Krise seit Bestehen der Bundesrepublik. Plötzlich spüren wir, daß wir auf ganz dünnem Eis gehen. Spalten tun sich auf, das Wasser gurgelt, was wir für festes Land hielten, die Verfassung, den Rechtsstaat, ein Einverständnis über die deutsche Geschichte in diesem Jahrhundert, zerfällt vor unseren Augen.

Sechzehn Tote hat es in diesem Herbst durch Neonazis gegeben, fünf davon am letzten Wochenende. Die Zahl der Juden, die aus Deutschland herauswollen, ist sprunghaft angestiegen. In Hamburg hat ein Kind aus einer »Mischehe«, wie die Nazis alles Nicht-rein-Germanische nannten, Edmund Stoiber würde wohl von einer »durchrassten« Familie sprechen, einen Passanten gefragt, wieviel Uhr es sei. Als

Antwort bekam es eine Ohrfeige und ein paar obszöne Beleidigungen. Seitdem erlaubt die Mutter ihren Kindern nicht mehr, auf die Straße zu gehen, weil sie Angst hat vor dem rassistischen Alltag: Anpöbeln, Bedrohung, Einschüchterung von Zuschauern, Schlägereien.

So fängt es an und eskaliert zu Mord und Terror derer, die in unseren Medien selten Terroristen genannt werden, als seien nur Mörder von höheren, namentlich bekannten Justiz- oder Bankangestellten »terroristisch« gewesen, nicht aber die von einfachen Frauen und Kindern. Indessen breitet sich der Terror ungehindert aus, und an Sympathisanten, die man in den siebziger Jahren erfinden mußte, ist kein Mangel.

Ich schäme mich, eine Deutsche zu sein. Dieses Gefühl kenne ich schon lange, aber vielleicht war es noch nie so stark wie in diesem Herbst. Da helfen mir weder Beethoven noch Hölderlin. Es würgt mich einfach, diese Männergewalt, das Gegröle, die Musik, Liedertexte wie

»Kampfhund, Bestie aus deutschem Blut
Fürchte dich und sei auf der Hut
Schlechte Zeiten für den Abschaum im Land«

Es ist nicht »Ausländerfeindlichkeit«, es ist Rassismus, es handelt sich nicht um eine Asyldebatte, es geht auch gegen die, die seit Jahrzehnten hier leben, arbeiten und unsere Wirtschaft fördern. Warum sollte sonst die Opel AG Prämien aussetzen, wenn sie nicht um ihre Arbeiter in Rüsselsheim fürchtete? Es geht gegen den Abschaum, wie auch sonst das Nazivokabular auflebt, und einen Kult der Gewalt, der sich immer gegen Schwächere richtet, die Kleinen, die Frauen mit Babys, die Behinderten im Rollstuhl, die Obdachlosen im Bahnhof. Alles, was nicht Mann ist, nicht Militärstiefel trägt, nicht brüllen und killen will, soll raus, soll weg, soll nie gewesen sein.

Aber es genügt nicht, nach unten zu schauen, auf diese Jugendsubkultur mit ihrer Verklärung der Gewalt, ihrem Haß, der alles andere um sich und in sich auslöschen und niederbrennen will. Es besteht ja ein geheimes Zusammenspiel von ganz unten und ganz oben, von nationalistischer Selbstverklärung und »deutscher Weltverantwortung« in den Chefetagen, von der Verherrlichung der Gewalt der Mordbrenner und derer, die die Jugoslawien-Katastrophe dazu benutzen, den Pazifismus hierzulande lächerlich zu machen, die sich einen schnellen Eingriff wünschen, weil auch sie der Gewalt am meisten trauen.

Die einen brennen die jüdische Gedenkstätte in Sachsenhausen nieder, sie wollen die Vergangenheit auslöschen und die Erinnerung töten. Die anderen, in Schlips und Kragen, wollen den Artikel 16, auch ein Erbe der Vergangenheit, weghaben, als ob damit auch nur ein einziges der realen Probleme gelöst werden könnte.

Ich schäme mich eine Deutsche zu sein, wegen des braunen Schlamms, der hochkocht, aber genauso wegen der Militärs, die unsere Rohstoffe und unsere Märkte in aller Welt verteidigen wollen. Und genauso wegen der Wirtschaftsführer, die kein Interesse mehr daran haben, die Armut der Dritten Welt zu bekämpfen und eine gerechtere Verteilung herzustellen, weil es ihnen heute darum geht, die Armen abzuschaffen. Der Geist des Faschismus im technokratischen Zeitalter lebt auch dort, wo mit besorgter Miene von der Bevölkerungsexplosion die Rede ist, statt endlich von anderen Rohstoffpreisen.

Wehren wir uns gegen das Klima der Gewalt, das sich von unten eindeutig und von oben mehrdeutig und verwirrend, beschwichtigend und verdrängend ausbreitet. Warum kann sich die Stärke des größeren Deutschland nicht darin zeigen, daß wir endlich ökologische Verantwortung übernehmen, statt zu bremsen und immer wieder die längst erkannten Verbrechen zu sanktionieren? Warum haben denn die Skinheads und Faschisten keine Vision von einem kinderfreundlichen Land, das aufzubauen ja mindestens soviel Kraft und Einsatz fordert wie der Haß? Wann kehren wir denn um von dem falschen Weg, der die Gerechtigkeit mit Füßen tritt, den Frieden den Rüstungsprofiten unterordnet und unsere Heimat zerstört?

Ich denke, wir hier in der Mitte, in Trauer und Scham, sollten nicht nur nach unten starren auf die Söldner der

Gewalt, sondern nach oben sehen, wo Arbeits- und Wohnungslosigkeit planend in Kauf genommen wird und ihre Konsequenzen, der politische Rechtsruck, gar nicht unwillkommen sind.

Schämen wir uns über unser Land, wehren wir uns, weder mit Molotowcocktails noch mit dem neuen Jäger, sondern mit der Kraft der Überzeugungsarbeit und der radikalen Kritik an der Gewalt, in welcher Form sie auch daherkommt. Üben wir die Achtung vor Fremden ein, die in alten Kulturen als Boten des Göttlichen galten, und versprechen wir Schutz allen denen, die Schutz brauchen.

Till Eulenspiegel, der lustige listige Mann aus Mölln, hatte bestimmt keinen Paß noch ein gültiges Visum, aber er zog den Reichen die Schuhe aus, die Armen hatten sowieso keine, und brachte sie durcheinander. Ich stelle mir vor, daß er am liebsten türkisch aß. Sehen wir zu, daß er nicht mitverbrannt wird in Mölln und anderswo.

IV. Die Lehre der Armen

Die Zukunft der Armen

Anmerkungen zum Aufbau einer solidarischen Kultur

Gottes Zukunft kann nicht gedacht werden ohne »Gottes Lieblingskinder«, wie die Armen auf der lateinamerikanischen Bischofskonferenz in Puebla (1979) genannt wurden. Was wird aus ihnen in Gottes Zukunft? Werden sie reich, wie wir? Werden sie arm bleiben, und wenn, in welchem Sinn? Was hat Gott vor?

Ich habe dafür mehr Fragen als Antworten. Eine meiner Hauptschwierigkeiten ist, daß die Armen für uns, die wir in der Mittelklasse der reichen Welt leben, weithin unsichtbar sind. In Hamburg, der Stadt, in der ich lebe, kenne ich persönlich keine arme Familie. In den USA habe ich gute Freunde, die von der Wohlfahrt leben und kaum Hoffnung haben, jemals Arbeit zu finden. Aber mein persönliches Wissen ist begrenzt, und ich merke das an meiner Unsicherheit den Armen gegenüber: Dinge, die ich für überflüssigen Luxus halte, sind für sie notwendig und umgekehrt. Ich habe manchmal den Eindruck, daß wir jetzt erst – nach beinahe einem halben Jahrtausend Protestantismus – anfangen zu verstehen, wer die Armen sind, was sie uns voraus haben, was sie uns lehren können. Der Grundsatz der Befreiungstheologie, »Die Armen sind die Lehrer«, wird für mich jeden Tag wichtiger; die Hoffnung, der Schmerz und die Beharrlichkeit der Menschen in Nicaragua oder in Südafrika beschämen mich und machen mich stärker. Für uns Christen in der Ersten Welt wünsche ich mir, daß wir in den nächsten Jahren die Theologie der Zukunft Gottes noch etwas genauer entwickeln können aufgrund einer besseren Bekanntschaft mit den Armen. Einen anderen Weg zur Zukunft Gottes sehe ich nicht. Wenn wir die Armen außer acht lassen und uns von ihnen »apart« halten, dann betreiben wir – ob gewollt oder nicht gewollt – eine Theologie der Reichen. Ich hoffe also nur, daß wir mehr von den Armen lernen. Vielleicht auch, was wir selber von einer gerechteren Wirtschaftspolitik zu erwarten haben, nämlich: ärmer zu werden.

Vor einigen Jahren wurde Ronald Reagan von Reportern auf die sich immer noch verschlechternde Lage der Armen in den Vereinigten Staaten angesprochen. In seiner Antwort vermied er das Wort »arm« und sprach statt dessen von den Nicht-Reichen, *the non-rich*. Diese Ausdrucksweise hat mich schockiert, obwohl mir schon bekannt war, daß die einzige Fremdsprache, die Reagan beherrschte, das Orwellsch war. Was bedeutet es, habe ich mich gefragt, wenn jemand das wort »arm« nicht mehr in den Mund nimmt? Gehört es zu den schmutzigen Vier-Buchstaben-Wörtern, die man besser nicht benutzen sollte? Die Sprachverrenkung signalisierte ein neues politisches Paradigma. Vor allem drückte sie eine Verleugnung von Realität aus: die Armen sind gar nicht arm. *Es gibt gar keine Armen in den USA.* Es gibt auch keinen Hunger, wie der Präsident bei anderer Gelegenheit scherzte, die Leute sind nur gerade bei einer speziellen Diät. Die Realität darf nicht gesehen und benannt werden; und die wichtigsten Medien in den USA folgen diesem Szenario: Die Nicht-Reichen sind nicht sichtbar, sind Nicht-Personen. Reden von den »Nicht-Reichen« enthält zugleich einen Angriff auf die Würde der Armen; das, was ich ihre spirituelle Wirklichkeit nennen möchte, muß neutralisiert werden.

Das Wort »arm« enthält ja vielfältige Konnotationen und gefährliche Erinnerungen an eine andere Lebensform. In den germanischen Sprachen hängt »arm« mit »lieb« zusammen und wird auf »mitleidenswert« und »verlassen« zurückgeführt, wie wir das aus umgangssprachlichen Wendungen (»ein armer Tor«, »ein armer Hund«) noch kennen. Im Kölschen gibt es eine schöne Wendung, um auszudrücken, daß es einem psychisch schlecht geht: »Ich han et arm Dier.« Diese Ausdrücke entsprechen einer jüdisch-christlichen Mitleidtradition, die im kalkulierten Sozialabbau der Wende keinen

Platz mehr haben darf. Der Nationale Kirchenrat in den USA hat schon 1981 in einem »Wort an die Kirchen« programmatisch erklärt:

»Die neue Regierung verlangt von uns, unser bisheriges Verständnis, nämlich daß eine Regierung grundsätzlich verantwortlich dafür sei, ›die allgemeine Wohlfahrt zu fördern‹, zu revidieren ... Die Politik der neuen Regierung zielt nicht nur darauf ab, die sozialen Leistungen zu beschneiden, sondern leugnet auch, daß die Menschen ein Recht darauf haben.«

Die USA haben in den letzten Jahren, was das soziale Netz angeht, allmählich einen vor-Rooseveltschen Zustand erreicht. Die Regierung erhebt gar nicht mehr den Anspruch, die ganze Gesellschaft zu fördern, hat den nationalen Traum einer gerechten Gesellschaft, eines neuen Jerusalems ohne Ausbeutung und Sklaverei aufgegeben und sich von seinen Wurzeln in Christentum und Aufklärung gelöst. Seit Beginn der achtziger Jahre werden immer größere Anteile der Bevölkerung systematischer Verelendung unterworfen. Mitten im Überfluß, der die reichen Industrienationen weiter kennzeichnet, breiten sich in Europa und Nordamerika Armut und Hunger aus, während die Nahrungsmittelproduktion gleichzeitig mit Zuschüssen aus Steuergeldern reduziert wird. Aber diese wachsende Minorität darf nicht allzu sichtbar werden; *es gibt gar keine Armen*, nur einige Nicht-Reiche.

Ohne Zweifel sind Armut und Reichtum außerordentlich relative Begriffe, die in verschiedenen Gesellschaften und zu anderen Zeiten sehr unterschiedliche Bedeutungen haben. Um sie sinnvoll zu verwenden, müssen wir lernen, kontextuell, relational und postmaterialistisch zu denken. Das sind methodische Voraussetzungen, die ein Diskurs über die neue Armut hoffentlich erfüllen wird. Mit »kontextuell« meine ich den Lebenskontext, innerhalb dessen die kalkulierte Verarmung stattfindet, also den Unterschied zwischen entlassenen älteren Arbeiterinnen und Jugendlichen, die von der Arbeitserfahrung überhaupt ausgeschlossen werden. »Relational« heißt »in Beziehung stehend«: Man kann nicht über die neuen Armen reden und über die Reichen schweigen. Deswegen ist der karitative Ansatz mit staatlichen Hilfsprogrammen etwa so sinnvoll, als wolle man Schwerkranke mit Schmerztabletten heilen. Mit »postmaterialistisch« möchte ich (vorsichtig) die herkömmliche Identifikation von Arbeit mit Lohnarbeit in Frage stellen; die Menschenwürde muß anders begründet werden als im Lohnerwerb, und die Menschenrechte müssen neu, den bürgerlichen Rahmen von Religions-, Presse- und Versammlungsfreiheit überschreitend, definiert werden.

Diese Vorüberlegungen sind notwendig, schon um uns vor dem alles nivellierenden Relativismus zu retten. »Was heißt schon arm? Gemessen an Kalkutta . . .« ist zynisches Gerede, den Verhungernden der Zweidrittelwelt wie den neuen Armen in der reichen Welt gegenüber.

Gehen wir von anerkannten sogenannten Grundbedürfnissen von Menschen aus: Nahrung, Gesundheit, Bildung, Wohnung, Kleidung, Arbeit und Kommunikation sind Bedürfnisse, deren Beeinträchtigung oder Verweigerung Menschen »arm« macht, sie verelenden läßt oder sie vernichtet. Bekanntlich gibt es »viele Arten zu töten. Man kann einem ein Messer in den Bauch stechen, einem das Brot entziehen, einen von einer Krankheit nicht heilen, einen in eine schlechte Wohnung stecken, einen durch Arbeit zu Tode schinden, einen zum Selbstmord treiben, einen in den Krieg führen usw. Nur weniges davon ist in unserem Staate verboten« (Bert Brecht, Gesammelte Werke 12, S. 466). In diesen Bemerkungen Brechts ist die Würde des Menschen vorausgesetzt. Der Vergleich mit Kalkutta ist für die Obdachlosensiedlung am Rand unserer Großstädte ganz unangebracht; die Fragen, die wir wirklich stellen müssen, sind: Wann wird Armut entwürdigend? Unter welchen Bedingungen zerstört sie die Würde des Menschen?

Nicht jede Form von Armut hat diese destruktive Qualität. Anfang November 1984 hielt der dann zum Staatspräsidenten gewählte Daniel Ortega in Nicaragua eine Rede, in der er den Zuhörern die ganze Härte des Krieges und der Vernichtungsdrohung durch die USA klarmachte. Er habe nichts zu versprechen als »Bohnen, Reis und menschliche Würde«, sagte er. Und eine der großen Faszinationen Nicaraguas für den Besucher aus der reichen Welt besteht gerade darin, daß er hier überall extreme Armut sieht, daß sie aber in den allermeisten Fällen nichts Entwürdigendes hat – vor allem, weil sie kollektives Schicksal, nicht Bestrafung einzelner Individuen ist. Ein Drittel der Bevölkerung Managuas lebt in den oft aus Blech, Holz und ein paar Steinen aufgebauten Hütten der Armen. Es sind »slums«, aber nicht vergleichbar mit denen, die ich in Mexico City, in Santiago de Chile oder Buenos Aires gesehen habe. Im neuen Viertel El Retiro zum Beispiel haben alle Hütten Elektrizität, der Abfall liegt nicht auf den Lehmwegen; Wasserstellen sind über das ganze Gebiet verteilt; die meisten Leute tragen Schuhe. »Was bedeutet die Revolution für dich?« fragte ich eine junge Frau, Mutter von sechs Kindern, am Stadtrand von Managua. »Meine Kinder werden etwas lernen«, sagte sie, und ein barfüßiges schönes Kind vor der Einraumhütte aus ein bißchen Holz und Blech erklärte mit einer Arroganz, die Fünfjährige manchmal aufbringen, daß sie später studieren und Doktor werden wird.

Es gibt Formen von Armut, die die Würde des Menschen nicht zerstören, und die christliche Tradition läßt sich nur dann verstehen, wenn wir von dieser Möglichkeit ausgehen. Warum sind dann die bei uns auftauchenden Formen der neuen Verarmung, warum ist unsere Armut der Alten, der Frauen, der Kinderreichen, der Arbeitslosen so anders und so zerstörerisch? Unter welchen sozialen und psychosozialen Bedingungen zerstört Armut die Würde des Menschen? Die neue Armut ist demütigend. Es gibt viele Berichte über Arbeitslose, die ihre Entlassung vor Nachbarn und oft auch vor der eigenen Familie verbergen, die morgens mit dem Bus angeblich zur Arbeit fahren und abends erst zurückkommen, weil sie die Demütigung, den sozialen Ausschluß, nicht ertragen. Sie erleben sich selbst als vollständig abhängig von der Willkür anderer, die über die Vernichtung von Arbeitsplätzen durch neue Technologien entscheiden. Es gibt eine Scham der Armut, die sich lieber versteckt, den Weg durch demütigende Kontrollen und Prozeduren gar nicht erst versucht. Es fehlt den Armen an Souveränität, mit dem Leben umzugehen, Beziehungen zu anderen Menschen zu benutzen, spielerische Elemente des eigenen Lebens zu entwickeln.

Das kann so weit gehen, daß die allersimpelsten Fragen von Armen nicht gestellt werden, wie die Frage »Was kostet das?« Geschichten wie die von der alleinstehenden Frau, die von einem Vertreter ein Kilo Kaffee pro Woche aufgeschwatzt bekommen hat und nicht weiß, wie sie aus der Falle herauskommen soll, sind keine Seltenheit. Die Abhängigkeit der Armen hat ihnen die Mobilität und die Neugier zerstört. Die Unsicherheit des Lebens vergrößert sich damit ins Unabsehbare, und zu der objektiven Unterwerfung unter soziale Kontrollen tritt die subjektive Selbstentwürdigung. Armut ist in der Tat ein besser nicht zu erwähnendes dreckiges Wort; und dieses Bewußtsein bekommen die Armen verpaßt.

Ihre Kinder lernen es beim Eintritt in die Schule. Ich erinnere mich an eine Elternversammlung in der ersten Klasse der »höheren« Schule. Die Lehrerin sagte freundlich: »Wenn irgend etwas ist, können Sie mich ja anrufen. Vielleicht sollten wir alle unsere Telefonnummern austauschen.« Ich dachte mir nichts dabei, aber neben mir saß eine verschüchterte Mutter und fragte: »Muß man denn ein Telefon haben?« Sie war verunsichert von der ihr fremden Geläufigkeit, Mobilität, Kommunikationsart. Sie hatte Angst, etwas falsch zu machen, und sprach, wenn überhaupt, nur zu mir. Nach einem halben Jahr war ihr Kind aus der Schule weg. Ich erzähle dieses Beispiel, um auf ein Phänomen der neuen Armut hinzuweisen, das subjektive Bewußtsein der Rechtlosigkeit. Das Bedarfsprinzip wird in der Sozialhilfe so ausgehöhlt, daß die Rechtsansprüche der Betroffenen zu Ermessensentscheidungen der Bürokratie gemacht werden; die Abhängigkeit wird vergrößert, und die Entwürdigung schlägt in Selbstentwürdigung um. Das Schulkind, für dessen Eltern die angesagte Klassenreise zu teuer ist, bleibt weg, entzieht sich, und der verhängte Ausschluß von der Wohn- und Lebensgemeinschaft wird durch viele kleine Schritte internalisiert.

Die Armen werden ausgegrenzt aus der Gesellschaft. Das

der Auftrag der Wirtschaft an die Kirche in zynischer Offenheit formuliert. Die Kirche solle die Arbeitnehmer auch für sinnlose Arbeiten motivieren und ihnen eine neue Arbeitsmoral nahebringen. Die Arbeitslosen solle sie unter Hinweis auf den »Sinn des Lebens« ruhig halten. Diese Art, mit dem Problem der neuen Armut umzugehen, ist nicht nur zynisch, sondern auch realitätsblind. Ich kann mir nicht vorstellen, daß die Angehörigen der Machteliten tatsächlich so leben wollen, wie es ihnen die Ideologie des Reichtums vorschreibt: in bewaffneten Häusern, hinter Mauern in privaten Siedlungen, mit Atombunkern ausgerüstet und im Besitz der bezahlten Wächter, die die nachrückenden Eindringlinge vor den Schutzräumen abknallen. Eine Gesellschaft, die die Armen aus sich ausgrenzt, die die Solidargemeinschaft zwischen den Starken und den Schwachen, den Arbeitsbesitzern und den Arbeitslosen, den Kinderlosen und den Kinderreichen aufkündigt, muß auch die politische Lebensform der Demokratie aufkündigen. Demokratie funktioniert nicht unter den Voraussetzungen des Sozialdarwinismus, sondern setzt genossenschaftliches Denken, gegenseitige Verantwortlichkeit, ein *bonum commune*, voraus. Die Aufkündigung dieser Gemeinsamkeit und gegenseitigen Abhängigkeit bedeutet den Krieg der Reichen gegen die Armen, Krieg wird in der Ideologie der Neuen Rechten zur Vision des Lebens; als das natürlich Gegebene ist der Krieg das jederzeit Vorzubereitende. Der Zustand der Verelendung, in den die Eliten der reichen Welt die Ärmsten in der Dritten Welt stürzen, ist ohne Krieg und Gewalt nicht aufrechtzuerhalten. Der unerklärte Krieg des reichsten Landes der Erde gegen eines der ärmsten, Nicaragua, sollte das auch den naivsten Verfechtern westlicher Ideologien klargemacht haben.

Die Reichen zerstören nicht nur die Menschenwürde der Armen, sondern auch ihre eigene. Sie haben ihre Würde am Besitz und an die mit Besitz verbundenen Gewaltmittel gekettet. nicht jede Form von Armut muß die menschliche Würde zerstören, aber jede Form von Reichtum, der unbezogen bleibt auf die Abhängigen und sich hinter Apartheidsmauern isolieren muß, ist eine Selbstzerstörung der Menschenwürde der Reichen. Daß ein Reicher ins Himmelreich kommt, ist so wahrscheinlich, wie daß ein Kamel durch ein Nadelöhr geht.

Die christliche Tradition hat in die Auseinandersetzung um Armut und Reichtum etwas einzubringen, was heute in Gefahr steht, vergessen zu werden. Sie geht nämlich nicht von der Annahme aus, alle Menschen seien Kapitalisten, manche erfolgreich (= reich), andere erfolglos, verhindert (= arm). Diese Annahme ist in unserer Kultur selbstverständlich; und die Würde der Armen, der Grund, warum Jesus sie selig pries, ist von diesem Horizont aus schlechterdings unverständlich. Es ist aber ein materialistischer Aberglaube anzunehmen, jede Form von Armut zerstöre unsere Würde und sei um jeden Preis zu vermeiden. Solange wir die Armen unter dem allein herrschenden Gesichtspunkt, nämlich als verhinderte Kapitalisten, betrachten, verstehen wir nichts. Die Würde der Armen liegt in ihrem Sein, nicht in ihrem Haben und Nicht-haben; die Zerstörung ihrer Würde ist die Zerstörung ihrer Solidarität untereinander, ihrer Vision miteinander.

Ich habe die Kriterien, die Armut zerstörerisch und selbst-destruktiv machen, genannt: Demütigung, Scham, Isolation und Sinnlosigkeit. Aber das definiert die Armen nicht, nicht jederzeit und nicht überall. Die Bibel ist ein erklärter Gegner jeden Schicksalsglaubens, jeder Beschreibung der menschlichen Wirklichkeit als schicksalhaft ablaufend. Sie setzt gegen das »Weil du arm bist, mußt du früher sterben« ihr »Weil du reich bist, hast du nie gelebt.« Das Evangelium ist voll von Weherufen gegen die Reichen und von Seligpreisungen der Armen. Es verspricht den Hungrigen, Entrechteten und künstlich Verarmten Befreiung und Fülle des Lebens. Inner-halb der christlichen Tradition lassen sich zwei Arten von Armut unterscheiden: die erzwungene, über Menschen ver-hängte Verelendung, die im Extrem von den Ökonomen »absolute« Armut genannt wird, und die freiwillig gewählte, in der Menschen ihre von Natur aus unbegrenzten materiel-len Bedürfnisse zurückstellen und Freiheit füreinander gerade aus Einfachheit und relativer Besitzlosigkeit gewinnen. Die große Frau des amerikanischen Katholizismus, Dorothy Day, ist für mich das deutlichste Beispiel einer solchen freiwillig gewählten Armut. Die von ihr gegründete Bewegung des »Catholic Worker« bringt freiwillige Armut mit konsequenter Gewaltfreiheit und Widerstand gegen den Militarismus zusammen.

Das Versprechen des Evangeliums ist nicht, daß alle wie die Reichen werden sollen, das Ideal ist nicht der Millionär und seine Generale; es sind die kleinen Leute, die Frauen, die Kinder, denen das »Leben in seiner Fülle« physisch, geistig, psychisch versprochen wird in einer Kultur des Teilens, in der fünf Brote und zwei Fische unter fünftausend Menschen geteilt werden und ausreichen.

Die befremdlichen Wundergeschichten in den Evangelien können uns Distanz von uns selber (und dem Kapitalisten in uns) geben und uns ein besseres Verständnis von der Rolle der Armen geben. Ein Grundsatz der Theologie der Befreiung, die man auch eine Theologie der Armen nennen kann, ist, daß die Armen die Lehrer sind, die uns auf das Leben aufmerksam machen. Was lehren denn die Armen? Sie warten auf Wunder. Sie brauchen Wunder – während für die Reichen die Wunder nur Aberglaube, Illusion, Realitätsflucht sind. Die Armen brauchen das Wunder: die Außerkraftsetzung der Realitätsgesetze, daß, wer fällt, auch noch gestoßen wird, daß der Starke über die Schwachen siegt und ihnen Gewalt antut; sie brauchen das Wunder, daß Solidarität stärker als die strukturelle Gewalt der Mächtigen ist. Die Armen brauchen nicht Reformen, Hilfsprogramme, Placebos, sondern das Wunder, dessen Kern die Umverteilung ist. Die neue Verteilung der Arbeitszeit, der Einkommen und der Freizeit nach dem Prinzip der Bedürfnisse – das sind Hoffnungen, ohne die die Armen nicht ihre Würde bewahren können. In diesem Sinn ist die sandinistische Revolution, die das Land, das Essen, die Gesundheit und die Bildung umverteilt hat, eine Wunder-Geschichte, in der das Unmöglichscheinende möglich wurde. »Alles ist möglich dem, der da glaubt«, sagt Jesus. An Wunder »glauben« bedeutet in seiner Botschaft, sich an ihnen zu beteiligen, sie zu tun.

Das Versprechen der Zukunft Gottes in einer solchen solidarischen Kultur ist eine Einladung zum Kampf, zum Eintreten für die Opfer und zum Mitleiden. Die Menschen, die sich auf die Seite der Armen ziehen lassen, kommen mit dem Grund allen Lebens in Berührung; das drückt die Bibel so aus, daß ihnen Gott in den Armen begegnet. Bei diesem Schritt von der Bewußtlosigkeit zum Bewußtsein, von der apathischen Hoffnungslosigkeit einem Verhängnis gegenüber zum Glauben an den befreienden Gott der Armen verändert sich auch die Qualität der Armut, weil sich das Verhältnis zu ihr ändert.

Wenn der Arme nur ein verhinderter Kapitalist ist, so kann sich sein Verhältnis zur Armut nicht ändern, und er wird weiter Lotterie spielen und auf den Zufall der Einstellung und der individuellen Lösung eines gesellschaftlichen Problems warten. Er wird sich weiterhin der Armut schämen und die Isolation für natürlich halten. Er wird die Kultur der Apartheid internalisieren und seine eigene Würde kapitalistisch, in Besitz und Leistung, definieren. Wird er sich aber seiner Lage bewußt, so verändert sich sein Verhältnis zu sich selber. Seine Armut kann, quantitativ gesehen, größer werden, weil der Kampf und das Mitleid Opfer fordern; sie kann auch geringer werden, weil der Kampf und das Mitleiden schon jetzt eine bessere Verteilung der Güter bedeutet.

In beiden Fällen ist aber die erzwungene, verhängte Armut nicht mehr dieselbe; sie nimmt die Züge der freiwilligen Armut an; es leuchtet die Realität der Freiheit in der Armut auf; sie wird Gottes Armut, wie sie es für Jesus, für Franziskus, für Oscar Romero und viele andere war. Die Armen werden so in die Befreiungskämpfe verwickelt. Was sich jetzt wie ein Traum anhört – das Bewußtsein der Bewußtlosen – hat in der Dritten Welt seine Vorbilder. Die Armen haben sich dort ja schon zusammengeschlossen, die Befreiungskämpfe finden statt, die Kultur der Apathie und des entwürdigenden Schweigens wird überwunden, Reis, Bohnen und menschliche Würde werden geteilt. Warum sollte es nicht auch bei uns eine Gewerkschaft derer, die vom Arbeitsleben ausgeschlossen werden, geben? Eine neue Solidarität zwischen denen, die noch Arbeit haben und denen, deren Würde durch die Verweigerung des Menschenrechts auf Arbeit bedroht ist? Eine Bewegung für den Frieden, die die Marginalisierung und Entwürdigung der Armen als Teil des erbarmungslosen Krieges begreift, den die Erste Welt gegen zwei Drittel der menschlichen Familie, gegen die Natur und gegen sich selber führt?

Die Zukunft Gottes ist die Zukunft der Armen. Ohne sie und gegen sie wird es keine Zukunft des christlichen Gottes geben. Gott will die Armen »reich« machen, aber nicht in dem Sinn, wie wir das Wort gebrauchen, eher wie es im Kirchenlied heißt: »Christus im Himmel wohl bedachte, wie er uns reich und selig machte« (EKG 416). Reich an Sein, nicht an Haben; an Beziehung, nicht an Besitz; reich an Gott, falls man so reden darf, eben so, wie der arme Jesus und Franz und Klara und Dorothy Day und viele anderen waren. Nein, es muß heißen: sind.

Eine spezielle Vorliebe für die Armen

Erfahrungen mit dem leidenden Gottesknecht in El Salvador

Innerhalb der reichen Industrienationen Theologie zu betreiben bedeutet, seinen »Mund aufzutun für die Stummen« (Sprüche 31,8). Anwältin zu werden für die, die stumm gemacht worden sind, Intercessor für die Armen, die die lateinamerikanische Bischofskonferenz von Medellin (1968) die »Lieblingskinder Gottes« nannte, scheint mir in unserer politischen und theologischen Kultur eine *conditio sine qua non* für die, die den christlichen Glauben theologisch reflektieren. Unter Kultur verstehe ich in diesem Zusammenhang das System der wirtschaftlichen und politischen Apartheid von den übrigen zwei Dritteln der menschlichen Familie, von deren Leiden wir bis in unseren Alltag hinein profitieren (zum Beispiel, wenn wir Kaffee trinken), die wir aber im Sinne der uns umnebelnden Apartheidskultur nicht wahrnehmen.

Ich möchte über die Menschenrechtssituation in El Salvador berichten und einige Antworten von Christen auf die ungeheuren Herausforderungen des Glaubens in dieser Situation benennen.

Ich bin der tiefen Überzeugung, daß der christliche Glaube heute seinen lebendigsten Ausdruck, seine praktische und spirituelle Tiefe dort findet, wo er ihn seinem Ursprung nach auch hatte: Der genuine historische Ort des Glaubens ist das Kreuz, die Verfolgung, das Martyrium. In den Armen, in den Verfolgten spricht Christus zu uns. Damit will ich nicht ausschließen, daß Christus nicht auch gelegentlich in der Predigt eines Pfarrers in der Bundesrepublik spricht. Ich will nur auf diese Bedingung heutiger Theologie hinweisen: Sie muß die Apartheid als die geistige Grundlage der Kultur der Reichen verlassen. Eine Spiritualität, die die Armen unsichtbar macht, mag traditionsbewußt und innerlich, kultiviert und tröstlich sein; christlich wäre sie erst dann, wenn sie an Gottes »spezieller Vorliebe für die Armen« Anteil nähme. El Salvador ist mit dem Gedächtnis an einen christlichen Märtyrer verbunden, den das Volk schon lange heiliggesprochen hat; eines Tages wird es auch der Vatikan nachvollziehen. Oscar Arnulfo Romero, der Erzbischof von San Salvador, wurde am 24. März 1980 ermordet, während er die Messe las. Wenige Tage vor seinem Tod schrieb Romero einen Brief an den damaligen Präsidenten der USA, Jimmy Carter, keine Waffen und Militärhilfe mehr nach El Salvador zu schicken. Es waren nur fünf Millionen Dollar im Jahr, die er nicht zu schicken bat. Für 1987 waren 461 Millionen Dollar an »Hilfe« vorgesehen, drei Viertel davon direkt (30 %) oder indirekt (44 %) auf den Krieg bezogen; ein gut Teil davon floß in die Taschen der führenden Militärs. Oscar Romeros Bitte wurde nicht gehört.

Ich bin im Januar 1987 mit einer Gruppe nordamerikanischer Christen nach El Salvador gefahren; wir haben Menschen der verschiedensten Bereiche getroffen: Slumbewohner, die Opfer des letzten Erdbebens geworden sind, Gewerkschafter und Lehrer, Mütter von Verschwundenen und Ermordeten, kirchliche Würdenträger und Juristen, Flüchtlinge und solche, die Angst haben, bei der nächsten Militäraktion vertrieben zu werden. Von den fünf Millionen Menschen in El Salvador lebt eine Million als Flüchtlinge im Ausland; eine halbe Million ist heimatvertrieben im eigenen Land. Die meisten von ihnen gehören zu den Ärmsten, ohne Bildung oder Arbeitsmöglichkeit, sie besitzen gerade das, was sie auf dem Leib tragen.

Der militärische Name für die systematische und blutige Vertreibung der Bevölkerung aus ihrer Heimat ist *Operation Phoenix*. Dieses Verfahren wurde schon im Vietnamkrieg angewandt; es beginnt meist mit einem Bombardement der Zivilbevölkerung. Die Armee vernichtet die Ernte und die Häuser der Menschen, danach werden die Überlebenden in Lager verbracht. »Im Januar 1986«, erzählt ein Flüchtling, »nahmen sie uns gefangen – und dank des internationalen

Drucks und der neuen Regierungspolitik wurden die Leute jetzt nicht mehr ermordet, sonden dem Roten Kreuz übergeben. So kamen wir hier ins Lager. Aber wir sind keine Flüchtlinge, wir wollen nicht von Almosen leben, sondern an den Ort unseres Ursprungs zurückkehren. Warum will die Regierung das Land entvölkern und uns hier im Lager einsperren?«

Die Antwort ist klar: Nur ein entvölkertes Land garantiert den militärischen Sieg. Die Bevölkerung behindert die *counterinsurgency*-Taktik, die zu perfektionieren ein Hauptziel des Pentagon in den letzten zwanzig Jahren war. Die Volksaufstände der Dritten Welt werden nach einem berühmten Wort Mao Tse Tungs geführt vom »Fisch im Wasser«, der kämpfenden Guerilla, die vom Volk getragen, ernährt, versorgt und versteckt wird. Die amerikanische Kriegsführung besteht nicht darin, den schnellen und wendigen Fisch zu fangen, und zum Beispiel die höchstens sechs- bis achttausend Bewaffneten der salvadorianischen Befreiungsbewegung FMLN zu schlagen, sondern dem Fisch das Wasser abzugraben, die Zivilbevölkerung auszuschalten. Die Bombenangriffe auf die Zivilisten, die zu Recht oder zu Unrecht der Beihilfe verdächtigt werden, haben sich in den letzten Jahren verdreifacht: Land wird unbewohnbar gemacht, Ernten verbrannt, Zivilisten getötet oder zur Flucht gezwungen.

Eine politische Beamtin der US-Botschaft in San Salvador erklärte uns: »Die bewaffneten Streitkräfte sind erzogen worden. In den letzten Jahren gab es kein unterschiedsloses Bombardement der Zivilbevölkerung mehr.« Die Angehörigen der Opfer sehen das anders. 1986 wurden 1821 Zivilisten getötet, neunzig Prozent von ihnen durch Regierungskräfte.

Eine der Fragen, die wir mitbrachten, war: Hat sich die Menschenrechtssituation verbessert? Gibt es einen Fortschritt in Richtung Demokratie? In der US-Botschaft hörten wir dazu: »Im Vergleich zum Jahr 1980 hat sich die Menschenrechtslage wesentlich verbessert. Damals starben 800 pro Monat durch politische Gewalt, heute sind es nur 21 pro Monat.« Die Zahlen, die wir außerhalb dieser zur Festung ausgebauten Botschaft hören (und die von der hoch respektierten Menschenrechtsorganisation *America's Watch* bestätigt werden), geben ein anderes Bild: 1986 wurden 1121 Personen ermordet. Die Todesschwadronen arbeiten weiter. Kein Offizier, der foltert oder tötet, wird je zur Rechenschaft gezogen, und der Erlaß Nr. 50 legalisiert die Folter. Jeder kann von den »Sicherheitskräften«, die meist in Zivil, manchmal in Uniform, oft im Morgengrauen auftauchen, festgenommen werden. Die ohne Haftbefehl »Verhafteten« bleiben 15 Tage im Gewahrsam der Geheimdienste und Sicherheitskräfte: Ohne Rechtsanwalt, ohne Verbindung zu den Angehörigen, für die er oder sie »verschwunden« ist. Spätestens nach 14 Tagen unterschreiben alle der so Festgenommenen ein außergerichtliches Geständnis (*confesion extrajuridical*), in dem sie zum Beispiel zugeben, Maschinengewehre zu besitzen oder Mitglied der FMLN zu sein – ein Geständnis, das in den allermeisten Fällen später, vor einem ordentlichen Gericht, widerrufen wird.

Was bringt die Leute dazu, diese Geständnisse, oft mit den Namen anderer Personen versehen, oft auch Blanko auf weißem Papier unterzeichnet, zu geben? Die Antwort liegt auf der Hand: Es ist die Folter, die durch den Erlaß Nr. 50 ihren rechtlichen Freiraum bekommen hat. Die Gewalt, der Terror, die Quälerei von Menschen ist hier legalisiert. die Gefangenen werden bis zu 72 Stunden hintereinander verhört, kein Essen, kein Wasser, kein Schlaf, dauerndes Licht, die Maschinenpistole liegt neben dem Befrager. Elektroschocks sind üblich. Die willkürlich Festgenommenen wissen in aller Regel überhaupt nicht, warum es gerade sie getroffen hat. Aber nicht der Staat muß ihnen ein Vergehen nachweisen, sondern sie müssen sich reinwaschen vom allgegenwärtigen Verdacht der Subversion. In der Regel werden sie auch nach Äußerungen von Priestern oder kirchlichen Mitarbeitern gefragt; nur die fundamentalistischen Gruppen der neuen religiösen Rechten gelten als zuverlässig und staatstreu.

Die Furcht, der Terror sind allgegenwärtig. »Es hat sich etwas verändert«, erzählt der Pfarrer der Gemeinde »Maria, Mutter der Armen« in einem Slum, aber nicht viel. Sie töten jetzt keine Bischöfe mehr, nur die Führer der Landgemeinden und die Katecheten. Und ihr könnt die Bomben hören, die sie dort drüben auf die Dörfer werfen. Die Todesschwadronen töten jetzt weniger, aber die Ursachen der Ungerechtigkeit sind dieselben geblieben oder noch schlimmer geworden. Die Folter haben sie mehr spezialisiert, es gibt 40 Methoden zu foltern. Sie machen es raffinierter, so daß keine sichtbaren Spuren bleiben. Tausende werden zu Flüchtlingen gemacht, mehr denn je. Für uns bringt der Krieg nur Vernichtung. Wieso haben wir hier für 17 000 Menschen in dieser Gemeinde nicht einmal Land?«

Wir besuchen einen Gottesdienst zum Andenken an Padre Ortiz und Schwester Sylvia, Märtyrer der Gemeinde ZACA-MIL, die 1980 ermordet wurden. Viele Leute, so hören wir dort, trauen sich nicht, in die Kirche zu kommen, die vor einigen Jahren bombardiert wurde; damals starben 200 Menschen. Manche Gläubige gehen lieber in eine Wohnung, um die Messe zu feiern. Andere Leute haben Angst zu telefonieren oder mit Ausländern gesehen zu werden: Am Weihnachtstag wurde eine Gruppe der evangelischen Jugend, die von einer Weihnachtsfeier kam, festgenommen und zwangsmilitarisiert. Busse werden angehalten und die jungen Männer mitgenommen und in die Armee gesteckt. »Die Amerikaner«, so sagt ein Priester in einem Armenviertel, »wollen die Vernichtungsarbeit nicht selber machen, darum ist jetzt Militärdienst für alle jungen Männer eingeführt worden, und eine große Propaganda für Zivilschutz, zu dem sich Freiwillige verpflichten sollen, geht durch das ganze Land.«

Und die Demokratie? Es gibt trotz gegenseitiger Beteuerung der US-Botschaft keine freie Presse. Der Generalvikar, Monsignore Ricardo Urioste, ein Freund Oscar Romeros, erzählt uns: »Ja, die Wahlen waren frei. Aber in Wirklichkeit, wissen Sie, es ist, als hätte man Noten für eine schöne Musik vor Augen, aber wenn man dann zum Klavier kommt, dann gibt es nur einen einzigen Ton von sich und quäkt unaufhörlich ›Wahlen, Wahlen, Wahlen‹, sonst nichts. Es gibt keine freie Versammlung, keine freien Organisationen und keine freie Gerichtsbarkeit. Die Wahlen waren eine Farce.«

Tatsächlich ist die Lage von Präsident Duarte hoffnungslos. Er soll das Militär erziehen oder zähmen, aber alle Militärverbrecher gehen straffrei aus. Er soll die soziale Not lindern, aber die Hilfsgelder nach dem Erdbeben kamen den Opfern nicht zugute. Er soll die herrschende Oligarchie durch eine Demokratie ablösen, aber schon bei dem kleinsten Versuch, die Reichen durch Steuern an den Kriegslasten zu beteiligen, stößt er auf erbitterten Widerstand. Nach wie vor hat die extreme Rechte das Militär, das Geld und die Macht fest in der Hand. Ihre Vertreter in der Arena-Partei beklagten sich uns gegenüber bitter über die angebliche Parteidiktatur der Christdemokraten, die das freie Unternehmertum schädige und nichts leiste, als die Armut besser zu verteilen.

Der Versuch der amerikanischen Administration, diese extreme Rechte zu mäßigen, ihre Willkürherrschaft und ihre Foltermethoden zu bremsen, hat keine realen Aussichten. Die anderthalb Millionen Dollar, die die USA täglich in das Land pumpen, bringen weder den Frieden noch einen wirtschaftlichen Aufschwung. »Wenn die Amerikaner verschwänden«, so hörten wir immer wieder, »der Krieg wäre in den nächsten vierzehn Tagen zu Ende. Wir hätten Verhandlungen, politische Lösungen.« Was meine amerikanischen Freunde und mich am meisten erschreckt hat, waren die offenkundigen Parallelen zum Vietnamkrieg:

– Die militärische Befriedung der Region ist identisch mit der Vernichtung des Landes.

– Der Versuch, Demokratie auf der Basis extremer wirtschaftlicher Ungerechtigkeit einzuführen, ist gescheitert und mußte scheitern.

– Mehr Geld von außen bedeutet nicht Fortschritt, sondern mehr Korruption.

– Mehr Waffen und erzwungene Militarisierung bedeuten nicht Ruhe und Ordnung, sondern weitergehende Gewaltherrschaft.

War ein Vietnam denn nicht genug?

Was ist die Antwort der Christen auf die Situation des Krieges in El Salvador? In einer Lage, in der ein Viertel der Bevölkerung zu Flüchtlingen gemacht worden ist und in der der Terror der Einschüchterung auch und gerade in der angeblichen Demokratie Duartes verschärft werden, ist die Praxis von Hilfe, Beratung und Unterstützung verbunden mit der Aufdeckung von Wahrheit. Was Bertolt Brecht in den dreißiger Jahren als die »Fünf Schwierigkeiten beim Schreiben der Wahrheit« ermittelt hat, trifft hier genauso zu. Die Presseagenturen in Lateinamerika sind fast ausschließlich in der Hand mächtiger USA-Konzerne. El Salvador ist zur Zeit kein Thema. Die Menschenrechtsverletzungen werden verschwiegen oder heruntergespielt. Zuverlässige realitätsgerechte Berichte finden sich vor allem in kirchlicher Presse (z. B. *The National Catholic Reporter, The Christian Science Monitor* oder die Berichte der Quäker/*American Friends Service Committee*) oder kommen aus den zahlreichen nordamerikanischen Solidaritätsgruppen, die gegen den Krieg in Zentralamerika arbeiten. Über 60 Prozent der nordamerikanischen Bevölkerung lehnt diesen Krieg ab. Der nordamerikanische Arzt Charlie Clements, der, aus einer alten familiären Militärtradition stammend, im Vietnamkrieg zahlreiche Bombeneinsätze geflogen hat, hat in seinem Buch »Witness to War« seine eigene Bekehrung zum Frieden geschildert und einen authentischen Bericht über seine Tätigkeit als Quäker und Arzt innerhalb der Befreiungsfront in El Salvador gegeben.

Angesichts der Schwierigkeiten bei der Wahrheitsfindung sind kirchliche Kontakte unerläßlich. Was die Ökumene als ein weltweites Netz von Beziehungen und Solidargemeinschaft wirklich bedeutet, begreift man erst hier unter den Bedingungen der Verfolgung. Die »Parteinahme für die Armen« hat viele praktische Gesichter, ich will nur zwei Gruppen nennen. Als erste die verschiedenen Organisationen von Müttern und Angehörigen (COMADRES, CODEFAM, COMAFAC); Frauengruppen dieser Art haben sich in vielen Ländern Lateinamerikas unter den Militärdiktaturen und dem Staatsterror gebildet. Es sind Mütter oder Angehörige von Verhafteten, Verschwundenen, politischen Gefangenen und Ermordeten.

Im Büro der COMADRES erzählt uns eine extrem dünne Frau, die Mitte vierzig ist, aber eher wie Mitte sechzig aussieht, von ihren Erfahrungen: »Die ersten Kinder, die ich verloren habe, waren meine Schwiegersöhne, vor fünfzehn Jahren. 1980 haben sie meinen Sohn getötet, mein Mann ist seitdem verschwunden. 1985 nahmen sie meine Tochter gefangen, zwei Männer kamen mit langen Messern ins Haus, griffen meine vierzehnjährige Tochter und vergewaltigten sie. Sie sagten ihr, sie würden sie an einen Ort führen, wo kein Mensch sie kenne. Ich habe überall nach ihr gefragt, viele Wochen lang, aber alle haben die Schultern gezuckt und nichts gesagt. Danach nahm einer der Soldaten meine Hand und sagte mir . . . ›Du weißt, was ich will.‹ Vor den Augen der kleinen Kinder hielt er seine Machete an meinen Kopf und sagte, er würde mir den Kopf abschneiden. Er vergewaltigte mich – ich habe seitdem Schwierigkeiten . . . geistige Schwierigkeiten, ich bin, sagt man, gestört.«

Es ist nur konsequent, wenn die Mütterkomitees dem Bericht über die angebliche Verbesserung der Menschenrechtssituation in El Salvador, der vor der UNO gegeben wurde, äußerst kritisch gegenüberstehen. Die willkürlichen Festnahmen und die vielen Zwangsentführungen zum Militär verschärfen die Angst gerade der einfachen Leute auf dem Land, die Menschenrechtsorganisationen überhaupt aufzusuchen. Die Dunkelziffern werden als sehr hoch angesehen. 1975 wurde vom Präsidenten der hochangesehenen jesuitischen lateinamerikanischen Universität (UCA) eine Rechtshilfeorganisation gegründet. Diese »Socorro Juridico« arbeitet kostenlos für Flüchtlinge, politisch Verfolgte und auch für gewöhnliche Angeklagte. Die Organisation hat auch ein Büro in San José, Costa Rica, wo unter Prinzipien des internationalen Rechts gearbeitet wird. In El Salvador selber weiß allerhöchstens die Hälfte der Angeklagten über ihre rechtlichen Möglichkeiten Bescheid. Die Mehrheit der armen Landbevölkerung sieht die Justiz als einen verlängerten Arm der Großgrundbesitzer, die sich seit fünfzehn Jahren erfolgreich gegen jede Form von Landreform oder den Aufbau von ländlichen Kommunen gewehrt haben. Heute sind unter denen, die Rechtshilfe brauchen, viele Frauen: Mütter, die ins Gefängnis gesteckt werden, weil ihr Sohn »vermutlich oder mit großer Wahrscheinlichkeit« bei der Guerilla arbeitet. Die Juristen der Rechtshilfe verstehen sich selber als Christen, die eine rein quantifizierende Methode, wie sie etwa von der US-Botschaft vertreten wird, ablehnen. Weniger Ermordete auf den Straßen heißt nicht mehr Respekt für die Menschenrechte!

Auch in diesem Zusammenhang kann man die praktische Bedeutung der theologischen Formel von Gottes Parteinahme für die Armen (*La opción preferential por los pobres*) kaum überschätzen. Die Juristen von *Socorro Juridico* berufen sich auf die Medellinkonferenz, die innerhalb Lateinamerikas etwa die gleiche Bedeutung hat wie das Zweite Vatikanische Konzil in Europa und USA. Um einen Vergleich aus der Geschichte der deutschen Reformation heranzuziehen: Was damals das »sola gratia« bedeutete, drückt sich innerhalb der gegenwärtigen Theologie der Befreiung als diese »Option«, Vorliebe oder Parteilichkeit Gottes für die Armen, aus. Es ist eine klärende Formel, die Kriterien für das, was Glauben bedeutet, setzt.

Aus der Praxis dieser Parteinahme heraus entwickelte sich in einem Land wie El Salvador eine neue Spiritualität, von der andere Christen, die weniger geschundenen Glieder des Leibes Christi, nur lernen können. Ökumenisches Lernen in diesem Sinn ist ein Lernen von den Armen. Der lutherische Bischof von El Salvador, Medardo Gomez, sagte in einer kleinen Ansprache: »Wir sind von Grund auf verwandelt worden. Das Wichtigste, was ich von den Leuten gelernt habe, einfach indem ich mit ihnen lebe, ist ein ökumenischer Geist und ein spirituelles Wachsen. Selig seid ihr, weil ihr verfolgt werdet. Ungerecht zu leiden ist ein Erlebnis von Glück und Freude, eine in Worten gar nicht benennbare Erfahrung. Man leidet dafür, daß man Gutes tun will.

Die zehn Aussätzigen im Evangelium kommen zusammen an einen Punkt, wo sie verlassen und isoliert sind. Der Glaube kann nicht im einzelnen wachsen, und so kamen sie zusammen, die zehn; der Schmerz vereinte sie – und die Hoffnung. Dieser Glaube und dieses Vertrauen wäre in einem von ihnen allein nie entstanden. Sie schlossen sich zusammen, sie verbrachten Jahre in der Wüste – und nur durch die gegenseitige Hilfe kamen sie dorthin, wohin sie sich so sehr gesehnt hatten. Es gibt eine Wechselwirkung zwischen Gott und denen, die am meisten leiden. Die am meisten leiden haben eine ›spezielle Option für Gott‹; eine Seele, die sucht und deswegen nah bei Gott ist.«

Über diese Auslegung der Geschichte von den zehn Aussätzigen konnte ich mich nur wundern. In Europa hatte ich immer vor allem den Gegensatz zwischen neun Undankbaren und einem Dankbaren betonen hören. Es gibt eine Auslegungstradition dieser Geschichte aus Lukas, die gerade daraufhin abzielt, die Schlechtigkeit, den Undank der Geheilten herauszustellen; der anthropologische Pessimismus des Protestantismus nährt sich aus solchen Denkmustern: neun gegen einen, neunzig Prozent von allen gegen Gott. »Undank ist der Welt Lohn« sagt ein häßliches, weil zynisches deutsches Sprichwort. In der Ansprache des salvadorianischen Bischofs war kein Hauch von diesem Geist zu spüren. Solidarität der Leidenden, Heilung aus dem Geist der Solidarität waren hier die Themen. »Wir sind verändert worden.«

Ganz ähnlich sprach auch der Generalvikar der Erzdiözese San Salvador, Monsignore Ricardo Urioste. »Diese Jahre des Schmerzes haben zwei Dinge hervorgerufen: Wir hatten die Gelegenheit, ein Volk, das innerhalb der politischen Situation ohne jede Hoffnung ist, auf Gott hoffen zu sehen. Und wir haben die Kirche neu und anders verstanden. Wir glauben, daß die Armen in El Salvador eine Option für die Kirche ergriffen haben; ob die Kirche immer die Option für die Armen ergriffen hat, das wissen wir nicht. Jedenfalls sind es die Armen, die uns evangelisieren, die zu uns predigen. Manchmal, wenn man sich deprimiert fühlt und nur ein wenig Zeit mit den Armen zubringt – es ist nicht zu fassen, wie sehr es einen verändert. Vor drei Jahren kam eine Frau zu mir, deren Tochter und Nichte waren weggeholt worden. Einen Tag später fand sie die beiden Leichname, die Köpfe waren abgeschnitten. Ich wußte nicht, wie ich sie trösten sollte, mir versagte die Stimme, aber die Frau fing an mich zu trösten! Sie sagte zu mir: ›Monsignore, ich habe einfach meine Bibel aufgeschlagen, ich las den 92. Psalm, und ich fühlte mich getröstet.‹ Ich schlug den Psalm nach, als ich zu Hause war, und verstand ihn zum ersten Mal. Gott ist der einzige Retter. Das gibt uns Hoffnung: Ein Volk das Glauben hat, nicht diesen passiven Glauben, sondern einen aktiven.

. . . In der Kirche brauchen wir heute eine wirkliche Konversion. Das Zweite Vatikanische Konzil, Medellin und Puebla, alles schön und gut, aber noch ist das bloße Orthodoxie in den Bücherregalen! Andere Leute haben es in Praxis umgesetzt. Es gibt Priester bei uns, die haben nur eine vertikale Beziehung zu Gott; sie reden nicht über Gerechtigkeit. Sie fragen sich nicht: Was würde Jesus heute tun, auf welcher Seite stünde er? Ich denke, jede Kirche definiert sich heute selber durch ihre größere oder geringere Option für die Armen. Das gilt tatsächlich für die ganze Welt, weil das Evangelium unteilbar ist.«

In diesem Prozeß der Konversion der Kirche von ihrer traditionellen Bindung an die Oberklasse hin zu den Armen geschehen erstaunliche Veränderungen. Eine Schulleiterin, die uns bat, ihren Namen und den ihres Gymnasiums nicht öffentlich zu nennen, erzählt: »Ich bin auch hier zur Schule gegangen und habe eine klassische traditionelle Erziehung auf die Familie hin erhalten. Wir waren immer bekannt dafür, die besten Ärzte, Anwälte, Geschäftsleute hervorzubringen. Erst nach Medellin begriffen wir, daß wir für die Oberklasse arbeiteten. Unsere Schüler kamen alle aus den besten Familien. Damals stellten wir uns die Frage: Falls die heilige Jungfrau mit ihrem Sohn auf dem Arm zu unserer Schule käme, würden wir ihn zulassen? Nein, wir hätten den kleinen Jesus fortschicken müssen. Wir versuchten dann, die Zulassungspolitik unserer Schule zu ändern und gerieten in massive Konflikte. Wir schlugen vor, das Schulgeld je nach Einkommen der Eltern zu staffeln, so daß die Kinder der weniger Begüterten auch auf unsere Schule kommen könnten. Heute ist unsere Schule für alle offen, und die Kinder der Armen sind oft die besten Schüler. Aber wir hatten mindestens drei Jahre lang einen erbitterten Kampf, der in die schlimmste Zeit des Landes fiel. Die Eltern hielten Versammlungen ab, um sich gegen uns zu organisieren, unser Gebäude wurde bombardiert, wir mußten außerhalb leben, und viele nahmen ihre Kinder von unserer Institution. »Opus Dei« eröffnete eine andere Schule für die Reichen. Wir wurden als Marxisten angegriffen (die kleine Ordensfrau kichert, als sie das erzählt), weil wir dann auch noch das Curriculum veränderten! Unsere Schüler haben in die Elendsviertel zu gehen, um für die Ärmsten zu arbeiten. Heute arbeiten mehr Eltern mit uns zusammen, einige Mütter begleiten ihre Töchter, wenn sie zur Sozialarbeit gehen oder im Gesundheitsdienst für die Flüchtlinge arbeiten.

Unsere Methode besteht in einer Sozialisierung. Wir haben die Belohnungen und Preise abgeschafft. (Diese *awards* spielen im Schulsystem der USA eine Hauptrolle bei der Einübung in die Konkurrenzgesellschaft und das meritokratische Denken. D. S.) Wir versuchen, die Schüler zu einem sozialen Bewußtsein zu führen, weg von dem ›Das ist mein Stift, das sind meine Süßigkeiten‹ hin zum Teilen. Wenn die Kinder der Reichen nach dem Wochenende erzählen ›Wir sind zum Strand gefahren‹ und andere sie übertrumpfen ›Aber wir waren in Guatemala zum Einkaufen‹, dann ermutigen wir die, die nie wegfahren, über ihre Realität zu sprechen und sie ernstzunehmen.«

Vielleicht hat Oscar Romero den Menschen in San Salvador am meisten damit geholfen, daß er die Ermordeten »Märtyrer« nannte und damit dem Volk die einzig einleuchtende und annehmbare Deutung des unvorstellbaren Leidens gab. In der Gemeinde »Maria, Mutter der Armen« arbeitet Padre Daniel; sein Vorgänger wurde aufgegriffen, gefoltert und schließlich des Landes verwiesen. Auch hier ist die Angst – sogar die, ein Wort wie Gemeinde (*communidad*) auszusprechen, überall gegenwärtig. »Gestern feierten wir das Jahresgedächtnis der Märtyrer Padre Octavio Ortiz und Schwester Sylvia. Das hilft uns aus der Lethargie und Totheit, in der wir sind, heraus. Aus dem Leiden kommt größere Kraft. Die Leute hier, Umgesiedelte und Erdbebenopfer, haben ein starkes Selbstvertrauen entwickelt. Die Gemeinschaft – nach der wir uns oft sehnen –, sie haben sie. Und wie sie uns lehren zu dienen! Am letzten Samstag habe ich drei Hochzeitspaare getraut. Sie haben alle schon eine Menge Kinder, und ich fragte sie, warum sie denn heiraten wollten. Die Antwort war, um der Gemeinde zu dienen. *Al servicio de la comunidad.* Es geht ihnen nicht nur um die Familien. Wir haben hier ein Wohnungskomitee gegründet und bauen einfache Hütten. Als die ersten Häuser fertig waren, wurden sie an die Witwen gegeben, nicht an die Mitglieder des Komitees! Ich kann euch Hunderte von Beispielen dieser Art geben. Die jungen Leute fischen im See und wenn sie nach Hause kommen, dann sehen sie sich nach denen um, die nicht fischen gehen können, ältere Frauen zum Beispiel und solche mit kleinen Kindern, und bringen ihnen Fisch. Ich kann euch versichern, es gibt hier in dieser Gemeinde neue Werte in der Gesellschaft! Die Leute leben das Evangelium; sie haben Hoffnung für das Volk und Vertrauen in das Volk. Sie sind die Subjekte ihrer Geschichte geworden. Ihr könnt es auch an den Festen sehen, die sie feiern – mitten in Kummer und Elend wird die Freude gelebt. Gott zieht heute nach Zentralamerika. In den Liedern Jesajas taucht der Gedemütigte und Verachtete auf. Er wurde als der Messias, als ein Prophet oder als das Volk gedeutet. Selbst wenn die Leute es nicht wissen, sie *sind* dieser leidende Knecht Gottes, sie *sind* Licht für uns alle.«

Auf den leidenden Gottesknecht in El Salvador verweist auch der bedeutendste gegenwärtige salvadorianische Theologe Padre Jon Sobrino. »Er hatte weder Gestalt noch Schöne, daß wir nach ihm geschaut hätten« (Jesaja 53,2). Die Armen haben keine Zähne; sie erwecken Ekel; sie waschen sich nicht. »Er war der Allerverachtetste und Unwerteste, voller Schmerzen und Krankheit. Er war so verachtet, daß man das Angesicht vor ihm verbarg; darum haben wir ihn für nichts geachtet« (Jesaja 53,3). Der Gottesknecht lebt unter den Gottlosen, unter Leichnamen. Die Leute wenden sich von ihm ab, sie weisen die Folteropfer zurück. Die Verschwundenen und die versteckten Massengräber sollen unsichtbar bleiben – auch davon spricht Jesaja. »Und man gab ihm sein Grab bei Gottlosen und bei Übeltätern, als er gestorben war, wiewohl kein Betrug in seinem Munde gewesen ist« (Jesaja 53,9). »Es ist um unserer Sünde willen.« Wie der Gottesknecht das Licht aller Menschen sein wird, so befördern auch die Armen das Heil anderer.

»Die Armen«, so erzählt Jon Sobrino, »nehmen Gott an, sie hören das Evangelium nicht so sehr als Wahrheit, aber als gute Botschaft. Ich habe nirgendwo die Messe so fröhlich, so jubelnd gefeiert als mitten unter den Armen. Sie retten uns, sie helfen uns. Im Flüchtlingslager *Calle real* brachten sie acht große Papierrollen mit Namen beschrieben, das waren die 1064 Toten der Gemeinde, achtzig bis neunzig Prozent von ihnen von der Armee massakriert. In die Mitte legten sie ein

Bild des auferstandenen Christus. Sie hatten auch vierzehn Kinderfotos dabei. Was sie tun, vermenschlicht uns alle, es evangelisiert uns.

Die Theologie der Befreiung ist eine eher bescheidene Angelegenheit, wir haben keine Rezepte. Wir fragen nach den Zeichen der Zeit: Was sagt Gott heute? Wir setzen voraus, daß Gott ein Wort sagen kann oder auch nicht. Wir hören Gott im Leiden der Armen. Was ist unser ›von unten‹? Und ist die Erste Welt, strukturell geredet, bereit für die gute Nachricht?«

Mit dieser Frage des Theologen Sobrino fuhren wir nach Hause. Ist unsere Welt, an deren Gleichgültigkeit und objektivem Zynismus wir partizipieren, überhaupt in der Lage zu hören, was die gute Nachricht von der Vergebung der Sünden und der Auferstehung aus dem Tode, in dem wir jetzt sind, bedeuten kann? El Salvador ist nur *ein* winziges Land im Ozean der Rechtlosigkeit. Aber wir sind durch unser Wirtschaftssystem mit der Oligarchie dieses Landes verbunden, importieren Kaffee etc. Durch sogenannte »Entwicklungshilfe« an die angeblich neu entstandene Demokratie stabilisieren wir das Unrechtssystem. Unsere Publizistik trägt durch Verschweigen der Realität dazu bei, daß die Verbrechen der Großmacht unbekannt bleiben und eine politische Lösung durch Dialog und Verhandlung nicht möglich erscheint. Militarisierung und Rechtlosigkeit gehen hier wie so oft zusammen.

Vor einigen Jahren wurde Henry Kissinger in Guatemala gefragt, ob es denn nicht besser sei, Wirtschatfshilfe nach Guatemala zu schicken statt mehr Waffen und militärische Ausrüstung. Darauf gab er eine klassische Antwort: »Man kann den Frieden nicht kaufen.« Das ist nur konsequent. Der Friede läßt sich nicht kaufen, wohl aber die chemischen Waffen gegen die Zivilbevölkerung, die Folterausbildung in Panama, die *counter-insurgency* und der Propagandakrieg der CIA. Was sich »kaufen« läßt, ist die weltweite Militarisierung mit all ihren Folgen.

Merkwürdigerweise leuchtet mitten in diesem Zusammenhang von Unterdrückung und Rechtlosigkeit der Armen ein Stück des Evangeliums von der befreienden Liebe Gottes auf.

Es ist eine umgekehrte Mission: Nicht die europäischen oder nordamerikanischen Christen bringen das Licht des Evangeliums in das unterentwickelte Land, sondern es sind die ungebildeten Armen, die den Menschen aus der reichen Welt zeigen, was es bedeutet, Gott zu lieben. Ich sage »zeigen«, weil ich genug westdeutsche Studierende kenne, die in berechtigter spiritueller Verzweiflung über unsere eigene Situation des Reichtums, der Überrüstung, der Komplizenschaft und der Sinnlosigkeit, in Ländern wie El Salvador ein Stück Hoffnung entdecken: die Stärke der Schwachen, die Hoffnung gegen alle Hoffnung, den Mut und die Freude, die in der Tat Zeichen des Geistes sind, der das Leben nicht durch Geld und Gewalt definiert sein läßt.

Diese Entdeckung einer Spiritualität, die aus dem Kampf und dem Leiden kommt, ist vielleicht das Wichtigste, das wir in der Ersten Welt, die »strukturell geredet nicht offen ist für die gute Nachricht«, lernen können. Die Welt mit den Augen Christi sehen, heißt sie von unten zu sehen, aus der Perspektive der Opfer. Es heißt die metaphysische Apartheid, die uns gefangen hält, zu überwinden. Das Erkennen der Wahrheit über unsere Lage als Komplizen der Verbrechen spricht uns nicht frei. Wir sind immer noch in der Situation, die Jesus für die Reichen so benannte: »Es ist leichter, daß ein Kamel durch ein Nadelöhr gehe, als daß ein Reicher in das Reich Gottes komme« (Lukas 18,25). Die Erkenntnis spricht uns nicht frei, aber sie zeigt die Richtung an, in der der Freispruch liegen könnte: Befreiung von der historischen Rolle der reichen Christen, die Unrecht und Unglück über die Welt verbreiten, Befreiung zu einem anderen Frieden als dem jetzigen, der auf größeren Tötungskapazitäten aufgebaut ist, zu einem anderen, der Frieden auf Gerechtigkeit gründet. Wir brauchen in der Tat nicht weniger als den *Schalom* Gottes für El Salvador und für uns alle auf unserem kleinen blauen Planeten.

Das Schweigen brechen

Über Rigoberta Menchú

Das Jahr 1992 hat viele Rückschläge in Sachen Frieden und Gerechtigkeit gebracht, Katastrophen wie die in Jugoslawien oder der Sahelzone. Das ist aber kein Grund, die wenigen positiven Zeichen, die im Interesse der Benachteiligten gesetzt wurden, zu übersehen. Der sich selbst ständig bestätigende Pessimismus stellt eine Art Blindheit dar, die zugleich Lähmung verursacht; statt daß wir stetig auf den kleinen Schritten der Mitverantwortung, die uns möglich sind, beharren, leisten wir uns auch noch den Luxus der Hoffnungslosigkeit.

Ich möchte an die Verleihung des Friedensnobelpreises im dunklen Jahr 1992 erinnern. Wie Tausende von anderen habe ich einen Brief an das Komitee in Oslo geschrieben und hatte – nach wie vielen anderen Briefen meines Lebens, die nichts und niemanden bewegten! – die Freude des Gelingens: Rigoberta Menchú, die Indiofrau aus Guatemala, erhielt die Ehrung. Das kann man als ein kleines Wunder ansehen: Kein weißer Mann wie Henry Kissinger oder Menachim Begin wurde diesmal gewählt, kein Machtpolitiker oder Diplomat, sondern eine arme junge Frau aus einem gequälten und verfolgten Volk.

Guatemala in Zentralamerika hat neun Millionen Einwohner, von denen in den letzten dreißig Jahren in einem blutigen Bürgerkrieg 120 000 getötet wurden. 46 000 zählen zu den sogenannten Verschwundenen und weitere Hunderttausende sind vor den Mordkommandos der Militärs nach Mexico oder in die Vereinigten Staaten geflohen. Im Exil hat auch Rigoberta Menchú seit 1980 gelebt, erst vor kurzem konnte sie zurückkehren und lebt jetzt in einem Haus, das durch die gewaltfreie Präsenz von ausländischen Freiwilligen der Internationalen Friedensbrigaden vor dem Terror der Sicherheitskräfte geschützt wird.

Rigoberta wuchs, 1959 geboren, im Westen Guatemalas auf, unter den elendsten Bedingungen einer kleinbäuerlichen Indianerfamilie. Weil ein karges Maisfeld zum Überleben nicht reicht, verdingen sich ganze Familien als Saisonarbeiter auf die Kaffeefincas der weißen Großgrundbesitzer. In ihrem Lebensbericht, einem außerordentlichen und international anerkannten Buch, erzählt sie: »Schon mit fünf Jahren mußte ich auf den Fincas bei der Arbeit helfen. Ich kümmerte mich um mein Brüderchen, damit meine Mutter ihr Arbeitspensum schaffen konnte. Mein kleiner Bruder war damals vielleicht zwei Jahre alt und bekam noch die Brust, weil wir Indios unseren Kindern möglichst lange die Brust geben, um Essen zu sparen.«

An Schule ist für sie nicht zu denken, sie pflückt neun Stunden Kaffee für dreißig Pfennig Lohn am Tag. Sie wird allerdings Laienkatechetin, die ihrer Dorfgemeinde das weitergibt, was sie durch die Tradition der Maya und die des Christentums gelernt hat. Von den Katechetinnen und Katecheten wurden in den achtziger Jahren mehr als 2000 vom guatemaltekischen Militär systematisch ermordet.

Die Familiengeschichte dieser Nobelpreisträgerin spiegelt die Geschichte der Ureinwohner Amerikas seit 500 Jahren: Ausbeutung, Hunger, Verfolgung, aber ebenso Gemeinschaftssinn, Kraft und Widerstand. Einer ihrer Brüder starb an Unterernährung, ein anderer wurde von den Soldaten der guatemaltekischen Armee verbrannt, der dritte starb an den Pflanzengiften, denen er bei der Arbeit auf einer Kaffeeplantage ausgesetzt war.

Rigoberta schloß sich einer Selbsthilfeorganisation der Kleinbauern an, der damals noch geheim arbeitenden CUC. Ihr Vater Vicente Menchú, Kleinbauer und Katechet, hatte diese Volksorganisation gegründet; er hat selber 22 Jahre lang für ein Stück Land gekämpft. 1980 versuchten die indianischen Bauern auf die Menschenrechtsverletzungen und

Massaker in ihrem abgelegenen Gebiet aufmerksam zu machen. Sie besetzten die spanische Botschaft in Guatemala-Stadt. Die Militärs zündeten das Haus auf Befehl des Diktators Lucas García einfach an. 37 Menschen, darunter Rigobertas Vater, verbrannten. Rigoberta war damals 18 Jahre alt. Wenig später wurde auch ihre Mutter, die als Hebamme und Medizinfrau arbeitete, von Soldaten bestialisch gefoltert, vergewaltigt und ermordet. Zwei ihrer Töchter gingen »in die Berge« zur Guerilla, die jüngere war gerade acht Jahre alt.

Rigoberta hatte sich bei den nach ihrem ermordeten Vater benannten »Revolutionären Christen Vicente Menchú« engagiert. Sie mußte nach Mexico fliehen, dort schrieb sie ihre Lebensgeschichte auf und gründete im Exil eine Organisation des Widerstands. Seit 1986 ist sie Beraterin der UNO für die Rechte der *indigenas,* der Ursprungsvölker.

Als sie die Nachricht vom Nobelpreis erhielt, hat sie gesagt: »Lieber als den Preis hätte ich meine Eltern zurück.« Und: »Der Tod meiner Eltern hat keinen Preis.« Sie versteht den Nobelpreis als eine Anerkennung des Widerstandes ihres Volkes der Maya; eines ihrer wichtigsten Ziele ist, »das Schweigen zu brechen«, wie sie immer wieder sagt. Der Krieg der Reichen gegen die Armen, der Weißen gegen die Indios, der Militärs gegen die kleinen Bauern, wird »leise, in aller Heimlichkeit geführt. Die Marginalisierung der eingeborenen Völker ist dabei ebenso wichtig wie die ausgeklügelte Militarisierung des ganzen Landes.« Überall werden die Bauern zu Patrouillen der zivilen Selbstverteidigung gezwungen; eine halbe Million von Zivilisten muß den Befehlen und Wünschen der Soldateska zu Willen sein.

Der Friedensnobelpreis hat dazu beigetragen, das Schweigen über die vorschriftlichen Kulturen der rechtlosen und weithin medienlosen Völker zu brechen. Die Regierung von Guatemala hat alles versucht, es aufrechtzuerhalten. Sie hat es als nationale Schande dargestellt, daß eine *indigena,* eine Eingeborene, ein Dienstmädchen, das zwei Jahre in einem städtischen Haushalt gearbeitet hat, überhaupt geehrt wird. Der Pressesprecher der Armee erklärte noch zwei Wochen vor der Entscheidung des Nobelpreiskomitees: »Das einzige, was Fräulein Menchú getan hat, ist im Ausland unser Land zu verunglimpfen.« Man versuchte gar eine eigene Kandidatin, die Vorsitzende eines Vereins für Blinde und Gehörgeschädigte, eine weiße Lady, vorzuschlagen.

Rigoberta Menchú ist Nachfahrin der Maya und vertritt ein anderes Christentum als das der Oberschicht. »Ich weiß«, schreibt sie, »daß mir meinen christlichen Glauben niemand nehmen kann. Weder die Regierung noch die Angst, noch die Waffen. Daß wir zusammen die Volkskirche aufbauen können, die eine wirkliche Kirche ist und keine Hierarchie, kein Bauwerk, und die eine Veränderung für uns Menschen bewirkt. ... Die Welt, in der ich lebe, ist so verbrecherisch, so blutdürstig, daß sie mir mein Leben von heute auf morgen nehmen kann. Darum ist meine einzige Alternative, das einzige, was mir bleibt, der Kampf, die gerechte Gewalt. Das habe ich aus der Bibel gelernt.«

Rigoberta Menchú hat die furchtbarsten Formen der Zerstörung von Leben, die die Menschheit heute heimsuchen, kennengelernt, die vier apokalyptischen Reiter, die über die Armen herfallen: den Rassismus der Weißen gegen die Farbigen, die Klassenunterdrückung der Armen durch die Besitzenden (wozu sie auch die Völker der Ersten Welt zählt, die die Kaffeepreise machen), den Sexismus des gewaltbereiten Geschlechts und seiner Kultur des Todes und den Militarismus, der diese Kultur erzwingt und absichert. Eine Frau, die anders ist ihrer Rasse nach, ohne Bildung, eine Autodidaktin, ohne Diplome und Titel, eine von denen ohne Rechte und ohne Besitz, wurde geehrt.

Die Vereinten Nationen haben das Jahr 1993 zum »Jahr der Rechte der eingeborenen Völker« erklärt. Dazu bemerkte Rigoberta Menchú: »Es ist unser erstes Jahr in den vergangenen 500 Jahren. Es ist dem Kampf von vielen Brüdern und Schwestern ohne Titel, ohne Namen und ohne Kenntnis der internationalen Abkommen und Absprachen zu verdanken, die mit unglaublicher Geduld die Korridore auf und ab gelaufen sind und um ein paar Minuten Zeit gebeten haben. Vor allem ihnen ist es zu verdanken, daß dieses Jahr unser Jahr sein wird. Darüber hinaus hat die Aufmerksamkeit dazu geführt, die kulturelle Vielfalt in Amerika zu begreifen. Wir waren die ersten, die von kultureller Vielfalt und über den notwendigen Respekt vor den Maya und der Umwelt gesprochen haben.«

Ist es vorstellbar, daß die Weißen, die Reichen und die Wissenden einmal lernen werden zuzuhören, auf die Stimme der anderen zu achten? Die Armen sind die Lehrer, ist ein Grundsatz der Theologie der Befreiung, den wir alle dringend brauchen.

Die verschüttete Sehnsucht ausgraben

Sozialgeschichtliche Auslegung von Lukas 2,1–20

Die Weihnachtsgeschichte ist für mich ein klassisches Beispiel für die Produktivität der sozialgeschichtlichen Bibelauslegung. Ich will darum hier meine Geschichte mit dieser Geschichte darstellen. Viele Jahre lang war ich so angewidert von der effektiven Kommerzialisierung, die dieses Stück religiöser Tradition erlitten hat, so angeekelt vom Terror des Konsums, den Kauf-, Schenk- und Freßzwängen, daß ich mit Lukas 2 erst gar nicht umgehen mochte. Der einschmeichelnd gewalttätige Kontext, in dem wir leben, hatte sich vor das Licht des Textes geschoben. Der Text schien mir hoffnungslos instrumentalisiert für die Lüge. Da halfen mir weder die historisch-kritische Methode noch eine vom Bürgertum des 19. Jahrhunderts geprägte Ästhetik. Das Kind in der Krippe blieb peinlich, marzipanhaft.

Der Ausweg der Yuppies – zu fliehen und sich ein paar schöne Tage ohne Klimbim zu machen – war mir aus familiären Gründen nicht gegeben; wir versuchten statt dessen am Kontext zu arbeiten, den Stall in einem Obdachlosenasyl in Köln-Mülheim zu lokalisieren, die Hirten bei abgehauenen Jugendlichen und Pennern wiederzufinden. Sie erzählten die Geschichte auf ihre Weise und trugen so zu unserer Befreiung bei; der Text selber blieb immer noch ein Stück aus dem Museum. Erst Ende der siebziger Jahre änderte sich das, weil ich historisch etwas dazulernte, das mir in Studium und Exegese nicht aufgegangen war.

Ich begriff reichlich spät, was die Gewaltherrschaft des Imperium Romanum für die Leute in den unterworfenen Provinzen wirklich bedeutete. Bis zu diesem Zeitpunkt hielt ich ahnungslos an meinen humanistischen Illusionen über die Pax Romana fest, ich hielt sie für eine Art Rechtsstaat plus weltoffenem Handelssystem und grandioser Architektur. Ich hatte Geschichte nur mit der Brille der Sieger zu lesen gelernt. Daß die Pax Christ gerade denen gilt, die von der Pax Romana nichts zu erwarten hatten, gab mir einen neuen Schlüssel für die Weihnachtsgeschichte, wie für das ganze Neue Testament. Wie und unter welchen Bedingungen lebten denn die Menschen damals in Galiläa? Und warum war mir die Anzahl der Kranken, die in den Evangelien auftauchen, noch nie aufgefallen? Wer oder was machte sie denn krank? Politische Unterdrückung, rechtliche Deklassierung, wirtschaftliche Ausplünderungen, religiöse Neutralisierung im Rahmen der *religio licita* – diese Realitäten hatte auch der Schriftsteller Lukas, der die Geschichte so hoch, so im Zentrum aller auch nur denkbaren Macht ansetzte, im Auge.

Endlich sah ich das Imperium aus der Perspektive der von ihm Beherrschten, ich erkannte Folterer und Spitzel hinter den Zwangsmaßnahmen von »ein jeglicher ging, daß er sich schätzen ließe«. Ich begriff den Frieden des Engels endlich »auf Erden« und nicht nur in den Seelen einzelner Menschen. Ich verstand zum erstenmal die Propagandatermini der römischen Schriftsteller, die von *pax* und *jus* reden, wenn sie Kornpreise und Militarisierung der damals bekannten Erde meinen.

Natürlich war meine *relecture* politisch eingefärbt. Ich war ja ebenfalls von Propaganda *(freedom & democracy)* umgeben. Und während ich die Stiefel des Imperiums in der Geschichte von Bethlehem bis Golgatha alles zertrampeln hörte, was sich ihnen in den Weg stellte, sah ich ja die Flächenbombardements auf den Armenvierteln von San Salvador gleich hinter den glitzernden Auslagen auf Fifth Avenue in New York. Die sozialgeschichtliche Auslegung biblischer Texte erwächst nicht aus der Abstraktion der sich selber neutral glaubenden Forscher. Sie erwächst unter leidens- und mitleidsfähigen Menschen, die nach den Gründen des Elends fragen. Bei Paulus werden sie »Herrschaft der Sünde« genannt. Ohne dieses Imperium in seiner ökonomischen und ökologischen Todesmacht zu verstehen, können auch wir das Licht von Weihnachten nicht leuchten sehen. In der angeblich sozialen Marktwirtschaft lebend, haben wir dieses Licht doch gar nicht nötig!

Wer etwas von diesem Licht erzählen will, muß die verschüttete Sehnsucht der Menschen ausgraben. Die sozialgeschichtliche Auslegung, die die konkreten alltäglichen Sorgen der Menschen ernst nimmt, die das Sterben von Kindern am Hunger und am Schnüffeln nicht zu einer *quantité négligeable* macht, hilft uns dabei. Indem sie die organisierte Friedlosigkeit aufzeigt – immerhin drei Milliarden Mark für den größten Aufmarsch von Militärmacht seit dem Zweiten Weltkrieg –, vertieft sie unsere Sehnsucht nach wirklichem Frieden, der keine andere Grundlage haben kann als ökonomisch-ökologische Gerechtigkeit. Diese grundlegende Arbeit der Benennung, der Alternative zur Pax Romana und zum Modell Deutschland, ist Aufgabe der Kirchen an Weihnachten.

Die Verse 15 bis 20 weisen auf die Praxis der Weitergabe, der Verkündigung hin. Die Hirten, eben noch verängstigt, werden Boten Gottes. Sie organisieren sich, sie eilen, sie finden und sie sprechen mit anderen. Müssen wir denn alle Hirten werden, um den Engel zu Gesicht zu bekommen? Ich denke ja, ohne die Perspektive der Armen sehen wir nichts, und schon gar keine Engel. Nähern wir uns ihr an, so ändern sich unsere Werte und Lebensziele. Das Kind erscheint in den vielen anderen Kindern. Maria sucht auch bei uns Asyl. Weil die Engel singen, stehen die Hirten auf, lassen die Fürchterei hinter sich und gehen aufrechten Gangs nach Bethlehem, Schlesien und anderswo. Der historische Neuanfang unserer Jahre bedeutet nicht den endgültigen Abschied von den Utopien, das geistlose Leben ohne Engel, in dem die armen Hirten endgültig unsichtbar gemacht werden. Im Gegenteil: Wir können uns jetzt ohne falsche Rücksichtnahme oder Ablenkung auf die Seite der Armen stellen, Hirten werden und die Engel singen hören.

V. Das Eis der Seele spalten

Das Eis der Seele spalten

Theologie und Literatur auf der Suche nach einer neuen Sprache

Beim Nachdenken über das Verhältnis von Theologie und Literatur drängt sich mir eine kritische Frage an die traditionelle Trennung beider Bereiche auf. Warum gibt es überhaupt Theo-logie und nicht Theo-poesie? Vor vielen Jahren hat mich Martin Buber, den ich in Jerusalem besuchte, als erstes gefragt: »Theo-logie, wie machen sie das eigentlich? Es gibt doch keinen Logos von Gott!« Warum hat sich im Abendland ein solcher Versuch von Theo-logie, des Logos von Gott, entwickelt, nicht aber eine Theo-poesie? Bei Berufschristen wie bei Berufspoeten ruft der Ausdruck »Theo-poesie« Befremden und Besorgnisse hervor, während sie Theo-logie seit Jahrhunderten schlucken! Was würde der Verfasser eines biblischen Psalms zu dieser uns geläufigen Einstellung von Texten sagen? Und wer trifft die Unterscheidung zwischen theo-logischen und theo-poetischen Texten? Wer weiß denn genau, was Poesie und was Gebet ist?

Ich ziehe die beiden engeren Begriffe »Poesie« und »Gebet« den weiteren – Literatur und Theologie – vor, weil sie mich näher zum Kern der Sache bringen. Mein metaphysisch-ästhetischer Traum ist die vollkommene Poesie, die zugleich reines Gebet wäre. Wenn ich nach Beispielen suche, die sich diesem Ziel annähern, denke ich an John Donne, an Klopstock und vor allem an Hölderlin, den man ohne die Kategorie, die ich Gebet nenne, gar nicht verstehen kann. In unserem Jahrhundert denke ich an Paul Celan, Ingeborg Bachmann, Nelly Sachs; aber es gibt auch Texte zum Beispiel von Gottfried Benn, die die Qualität mythischer Beschwörung erreichen und sich dem Gebet annähern.

Simone Weil hat das Gebet als die höchste Stufe der Aufmerksamkeit beschrieben; als Beispiel für diese Versenkung und Konzentration benutzt sie übrigens die Lösung einer Mathematikaufgabe, die unsere unabgelenkte Aufmerksamkeit braucht; ein Gedicht sollte nicht weniger Aufmerksamkeit verlangen und herstellen. Es gibt ein Sprechen, das uns mit dem Grund der Tiefe des Seins in Beziehung setzt – und ohne diese Aufmerksamkeit sind wir weder schönheits- noch wahrheitsfähig. Eine solche Poesie, die zugleich Gebet ist, räumt auch mit dem Vorurteil auf, daß das Gebet etwas Privates, Unveröffentlichbares sei. Die wirkliche Aufmerksamkeit, die bei Hölderlin »Innigkeit« heißt, kann sich um diese Rücksicht gar nicht kümmern. Alles Innere will äußerlich werden. Wenn Menschen zusammen beten, dann haben sie sich das gemeinsame Wünschen, Hoffen oder Träumen wieder erlaubt, dann finden sie die verlorene Sprache wieder, um das, was sie empfinden, miteinander zu teilen. Poesie und Gebet sind Versuche, so zu reden, daß die Trennungen von öffentlich und privat, von außen und innen sich tatsächlich erübrigen und keine Rolle mehr spielen.

Läßt sich denn der Satz, daß die vollkommene Poesie Gebet sei, auch umkehren? Wird das »reine«, von den Einmischungen der Lüge befreite Gebet die Eigenart der Poesie erreichen?

Ich vermute: ja, und weiß genug Beispiele aus der lateinamerikanischen Befreiungsbewegung, in der das Gebet immer mehr reine Poesie wird. Julia Esquivel, Helder Camara und natürlich Ernesto Cardenal wären hier zu nennen, neben den vielen unbekannten betenden und kämpfenden Menschen, die nicht Poeten sind, aber es immer wieder werden in ihrem Kämpfen und in den mühseligen Behauptungen ihrer Menschenwürde. Das Christentum setzt ja – wie alle großen Religionen – voraus, daß alle Menschen Dichter sind, nämlich beten können. In diesen heutigen Gebeten der Unterdrückten gibt es allerdings auch eine mystische Tendenz, die auf das Schweigen zugeht und ein Schweigen nach den Worten herstellt. Aber auch das ist ein poetisches Element – was wäre ein Gedicht ohne sein Schweigen?

Ich denke, es gibt einen Punkt, wo die überkommenen

Unterscheidungen von Theologie und Literatur unwichtig sind, ja trivialisierend wirken. Das Ziel dieses Essays ist, die Annäherung an diesen Punkt der Konvergenz zu erreichen. Dann ist aber der Begriff der Literatur – in seiner soziologischen Weite, die vom Werbetext bis zu esoterischer Dichtung reicht – ungeeignet; er vermag das Poetische, das neu Geschaffene, die Qualität dichterischer Sprache nicht zu fassen. Zu viel fällt durchaus unter Literatur, das nicht das Geringste mit *poiein*, schaffen, herstellen, neu machen, zu tun hat. Franz Kafka sagt: »Ein Buch muß wie eine Axt sein, um das Eis der Seele zu spalten«; in diesem Bild steckt das Kriterium der Poesie, mit dem wir Dante von der Bildzeitung unterscheiden können. Die Sprache, die wir meistens benutzen, ist ungeeignet, das Eis in uns zu spalten: Wir erreichen einander nicht, die Worte berühren uns nicht in der Tiefe, die Seele erstarrt. Wir suchen eine Sprache, die dieses immer dickere Eis der Seele spaltet.

Aber auch »Theologie« ist in unserem Kontext ein allzu weiter und verflachter Begriff; jede kirchenamtliche Verlautbarung deklariert sich als »Theologie«, das Wort selbst hat eine ungeheure Inflation erfahren, die mit dem Wissenschaftsgestus und der Professionalisierung der Theologie zusammenhängt. Noch zu Beginn des Jahrhunderts wurden viele Begriffe mit dem Adjektiv »christlich« qualifiziert, das zu benutzen man sich heute schämt: es klingt in der Tat reflektierter, wenn wir die Dinge aus einer »theologischen« und nicht nur aus einer »christlichen« Perspektive sehen. Das Existentielle wirklicher Theologie geht im Wissenschaftsbetrieb oft zugrunde, und aufgrund dieser Gefahr, in der die Magd, die Wissenschaft, sich zur Herrin und eigentlichen Substanz der Theologie macht, möchte ich im folgenden die Poesie vor allem in Beziehung setzen zu »Gebet« und »Erzählung« als den das Existentielle erlaubenden Formen theologischer Aussage.

Religion drückt sich auf drei verschiedenen Sprachebenen aus: mythisch-narrativ, religiös-konfessorisch und argumentativ-reflektierend.

Zum Beispiel kann das Phänomen des menschlichen Leidens, der Schuld und Mangelhaftigkeit, der Endlichkeit des Lebens auf ganz verschiedene Weise religiös bearbeitet werden: Wir können den Mythos vom Paradiesgarten und von der Vertreibung der ersten Menschen Adam und Eva erzählen. Das ist eine Geschichte, das sind Bilder, die auch ohne Auslegung Gedanken und Gefühle wachrufen. Zweitens können wir uns das Verhängnis von Schuld und Feindschaft zwischen den Menschen subjektiv aneignen und im Begriff der »Sünde« religiös aussprechen. Paul Ricoeur hat diesen Übergang vom mythischen Verhängnis zu religiöser, bewußt bekannter Sünde herausgearbeitet.[1] Die dritte Art des Sprechens ist die theologisch-philosophische Reflexion, die die Schuld im Dogma der Erbsünde zu fassen versucht.

Eine Geschichte erzählen, ein Bekenntnis ablegen oder einen Begriff aufbauen sind sehr verschiedene Formen religiöser Weltdeutung, die wir mit den Worten Mythos, Religion und Theologie benennen. Für das säkularisierte Bewußtsein sind diese innerreligiösen Unterscheidungen ziemlich irrelevant, die drei Begriffe werden oft unterschiedslos-abwertend gebraucht, und der Massenatheismus hat darin recht, daß es sich nur um verschiedene Sprachspiele derselben Sache handelt.

Die religionskritische Tradition der Aufklärer nimmt hinsichtlich dieser drei Sprachformen eine fortschrittsgläubig-historisierende Position ein: Man glaubt, eine in der Zeit verlaufende unumkehrbare Entwicklung vom Mythos zum Logos, zum Begriff konstatieren zu können. Der Logos als das Stadium des fortgeschrittenen Bewußtseins erübrigte den Mythos, indem er ihn »auf den Begriff« brachte. Aber stimmt es denn mit diesem diachronischen Verlauf, in dem der Mythos durch die Religion in den Logos hinein stirbt? Mit der Hinwendung von der Theo-logie zur Theo-poesie möchte ich einem veränderten »postmodernen« Verständnis vom Mythos Rechnung tragen.

Es gibt gute Gründe, heute die These von der fortschreitenden Säkularisierung zu bestreiten. Dem aufgeklärten Denken zum Trotz hat sich die Religion nicht von selbst erübrigt, sie ist nicht irrelevant für die Lebensentscheidungen der Menschen geworden. Dafür zwei sehr verschiedene Beispiele: Der amerikanische Theologe Harvey Cox, der in den sechziger Jahren die »Stadt ohne Gott«[2] beschrieb, hat 1984 ein Buch mit dem Titel »Religion in der Stadt ohne Gott«[3] herausgegeben, in dem er die ältere These im Licht der wachsenden fundamentalistischen Rechten in den USA und der religiösen Basisgemeinden in Lateinamerika korrigiert. Und der italienische Kommunist und Filmemacher Pier Paolo Pasolini hat in seiner Kritik des Konsumismus die widerständige Rolle der Religion und des Mythischen gegen den neuen sanften Faschismus des Konsums herausgearbeitet[4]. Wir kommen, so scheint mir, der Wahrheit des religiösen Bewußtseins näher, wenn wir es synchron betrachten als gleichzeitig an den drei verschiedenen Formen der religiösen Äußerung teilhabend. Als These möchte ich formulieren: Heutige, nachaufklärerische Theologie muß an allen drei Ebenen der religiösen Sprache Anteil haben.

Ohne das narrative Element, womit ich das Nacherzählen des Mythos und das Erzählen der eigenen Erfahrung meine, trocknet die Theologie aus. Sie vermännlicht sich zugleich im lebensgefährlich absoluten Sexismus. Damit meine ich nicht nur, daß Frauen in dieser Theologie nichts zu sagen haben und darum institutionell und publizistisch diskriminiert werden müssen, sondern ich meine auch, daß die theologische Methode der männlichen Weltaneignung das Narrative erübrigt; es ist sozusagen von vornherein auf den Begriff hin vergewaltigt. Der Sexismus der in der Kirche und Universität herrschenden Theologie besteht nicht nur in der bewußtlosen Annahme, daß der Mensch ein Mann sei, sondern auch in der Ausrottung des Mythisch-Narrativen, die weit über Bultmanns Programm der Entmythologisierung hinausgegangen ist. Bultmann bekämpfte den zum Fetisch erstarrten welterklärenden Mythos in einer Situation, da bessere Erklärungen zur Hand waren, aber er tat das um der existentiell ergriffenen Wahrheit willen, die im rational-argumentativen Diskurs verschwindet und unausdrückbar wird. Bultmann hatte bei Kierkegaard begriffen, daß zum Glauben der »Sprung« gehört, fort von der Ebene des reflektierenden Bewußtseins.

Im »Sprung« wird der Mythos und das Gebet wieder sprachfähig im religiösen Diskurs. Das könnte man einen »Mythos nach der Entmythologisierung« nennen.

Die Richtung des menschlichen Denkens ist nicht ein unumkehrbarer Verlauf, in dem der Mythos notwendig Vergangenheit wird, sondern die Sprachformen der Religion – Erzählen und Dichten, Bekennen und Beten, Denken und Reflektieren – gehören zusammen. Kierkegaard ist in meinen Augen ein wunderbarer Theologe, weil er alle drei Sprachen der Religion in der Leidenschaft des Absoluten spricht: Er erzählt, er betet und er argumentiert. Er läßt sich nicht auf eine Sprachebene, etwa die der ironischen Reflexion, abdrängen. So versuchte auch Bultmann in seinen Schriften »Zeugnis« abzulegen; er baute nicht nur theologische Argumentationsketten auf. Und obwohl er den Unterschied zwischen Theologie und Verkündigung einzuschärfen versuchte, sprach seine beste Theologie genau das verleugnete Genus aus: Verkündigung, Zuspruch, Zeugnis, Gebet.

Große Theologie hat immer das Erzählen und das Beten geübt; sie hat Anteil an allen drei Ebenen des religiösen Diskurses.

Als Gegenbeispiel braucht man nur Verlautbarungen der Evangelischen Kirche heute zu Friedensfragen zu lesen, um die Selbstzerstörung, die diese Theologie betreibt, zu begreifen. Sie weiß weder den Mythos noch seine religiöse Aneignung auszudrücken. Sie läßt sich zu einem rationalen Reflexionsmodus verleiten, in dem die Wahrheitsfähigkeit längst durch die Konsensfähigkeit abgelöst worden ist. Es ist eine Sprache, die das narrative und das konfessorische Sprechen zunehmend ausschließt; sie hat sich von jeder Betroffenheit gereinigt und benutzt die theologischen Terminologien in einem rein instrumentellen Sinn. Sie drücken die Heiligkeit des Lebens nicht aus, sondern wirken wie Verhütungsmittel. Kein Wort transzendiert das technokratische Sprachspiel.

Gelungene Theologie dagegen lädt den Mythos zur Wiederkehr ein. Seine Sprachgestalt, das Narrative und das Gebet, wird gesucht, nicht als unrein verbannt. Das ist übrigens ein Kriterium der Befreiungstheologie, sei sie schwarz, feministisch oder von den Armen her gedacht. Überall wird erzählt und geklagt, was eine Form des Betens ist; Zeugen, Referenten treten in den großen Konferenzen der Ökumene auf. Wenn Domitila, die bolivianische Bergarbeiterfrau, vom Hungerstreik der bolivianischen Hausfrauen erzählt, so ist das, was sie tut, erzählen und beschwören, bitten und anklagen, analysieren und reflektieren. Was sie sagt, läßt sich nicht in einem Resumée zusammenfassen; das Gebet und die Erzählung verweigern sich dieser Form der Mitteilung; sie sterben an ihrer Kälte.

Heute entsteht eine neue Synthese von Mythos, Religion und Reflexion, wo immer die Theologie befreienden Charakter hat. Der Mythos wird dort nicht künstlich vor dem Zugriff des Logos geschützt, wie es die religiöse Orthodoxie versuchte. Er wird vielmehr dort kritisiert, wo er die Herrschaft von Menschen über Menschen im Sinne des Sexismus oder des Rassismus legitimiert. Es zerstört den Mythos nicht, wenn wir seine Funktionen in einer bestimmten Situation durchschauen.

Der Mythos wird auch nicht im Logos erübrigt. Er wird vielmehr zur Geltung gebracht, gefeiert, wieder-holt. Die stärksten Zeugnisse der Befreiungstheologie sind Gebete, Liturgien, Gottesdienstentwürfe, in denen der christliche Mythos, vor allem Exodus und Auferstehung, dramatisiert wird. Das kann nur unter den Gruppen geschehen, die auf die Veränderung der Welt angewiesen sind und die sich nicht akdemisch-resigniert von einem solchen Unterfangen distanzieren. Sie brauchen Gott, weil die Gesamtdeutung »dieser Welt«, die sie beherrscht, ein Todesurteil für die Armen bedeutet: Sie müssen ärmer werden, damit die Reichen reicher werden. Es ist eine Illusion anzunehmen, daß wir in einer wissenschaftlich durchschaubaren und beherrschbaren Welt lebten, die auf solche Deutungen wie die Gottes als Gerechtigkeit verzichten könnte; nur die Reichen können bequem auf Gott verzichten.

Die Wiederkehr des Mythos findet statt unter denen, die seine Hoffnung brauchen.

Dennoch besteht im Literatur- und Theologiebetrieb der

Ersten Welt eine deutliche Trennung zwischen den verschiedenen Versuchen, das Eis der Seele zu spalten. Es gibt eine poesielose Theologie, die sich durch verschiedene Mechanismen gegen die Literatur abdichtet. Theo-poetische Sätze werden in ihr als »nur literarisch« abgetan und von angeblich theologischen unterschieden. Das dogmatische Denken, womit ich einmal die traditionellen Systeme der Dogmatik meine und zum anderen den nicht-kodifizierten Dogmatismus, der zu eigener Dogmenbildung gar nicht mehr fähig ist, aber ständig Denkverbote und Tabus aufrichtet, dient als eine solche Verhütungstechnik. Die Verrechtlichung der Theologie und ihrer Institution ist ein anderer Versuch, den Glauben vor der Poesie zu schützen. In fast allen Streiten zwischen Christen und Kirchenleitungen wird »von oben« die regulierte etablierte Sprache gegen ursprünglich theopoetische Aussagen benutzt, die Gottessprache darf nicht erneuert werden. Die wichtigste Mauer aber, die die poesielose Theologie gegen Innovation und Veränderung errichtet hat, ist die Verwissenschaftlichung der Theologie, in der die Versuche, das Eis der Seele zu spalten, selber dem Vereisungsprozeß unterworfen werden.

Selbstverständlich hat die kritische Vernunft einen Platz in der Theologie und übt eine notwendige Funktion gegen Aberglauben und Biblizismus aus. Aber wer nun die Sprache der Wissenschaft beherrscht, bleibt in wesentlichen Lebensbezügen stumm. Heute genügt die aufgeklärte Sprache dem aufgeklärten Bewußtsein nicht mehr, weil sie bestimmte Erfahrungen, zum Beispiel die der Sinnlosigkeit oder der Sinnerfahrung, der Beziehungslosigkeit oder der Verbundenheit mit allem, was lebt, nicht artikulieren kann. Ihre größte Schwäche ist, daß sie uns vom Mythos, der Religion und der Poesie isoliert und das mythisch-religiöse-poetische Wesen, das wir auch sind, erstickt. Als sei es überflüssig, das Eis der Seele zu spalten!

Wenn wir danach fragen, was Theologie von Literatur trennt, so ist nicht nur die poesielose Theologie zu kritisieren, sondern auch eine religionsfreie Poesie, die sich von Mythos und Religion emanzipiert hat und in einer nach-mythischen, nach-religiösen Resignation verharrt. Es gibt den Verzicht darauf, das Eis der Seele zu spalten. In der deutschen Literatursprache ist in diesem Zusammenhang auf die Bedeutung der Bibel hinzuweisen. Ihre Bilder und Figuren, ihre Geschichten und Sprüche, ihre Gefühle und Sehnsüchte haben sich der Sprache so einverleibt, daß der Verzicht auf die Bibel eine große Verarmung darstellt. Ich denke hier an elementare Gefühle wie Angst, Reue, Jubel – aber auch tiefe Wünsche wie den, neu zu werden. Die religiöse Sprache kann uns dazu erziehen, unsere Gefühle zu benennen, uns selbst zu kennen und uns kenntlich zu machen.

Es gibt eine religionsfreie Flachheit, die auch gegen die Poesie gerichtet ist. Dem steht allerdings die Sprache selber, die voller Erinnerung steckt, entgegen. In der Sprache begegnen wir ja nicht nur uns selber, drücken nicht nur unsere Aktualität aus. Wir leben immer schon in einem Sprachhaus, an dem Generationen vor uns gebaut haben. Darum läßt sich die Erinnerung an ein anderes Leben und die Hoffnung auf weniger zerstörerische Lebensvollzüge kaum ausrotten. Das poetische, verwandelnde, das Eis schmelzende Sprechen ist in der Sprache selber angelegt. »Die Sprache«, sagt Wilhelm von Humboldt, »macht das Seiende seiender.« Sie benennt, ordnet, klärt und vertieft unsere Lebensvollzüge. Natürlich kann man auch ohne Wort und Ritual essen, trinken, arbeiten, miteinander schlafen, kaufen und sterben, aber in der Wirklichkeit wissen wir alle, daß die Sprache »das Seiende seiender« macht und uns unserer Lebendigkeit vergewissert.

Warum brauchen wir denn eine Sprache der Poesie und des Gebets? Könnten wir nicht auf beide verzichten? Hölderlin sagt in dem Gedicht »In lieblicher Bläue blühet . . .« den Satz: »Voll Verdienst, doch dichterisch wohnet / Der Mensch auf dieser Erde«. Ist es nicht eine pure Behauptung, daß der Mensch »dichterisch wohnet«, und lebt er nicht technokratisch verwaltet ohne Poesie und ohne Gebet, ohne weiterreichende Wünsche und ihn tiefer verunsichernde Ängste ganz gut dahin? Reicht es nicht, wenn wir uns der Sprache als eines Verständigungsmittels bedienen und sie instrumentalisieren?

Der Zusammenhang von poetischer und religiöser Sprache

wird mir gerade am Gegenbild der neuen Sprachlosigkeit deutlich: Eine Familie, die nicht mehr miteinander ißt, jeder holt sich aus dem Kühlschrank, was er braucht, Jugendliche sehen bis zu sechs Stunden täglich Fernsehen, es gibt kein Gespräch mehr. Warum ist die Sprache der Prosa, der Information, der bilderfreien Verständlichkeit nicht ausreichend? Warum ist denn die Sprache des Alltags nicht ausreichend, was treibt uns denn über sie hinaus?

Unsere eigene Sprache ist zerstört, sie ist korrumpiert. Wenn ein Wort wie »Liebe« aufs Auto angewandt wird oder ein Wort wie »Reinheit« auf die Wäsche, dann haben diese Wörter überhaupt keinen Sinn mehr, sie sind zerstört. Alle Wörter, die Gefühle ausdrücken, sind bei uns beschädigt, und das gilt auch in der religiösen Sprache. »Jesus Christus ist unser Erlöser« – das ist ritualisierte, zerstörte Sprache, die tot ist. Es gibt viele Leute, die gar nicht mehr selber sagen können, was sie sagen wollen, was sie erwarten vom Leben. Ich glaube, zum Schreiben gehört ein Stück Verzweiflung an der alten Sprache, also ein Stück Angeekeltsein. Das ist eine ganz natürliche Empfindung. Scham ist eine revolutionäre Empfindung, hat Marx gesagt; man muß sich schämen und darunter leiden, wie gequasselt wird, wie die Sprache zerstört wird, wie Menschen zerstört werden oder sich überhaupt nicht mehr wiederfinden in dem, was gesagt wird. In dieser Scham gehe ich auf etwas zu, um die Sprache, die wir brauchen, zu finden.

Ich brauche die Sprache der Poesie und des Gebets und die der Bibel. Als Schriftstellerin arbeite ich mit theologischem Material, so wie bildende Künstler mit Stein, Draht, Holz oder anderen Materialien arbeiten. Die Bibel, die Geschichte der Heiligen, die Geschichte der Kirche – und das heißt im wesentlichen, wie es trotz intensiver Bemühungen der Institution nicht gelungen ist, das Evangelium zu zerstören –, die systematisch-theologische Reflexion – das sind die Materialien, die ich brauche, um etwas Licht auf einen dunklen und verworrenen Kontext zu werfen.

Warum ist das so? Warum hilft mir denn eine alte Geschichte aus der Jesustradition beim Schreiben heute? Was gibt denn die mythisch-narrative Sprache her? Etwas, das in meiner empirischen Realität zwar verborgen ist, aber meistens nicht sichtbar wird. Ich benutze das Evangelium – oder auch andere religiöse Traditionen –, um etwas, das mir lebensnotwendig ist, zu sagen. Ich gebrauche den Mythos, das mythische Sprechen, ich arbeite mit ihm, weil ich es brauche. Was nicht gebraucht wird, ist tot. Was treibt mich zu diesem Brauchen und Gebrauchen?

Eine erste Voraussetzung des Schreibens und Redens heute besteht darin, daß wir uns gegen die Umklammerung durch die Medien wehren und uns ihren Gesetzen entziehen. Diese Gesetze beherrschen unser Denken und zerstören unsere Fähigkeit zu hoffen – oder, um mich biblisch auszudrücken, die Welt mit den Augen Jesu zu sehen.

Die mythisch-narrative Sprache der Bibel wehrt die Medienzwänge ab und kritisiert eine ihrer fundamentalen Voraussetzungen, den absoluten Glauben an die Macht und den Erfolg. Eine der mitgelieferten Botschaften, die wir von den Medien empfangen, ist, daß nur zählt, was Erfolg hat. Ich will das an einer Erfahrung klarmachen, die ich in den letzten Jahren im Zusammenhang mit der Friedensbewegung gemacht habe. Ich habe viele Interviews an alle möglichen Medienleute gegeben. Ich habe sehr lange gebraucht, bis ich die Mechanismen, unter denen sie abliefen, richtig verstanden habe.

Unbewußt nahm ich an, im Interview seien der Frager und die Befragte verbunden durch das Interesse, die Wahrheit herauszufinden. Diese Annahme ist naiv. Was die Reporter im Normalfall interessiert, ist nicht die Frage nach der Wahrheit, zum Beispiel ob es sich um Ersteinsatz- oder Verteidigungswaffen, um Vor- oder Nachrüstung, um die Ermordung Nicaraguas oder den Schutz der Menschenrechte der Indianer handelt. Das wesentliche Interesse der Medienleute ist, ob die Bewegung für mehr Frieden Erfolg hat, ob ihre Vertreter – wie ich – Macht ausstrahlen. Ihr wesentlicher Zynismus besteht in der Arroganz der Macht, an der sie selber teilhaben. Wie oft haben sie uns zu verstehen gegeben, daß wir zwar »sehr nett«, aber herzlich ohnmächtig seien.

Wenn ich in solchen Gesprächen versuche, die Bewegung für mehr Frieden zu repräsentieren, so muß ich zunächst versuchen, diesen Bann des Erfolgsdenkens, unter dem mein Gegenüber lebt, zu brechen, diese Besessenheit von der Macht aufzulösen, damit die Frage nach der Wahrheit überhaupt gestellt werden kann. Ich muß im Gespräch eine Umkehr der Prioritäten Erfolg/Wahrheit zu erreichen versuchen, ehe ich eine Sache überhaupt hörbar machen kann.

Der Zwang, in Erfolgen und Macht zu denken, betrifft aber nicht nur die in den Medien Arbeitenden, sondern uns alle. Unsere Wahrnehmungsfähigkeit ist gestört und unser Daseinsgefühl trivialisiert. In einer Kultur, die es uns allen zumutet, täglich und stündlich über Katzenfutter und Haarspray informiert zu werden, ist das Leben notwendig trivial. Was die tägliche Gehirnwäsche produziert und was in bestimmten Zeiten und Begleitumständen (Tagesschau, Sportschau, Bier) konsumiert wird, ist in einem neuen Sinn das alltägliche Ritual, das die alten Mythen ersetzt hat. Wie die Stadtplanung eines Viertels einem Kind die Botschaft mitteilen kann, Autos sind hier wichtig, du bist unerwünscht, so lehren uns alle unsere Kommunikationsmittel eine ständige, selbstverständliche Verachtung des Lebendigen, des Schwachen und Beschützenswerten. Was nicht vermarktet werden kann, ist nicht. Was keinen Erfolg hat – jetzt –, kann so wahr sein, wie es will, es kommt nicht ins Programm. Und die Heiligkeit des Lebens, für die ich hier zu sprechen versuche, wird in den Ritualen des Konsumismus konsequent und erbarmungslos zerstört.

Der alte Mythos ist die Erzählung davon, daß das Leben heilig ist. Diese Heiligkeit muß immer wieder dramatisiert werden, damit wir sie nicht vergessen oder für überflüssig halten. in der mythischen Sprache danken wir für die Sonne, segnen das Brot, wünschen einander eine gute Heimkehr und erinnern so daran, daß das Leben eine Gabe, kein Besitz ist.

Was haben Gebet und Poesie gemeinsam? Sie verbinden uns mit unseren Wünschen. Sie holen uns aus dem wunschlosen Unglück heraus. Sie verbinden uns mit dem, der wir jetzt nicht sind, und erinnern uns an die, als die wir gemeint waren.

Hamann sagt in seiner »Aesthetica in Nuce«, 1762: »Sinne und Leidenschaft reden und verstehen nichts als Bilder. In Bildern besteht der ganze Schatz menschlicher Erkenntnis und Glückseligkeit.« Nicht der Begriff, sondern das Bild steht im Mittelpunkt, und der Mensch ist nicht als animal rationale geschaffen, sondern als Bild Gottes, wir sind »doch eigentlich nicht als ein Zeigefinger des verborgenen Menschen in uns: *exemplumque Dei quisque est imagine parva*« (jeder ist ein Beispiel Gottes im kleinen Bilde). Darum ist für Hamann Reden »übersetzen aus einer Engelsprache in eine Menschensprache«. Es wird hier gerade keine Unterscheidung zwischen Theologie und Literatur gemacht. Beide arbeiten an der Übersetzung aus der anderen Sprache, der der Engel. »Poesie ist die Muttersprache des menschlichen Geschlechts, wie der Gartenbau älter als der Acker: Malerei – als Schrift: Gesang – als Deklamation: Gleichnisse – als Schlüsse: Tausch – als Handel . . .« Hamann ist ein Denker, der in kritischer Auseinandersetzung mit der europäischen Aufklärung, an ihrem Beginn, die Engelsprache, aus der die Poesie übersetzt, reklamiert – gegen die Welt von Prosa, Ackerbau, Schrift, logischem Schluß und Handel.

Die Gefahren all dieser Symbole der rationalistisch-technischen Welt liegen heute am Ende dieser Epoche klarer zutage. Ist eine Umkehr möglich, in der die Poesie, die als nurweiblich vertrieben wurde, wieder nach Hause kommt, und wir die »Muttersprache des Menschengeschlechts« den technologischen Vaterjargon unterlaufen und uns heilen? Ist die Sprache nur ein Instrument der Weltbeherrschung, letztlich ein Ausdruck des »Willens zur Macht«, wie man es perfekt in den Reden Ronald Reagans studieren kann? Theologie und Poesie, die Sprache des Wunsches und der Hoffnung, der Klage und des Gebets sind heute gleicherweise bedroht. Die instrumentell-technokratische Vernunft, die uns überrollt, hält sich bei der Unterscheidung von Jeremia und Hölderlin nicht lange auf: Sie gehören beide niedergewalzt beziehungsweise als unerheblich in ein historisierendes Kulturprogramm eingeebnet.

Theologie und Poesie haben heute mehr gemeinsam als je

zuvor. Beide sind heimatvertrieben, beide gelten als irrelevant. In den Schulen und Ausbildungsstätten kann man auf das Erlernen dieser Sprachen verzichten: Die passive Aneignung wird noch geduldet, alles, was über die bloße Rezeption eines kulturellen Erbes hinausgeht, wird begradigt. Wer wollte denn dichten und beten lehren?! Wer maßte sich denn an, aus einer Engelsprache zu übersetzen?! Welcher Lehrer hätte denn ein Interesse daran, den »Zeigefinger des verborgenen Menschen in uns« durch Sprache sichtbar zu machen?! Wer wollte denn tun, was Poesie und Gebet immer wieder versuchten, Gott mitzuteilen, Gott zu verteilen, das Gute, das sich mitteilt, weiterzuverteilen?!

In einer Sprachwelt, die vom Konsumismus (im Sinne Pasolinis) beherrscht wird, können wir uns nur in den Kategorien des Habens ausdrücken. Unser Verhältnis zur Welt ist von den wichtigsten Götzen, die unsere Kultur anbetet, definiert: Geld und Gewalt. Das bedeutet sprachlich, daß viele Menschen in eine merkwürdige Hilflosigkeit geraten allem gegenüber, was nicht erworben, besorgt, angeschafft, erobert, in Besitz genommen, kontrolliert und vermarktet werden kann. Die Herrschaftssprache des Habens hat die geteilte Sprache des Seins übermocht – und ein hilfloses Gestammel, wie wir es von Trauerfällen kenne, ist noch das Beste, was die Stummgemachten zuwege bringen.

»Dichterisch wohnet der Mensch«, sagt Hölderlin, genährt von Poesie und Gebet. Wo immer wir selber der Herrschaftssprache entkommen und eine andere Sprache versuchen, das heißt sie hören, verstehen und sprechen lernen, da ist die Sprachschöpfung, das Neuwerden von Sprache eine Quelle der Kraft, eine Ermutigung, die weit über analytisch-kritische Erkenntnis hinausgeht. Ich erinnere mich, wie ich den Satz »Das weiche Wasser bricht den Stein« zuerst hörte. Ein Satz voll Erinnerung an das, was das weiche Wasser schon getan hat, an Brechts Gedicht über die Entstehung des Buches Tao-te-King, ein Satz der Vision, ein Satz, der aus dem, was die Bibel die »Stärke der Schwachen« nennt, spricht, ein theo-poetischer Satz. Ein Satz, der keine Zeitaussage macht und die am nächsten liegende Frage »wann denn endlich?« nicht beantwortet. Damit erinnert mich der Satz zwischen Erinnerung und Vision daran, daß ich wahrscheinlich sterben muß, ehe der Stein gebrochen ist und der Krieg, in dem wir jetzt leben, zu Ende ist, dieser Krieg gegen die Ärmsten dieser Welt, gegen die Schöpfung und gegen uns selber. Mitten im Krieg vom Frieden zu singen, ich glaube, das ist das Geheimnis der Menschen im Neuen Testament, die unter einem vergleichbar menschenfeindlichen Imperium zitterten und ihre anderen Lieder sangen. So »wohnten« sie »dichterisch« und teilten die andere Sprache miteinander.

Anmerkungen

[1]) Paul Ricoeur, Finitude et Culpabilité, Bd. II: La Symbolique du Mal, Paris 1960 (dt. Symbolik des Bösen, Freiburg/München 1971).
[2]) Harvey Cox, The Secular City, London 1965 (dt. Stadt ohne Gott, Stuttgart 1967).
[3]) Ders., Religion in the Secular City, New York 1984.
[4]) Pier Paolo Pasolini, Freibeuterschriften, Berlin 1975.

Es sind noch Lieder zu singen

Über Paul Celan

Am 23. November 1990 wäre Paul Celan, einer der großen Lyriker deutscher Sprache in diesem Jahrhundert, siebzig Jahre alt geworden. Aber so lange hat er es nicht ausgehalten, er ist Ende April 1970 in den Tod gegangen. Am 5. Mai vor zwanzig Jahren kam die Meldung, daß man ihn in der Seine »geborgen« habe, ich erinnere mich, daß ich mich über das Wort, das die Polizei für »auffinden« brauchte, gewundert habe.

Paul Celan, Jean Améry, Primo Levi – drei jüdische Schriftsteller, die der »Meister aus Deutschland« nachträglich eingeholt hat. Das *survivor syndrome*, wie es in der abgekürzten Sprache der Psychologie heißt, war stärker als sie. Aber vielleicht handelt es sich gar nicht um das psychische »Syndrom« derer, die mit ihrem Weiterleben nicht fertig werden konnten, sondern um die Hör-Unfähigkeit der übrigen, unser aller, die schnell und gründlich vergessen wollten. Da blieb kein Raum für Trauerarbeit, schon gar nicht im Medium des lyrischen Gedichts. So haben die Genannten die ihnen zugedachte Portion an Tod selber abgerufen.

Von Celan wird erzählt, daß sein »Gerechtigkeitssinn von einem unüberwindlichen Mißtrauen begleitet war. Jedes Urteil erschien ihm fragwürdig, jeder Freispruch (eines Nationalsozialisten) erweckte seinen Argwohn.« Die Begegnung Celans mit Martin Heidegger, die der Freiburger Germanist Gerhart Baumann aufgezeichnet hat, ist ein Beispiel für Celans unüberwindbare Vorbehalte, den Zwiespalt. Er wünschte nicht, mit Heidegger zusammen fotografiert zu werden – und dann wünschte er es doch wieder. Er war immer noch krank an der »schwarzen Milch der Frühe«.

Paul Celan ist als Paul Anczel in Czernowitz als Sohn eines ärmlich lebenden Bautechnikers geboren, in ein Vielvölkerland hinein, in dem Ukrainer, Rumänen, Juden, Deutsche, Polen, Ungarn, Huzulen, Slowaken, Tschechen, Armenier und Zigeuner nebeneinander lebten, die Bukowina. Czernowitz war eine jüdische Stadt deutscher Sprache und Kultur. Fast die Hälfte der Einwohner waren Juden, die deutsch mit jiddischen Lehnwörtern sprachen und sich der österreichischen Kultur zugehörig fühlten. Hier besuchte Paul Kindergarten, Schule und später die Universität. Zu seiner Barmitzwa, die zugleich der letzte jüdische Gottesdienst seines Lebens war, erhielt er eine Prachtausgabe des Faust; er verschlang den Text.

1940 fiel der nördliche Teil der Bukowina an die Sowjetunion, 1941 wurde er durch deutsche und rumänische Truppen besetzt. Die jüdischen Bewohner wurden in ein Ghetto zusammengepfercht. 1942 wurden Celans Eltern in ein Lager deportiert; der Vater starb an Entkräftung, die Mutter durch Genickschuß. Paul überlebte in einem Arbeitskommando. Sein Versuch, die Eltern zu verstecken, war mißlungen.

Celan hat in Czernowitz Sprachen studiert, später kam ihm diese immense Sprachbegabung zugute, als er aus dem Russischen, dem Englischen, dem Französischen und Italienischen ins Deutsche übersetzte. Er war Kind der deutsch-jüdischen Kultur einer gebildeten Minderheit, ähnlich wie Kafka in Prag. Beobachter haben sich später gewundert über die erstaunliche literarische Bildung dieses »Ostjuden«.

Celan blieb der Muttersprache, die zugleich Sprache der Muttermörder war, treu, auch wenn er ab 1948 in Paris als »professeur« an der Ecole Normale Supérieure lehrte. Das in alle Weltsprachen übersetzte Gedicht »Todesfuge« hat er 1945 geschrieben. 1947, anläßlich der ersten Veröffentlichung von Gedichten in Bukarest, nannte er sich, die Buchstaben seines Namens anagrammatisch umstellend, Celan.

Sein Werk gilt als schwer verständlich, hermetisch, nur eingeweihten Esoterikern zugänglich. Celan hat sich leidenschaftlich gegen diese Urteile gewehrt; »Glauben Sie mir — jedes Wort ist mit direktem Wirklichkeitsbezug geschrieben.

Aber nein, das wollen und wollen sie nicht verstehen« (aus einem Brief an Arno Reinfrank). Bitten um Erklärung verweigerte er sich konsequent. Die ästhetische Faszination, die von seiner Sprache ausgeht, steht in einem absolutem Mißverhältnis zur angeblichen Unverständlichkeit. Woran mag sie liegen?

Als ich mich von neuem mit Celan auseinandersetzte, überkam mich eine Angst vor der gegenwärtigen Kultur; ich sah die Kluft zwischen diesem dunklen jüdischen Poeten und einer heutigen Leserschaft immer noch wachsen. Wir leben unter und mit Sprachzwängen, die uns meist nicht bewußt sind. Was nicht »auf Anhieb«, wie es so treffend heißt, verständlich ist, kann fallen gelassen werden. Das nachdenkliche, das meditierende, das wiederholende oder gar das verstummende Sprechen paßt nicht in die vorgeblich allgemeinverständliche Instantsprache. (Selbst das Evangelium hat sich gefälligst nach diesen Regeln zu richten, wenn es denn in anderthalb Radio-Minuten »verkauft« werden will!)

Der Schrei nach unmittelbarer, sozusagen demokratischer Verständlichkeit fördert die Suche nach Trivialität. Je geistloser ein Satz ist, desto mehr Leute können sich kostenlos auf ihn einigen. Die Vorreiterrolle in dieser medialen Sprachzerstörung spielt die Sprache der Werbung, die auf heitere – mitunter geistreiche – Art schlechterdings nichts mitteilt, aber zugleich in jedem Augenblick absolut entschlüsselt, ein sich anbiederndes Einverständnis herstellt. Ein Wir ohne Gemeinsamkeit, eine Sprache unter dem Zwang locker zu sein.

Für Paul Celan war dies absolut unerträglich. Ich glaube, es ist unmöglich, ihn zu verstehen, ohne seinen Ekel zu teilen. In der Büchnerpreisrede von 1960 sagt er: »Das Geschwinde, das schon immer ›draußen‹ war, hat an Geschwindigkeit gewonnen; das Gedicht weiß das; aber es hält unentwegt auf jenes Andere zu, das es sich als erreichbar, als freizusetzen, als vakant vielleicht . . . denkt.« Seine Sprache braucht die Verschlüsselung, Abwehr der simplistischen Trivialität, die jedes Gefühl zu kennen glaubt und für benennbar hält.

> *»Weggebeizt vom*
> *Strahlenwind deiner Sprache*
> *das bunte Gerede des An-*
> *erlebten – das hundert-*
> *züngige Hein-*
> *gedicht, das Genicht«*

Celans Werk läßt sich verstehen als Suche nach dem absoluten Gedicht. »Ich spreche ja von dem Gedicht, das es nicht gibt! Das absolute Gedicht – nein, das gibt es gewiß nicht, das kann es nicht geben! Aber es gibt wohl, mit jedem wirklichen Gedicht, es gibt, mit dem anspruchslosesten Gedicht, diese unabweisbare Frage, diesen unerhörten Anspruch.« Ihn hat dieser Anspruch in einen Prozeß der Reduktion geführt, in die Absage, ins Verstummen. Er veränderte die künstlerischen Mittel. Vielleicht war am Ende nichts mehr da – zum Verändern.

Für seine Anfänge sind getragene Langverse charakteristisch, ein meist daktylischer Rhythmus, ein erlesenes Vokabular, das eine Abdichtung nach unten erreicht, eine üppige Metaphorik, die meist aus Abstraktem und Konkretem gebaut ist (»der geharnischte Windstoß der Umkehr«, »die Äpfel der Stummen«). Später schrumpfen die Kadenzen und Metaphern, Syntax und Vers stimmen nicht mehr überein, sondern der Vers bricht den Satz hart. Die Zeilen werden kürzer, die Negationspartikel (Niemandsrose, Unland, Unzeit, niemandes Stimme) werden häufiger, das »Metapherngestöber« unterbricht sich, verstummt.

Ohne eine solche Bemühung, die Grenze der Sprache zu erreichen, ohne Verstummen bleibt die Poesie gefangen in der Unwahrhaftigkeit. Sie macht sich dann dem Auge, das Celan den »Bilderknecht« nennt, untertan. Bilderknecht ist eine wörtliche Übersetzung des aus dem Bilderstreit der christlichen Kirchen bekannten Begriffs »Ikonodoulos«, der dem Bilderstürmer, dem Ikonoklasten, gegenübersteht. Vielleicht läßt sich die Wandlung Celans als ikonoklastisch am ehesten begreifen.

Wohin also mit Celan innerhalb der Diktatur einer Sprache, die den Bildern dient, ihren Gesetzen unterworfen ist und immer schon alles weiß? Ich sehe drei verschiedene Zugänge zu seinem Werk, die aus unterschiedlichen Voraussetzungen entwickelt worden sind. Der erste Annäherungsversuch ist werkimmanent und/oder gattungspoetisch bestimmt: Man versucht, Celans Werk in die poetische Tradition der Moderne einzuordnen. Baudelaire sagte von der Dunkelheit der modernen Lyrik: „Es liegt ein gewisser Ruhm darin, nicht verstanden zu werden.« Wächst der ästhetische Reiz mit der Unentzifferbarkeit der Bilder? Schon lange haben sie ihre alte Funktion, Metapher zu sein für etwas, das auf der Sachseite der Realität eine Entsprechung hat, eingebüßt, schon lange sind sie eher Chiffre als Bild, weil eine gemeinsame Bilderwelt, wie sie geschlossenere Kulturen kennen, nicht mehr gegeben ist. Die Chiffren mögen sich zwar gegenseitig erhellen und können einen Verweisungszusammenhang aufbauen, er bleibt aber notwendig poesie-immanent.

Die Judenverfolgung – und das für Celan lebensbestimmende Ereignis der Ermordung der Mutter – werden in dieser Deutung zurückgedrängt. Daß die »Judenlocke« nicht nur auf die Menschenlocke hindeutet, sondern zunächst auf die Demütigung frommer Juden in den Lagern, die man zwang, die Locken abzuschneiden, wird übersehen. Wie man in dem berühmten Gedicht »Tenebrae« die Zeilen »Gegriffen schon, Herr / ineinander verkrallt« lesen kann, ohne an die Güterzüge der Deportierten zu denken, ist mir schwer verständlich, hängt aber mit dem gewissen hermeneutischen Nihilismus der Werkimmanenz zusammen. »Meine Verse haben den Sinn, den man ihnen gibt« (Paul Valéry). Aber trifft das für Paul Celan zu? Er hat sich selbst immer wieder klar gegen das falsche, das artistisch hergestellte Dunkel gewehrt.

Eine zweite Möglichkeit ist die historisch und biographisch ansetzende Deutung. Die genaue Detailkenntnis der Vernichtungsmethoden der Deutschen ist nach wie vor die beste Vorbereitung auf das Verständnis der Wörter Stern, Haar, Asche, Rauch im Werk Celans. Alle diese deutschen Wörter haben ihren Sinn nach Auschwitz geändert und ihre naiv-ungeschichtliche Bedeutung eingebüßt. Celan ist einzigartig darin, daß er den berühmten Satz von Adorno über die Unmöglichkeit des lyrischen Gedichts nach Auschwitz widerlegt, und zwar am Ereignis selbst. Man muß wissen, daß ein Sinfonieorchester in Auschwitz spielte, wenn man den Satz »er befiehlt uns spielt nun zum Tanz« verstehen will. Man muß wissen, daß der dänische König sich weigerte, die Juden auszuliefern und lieber den Stern selbst anzog, wenn man die rätselhafte Zeile »dichtet dänisch« liest. Vielleicht ist ein erläuternder Kommentar, vergleichbar einem Bibelkommentar, das wichtigste Desiderat der Celan-Forschung. »Mohn und Gedächtnis« ist nicht nur immanent polarisierende Metapher, sondern meint ein Herbeirufen der Toten, Andenken im Interesse der Toten. Es ist das Gedächtnis, in dem der Brunnen der Kindheit noch rauscht. »Glanz, der nicht trösten will, Glanz / Die Toten – sie betteln noch, Franz.«

Ein dritter Zugang gerade zum späteren Werk Celans ist der theologische, vor allem die Kenntnis der jüdischen mystischen Tradition. Celan ist im chassidischen Umkreis aufgewachsen und hat mehrfach auf Buber hingewiesen. Auf Einflüsse der Mystik in seinem Werk weisen ja schon wesentliche Sprachelemente hin, wie das Paradox, die *coincidentia oppositorum,* die *via negativa* als die einzig angemessene Form der Aussage über den, der nach jüdischer Tradition nicht genannt werden darf.

> *Fadensonnen*
> *über der grauschwarzen Ödnis.*
> *Ein baum-*
> *hoher Gedanke*
> *greift sich den Lichtton: es sind*
> *noch Lieder zu singen jenseits*
> *der Menschen.*

Der Ausdruck »jenseits« weist in der Kabbala auf den achten Tag hin. Die Schöpfung ist am siebten Tage vollendet, dieser Tag selber zählt noch zur Weltzeit. Lieder »jenseits der Menschen« sind Lieder des achten Tages, Lieder der messianischen Erlösung, der Lobgesang des Moses nach den sechs

Tagen, in denen Israel noch an Ägypten gebunden war, nach dem siebten Tag der Lostrennung. Der achte Tag bezeichnet Befreiung und neue Schöpfung, aber er ist noch nicht angebrochen. Celan spricht in der Büchnerpreisrede darüber: »Und das Gedicht wäre somit der Ort, wo alle Tropen und Metaphern ad absurdum geführt werden wollen.« Sie stehen nämlich »im Licht des zu Erforschenden: im Licht der Utopie«, also des heute gänzlich Verworfenen, des Nicht-Hier, des Nirgend-Landes, eben des messianischen, das Celan in dieser Rede zögernd benennt. »Ich denke, daß es von jeher zu den Hoffnungen des Gedichts gehört ... gerade auf diese Weise in eines Anderen Sache zu sprechen – wer weiß, vielleicht in eines ganz anderen Sache.«

So läßt sich Celans Psalm im strikten Sinne messianisch lesen. Die Negationen der mystischen Sprache – ihr Atheismus des Gottes, der angeblich schon da war und nicht mehr erwartet wird – arbeiten sich an der biblischen Bildwelt selbst ab. Viermal wird das Wort »niemand« wiederholt, ehe es zur Niemandsrose, zur Rose des anderen Gottes wird. Diese Bewegung fängt in der zweiten Strophe an, in der aus dem indefiniten Pronomen »niemand« ein nun groß geschriebenes Niemand wird, das angesprochen werden kann.

In der Geschichte zwischen Odysseus und dem Riesen Polyphem dient das Spiel mit den Namen Niemand der Überlistung der brutalen Gewalt. Hier, im mystischen Gedicht, ist die Negation der Ausdruck des Absoluten. Das Verfahren des Odysseus wird umgekehrt. Der Psalmist, als den wir den Dichter hier verstehen müssen, schwankt zwischen Verneinung der Schöpfung und ihrer Lobpreisung, und dieses Paradox wird nicht aufgelöst, es sei denn, wir nähmen die *rosa mystica,* dieses alte Bild für die Vereinigung der Seele mit Gott, in seinem mystischen Trotz: ein Nichts und zugleich blühend, eine interesselos gewordene Liebe, die auch den unbekannten, unseren Staub nicht besprechenden oder befreienden Gott liebt.

»Dir zulieb wollen / wir blühn«, das ist der einfachste und klarste Ausdruck mystischer Frömmigkeit, jenseits der Theodizeefrage, in voller Erkenntnis des Nichts und doch in der

Aufhellung der letzten Strophe nun endlich singend, »seelenhell«. Das Gedicht geht dem verborgenen Gott nach, findet ihn in der Gottesfinsternis und begreift in der Rose mit Griffel, Staubfaden, purpurner Krone und Dorn unser Blühen. »Begreift« ist vielleicht das falsche Wort, denn dieses Gedicht ist ein fast vollkommenes Gebet. Es begreift also nicht, sondern ergreift den Niemand, auch im Nichts bleibend, es betet so lange, bis wir die Niemandsrose werden.

Von unserm Durst leben die Wurzeln der Welt

Über Jannis Ritsos

Im November 1990 ist ein großer europäischer Dichter gestorben, Jannis Ritsos aus Griechenland. Einige seiner Texte sind von Mikis Theodorakis vertont worden, aber noch schöner ist, was ein in der DDR 1984 gedrehter Fernsehfilm festgehalten hat: Ein junger Mann kommt aus einem Laden und wird, während die Kamera läuft, gefragt, was er von Jannis Ritsos wisse, und als Antwort zitiert er spontan ein paar Verse. »Und das, mein Bruder, lernten wir, miteinander zu reden ganz ruhig und einfach. Jetzt verstehen wir uns.« Ritsos galt seit den dreißiger Jahren als eine Symbolfigur für gewaltlosen Widerstand. 1936 hat er das Klagelied einer Mutter, deren Sohn bei einem Streik erschossen wurde, geschrieben – die Diktatur ließ das Buch konfiszieren und vor dem Athener Zeus-Tempel verbrennen. Während der Besetzung Griechenlands durch deutsche Truppen kämpfte Ritsos bei den kommunistischen Partisanen mit; später während der griechischen Militärdiktatur wurde er deportiert, gefoltert und verschleppt.

Es hat in einigen deutschen Medien Nachrufe auf Ritsos gegeben, aber ein Gedicht habe ich nur in einer einzigen Zeitung, die halb aus dem anderen Teil Deutschlands stammt, gefunden, im »Freitag«, ein ganz wunderbares Gedicht, das Ritsos im Konzentrationslager Makronissos geschrieben hat. Das Manuskript wurde in Flaschen verschlossen in der Erde vergraben. 1950 wurden diese Gedichte ausgegraben.

»Nie hätten wir geglaubt,
daß unser Herz solchen Widerstand leistet.
Unrasiert
und in der Tasche ein Stück vom Tod:
Wo ist eine einzige Ähre, die uns grüßt?
Und dann der Abend.
Die Feldflasche der Vesper, die wir in den Sand steckten,
der Mond, der über einer anderen Küste steht
und den die Stille mit ihrem kleinen Finger vor sich
herrollt.
Zu welcher Küste, was für eine Stille?

Groß war unser Durst.
Tag für Tag schleppten wir Steine.
Von unserm Durst
leben die Wurzeln der Welt.«

Aber in unserer Welt ist für Gedichte einfach kein Platz.
Niemand scheint sie zu brauchen und nur selten werden sie
vermißt. Hin und wieder verirrt sich eins noch in die Sonn-
tagsausgabe einer Zeitung, aber im allgemeinen kann man
sagen, daß unsere Kultur der Poesie gegenüber extrem gleich-
gültig ist, vielfach sogar feindlich.

Ich habe vor einigen Jahren in den USA die Erinnerung
einer alten Frau in einem Leserbrief an die lokale Zeitung in
New England gelesen. Sie erzählte, wie sie als junges Mädchen immer die Tageszeitung ihrem Vater wegschnappte und
damit verschwand. Als er sie eines Tages zur Rede stellte,
erklärte sie ihm, es sei wegen des Gedichts, das damals vor
dem ersten Weltkrieg jeden Tag in der Zeitung stand. Jeden
Tag gab es eins – und das junge Mädchen hat es für eine Art
Lebensmittel gehalten.

Ich mußte über den Brief lächeln, aber heute denke ich, er
ist ein starkes Symbol der kulturellen Veränderungen, unter
denen wir leben: keine Gedichte, schon gar keine, die man
zweimal oder gar fünfmal lesen muß, ehe man sie versteht,
schon gar keine, die jemand auswendig – wie der Verkäufer
in Athen, also *by heart* – kennt, keine Sprache, die über die als

normal angesehene Trivialität hinausgeht. In unseren Medien fällt ein Mensch, der zögert, ehe er antwortet, eine Frau, die stockend und nachdenklich formuliert, schon auf. Die Normen unserer Sprache werden barbarischer, und damit meine ich nicht unflätige Ausbrüche, sondern die Herrschaft von Abstraktion und Entsinnlichung. Die Sprache der Wissenschaft geht da voran mit ihrer schier unfaßbaren Sucht nach komplizierender Ausdrucksweise auch für die einfachsten Sachverhalte. Ist es nicht tiefsinniger, statt Problem oder Frage »Problemkonstellation« oder »Fragenbereich« zu sagen? Und falls jemand ein Problem lösen kann, müssen wir dann nicht von den »Problemlösungspotentialen« ausgehen?

Das abstraktere Wort hat den Vorrang, es stelzt gewichtiger einher, es bläht sich mehr auf. Der Vorsitzende irgendeines Gremiums verzichtet nicht einfach, er leistet Verzicht. Er erwägt nicht, er zieht in Erwägung. Nicht seine Räume sind ungelüftet, sondern seine Räumlichkeiten. Er enthält sich nicht der Stimme, wobei man ja wirklich noch an eine heisere, rheinische, joviale oder ängstliche Stimme denken mag, sondern er »übt Stimmenthaltung«. Die natürliche Sinnlichkeit der Sprache wird zurückgedrängt, als sollte alle Natur aus dieser Sprache mit Gewalt ausgetrieben werden, als dürfe sie nicht schmecken, nicht klingen, keinen Rhythmus haben und keine Anschauung wachrufen. Die Dominanz des technischen Denkens zeigt sich in dieser gefühlfreien, gesäuberten Sprache, und wie der Holzkäufer den Baum nicht besingen kann, so bleibt auch die auf Information verkürzte Sprache der Macher ohne Klang, ohne Spiel und Überschuß, ohne all das, was die Sprache der Poesie und der Religion auszeichnet.

Ich denke, daß eine poesielose Welt unerträglich wäre, weil sie uns von der Natur, von der geschaffenen Welt ausschließt und aus der Schöpfung einen zu benutzenden Haufen von Material macht. Die Zeitung, in der nie ein Gedicht erscheinen darf, ist ein Ausdruck des wunschlosen Unglücks, in dem wir leben. Denn die Poesie hat unter anderem die Aufgabe, uns an den kleinen gesetzeswidrigen Frühlingszettel, mit dem in der Tasche jeder Mensch geboren ist, zu erinnern.

Mit Lippen am Stein des Gebets

Über Nelly Sachs

Am 10. Dezember 1891 wurde Nelly Sachs, eine der letzten Dichterinnen des Judentums in deutscher Sprache, in Berlin geboren. Nach Else Lasker-Schüler und neben Gertrud Kolmar, Rose Ausländer und Paul Celan ist sie in ihrer Poesie einem der großen Gebote der jüdischen Religion gefolgt: »Zachor«, erinnere dich, denke an gegen das Vergessen, das Jerusalem und uns alle, die »in Vergessenheit Verkauften«, bedroht. Israel ist »Erinnernder unter den Völkern«, der die Brunnentiefe Gottes hinaufhebt »mit dem Krug deines Herzens . . . in die brunnenlosen Räume der Vergessenheit.«

> *»Alles ist Heil im Geheimnis*
> *und lebt aus der Erinnerung*
> *und aus Vergessenheit graut der Tod.«*

Nelly Sachs ist aufgewachsen im behüteten und kulturell reichen Bürgertum der deutsch-jüdischen Assimilation. Sie tanzte zum Klavierspiel ihres Vaters, schrieb christliche Legenden in einem süßlich-schmerzlichen neuromantischen Stil. Studium oder Berufsausbildung waren außerhalb des Horizontes ihrer Welt. Mit siebzehn hat sie eine große, ihr Leben bestimmende Liebe erlebt; an eine Verbindung mit diesem Mann, dessen Namen sie nicht preisgegeben hat, war nicht zu denken. Er, der »tote Bräutigam« ihrer Gedichte, wurde von den Nazis ermordet.

Mit dem Jahr 1933 zerbrach diese für viele so selbstverständliche Symbiose. Nach einem Verhör bei der Gestapo erlitt Nelly Sachs eine Kehlkopflähmung und war für fünf

Tage stimmlos. Von Hiob heißt es in einem ihrer Gedichte »Deine Stimme ist stumm geworden/denn sie hat zuviel Warum gefragt«. Die spätromantische Verzauberung ihrer frühen Dichtung durch Naturempfindung, Todessehnsucht und Schönheit endet nicht in Zorn oder Protest.

> *»Aber mitten in der Verzauberung spricht*
> *eine Stimme klar und verwundert:*
> *Welt, wie kannst du deine Spiele weiterspielen*
> *und die Zeit betrügen –*
> *Welt, man hat die kleinen Kinder wie*
> *Schmetterlinge,*
> *flügelschlagend in die Flamme geworfen*
> *Und Sonne und Mond sind weiter spazieren-*
> *gegangen –*
> *zwei schieläugige Zeugen, die nichts gesehen*
> *haben.«*

Im letzten Augenblick, im Mai 1940, gelingt die Flucht, bei der Selma Lagerlöf half; den Gestellungsbefehl für das jüdische Arbeitslager und das schwedische Visum hat Nelly Sachs gleichzeitig erhalten. Jahre der Flüchtlingsexistenz in einem sonnenlosen kalten Zimmer mit ihrer vom Terror verwirrten, gebrechlichen Mutter folgen; nachts wagt sie nicht, Licht anzumachen, um Gedichte aufzuschreiben.

In dieser Zeit in Stockholm wächst sie in das Judentum hinein, lernt seine im Elternhaus kaum beachtete Tradition kennen, liest Martin Buber und Gershom Scholem, »ertrinkt im Sohar wie in einem Meer«, sammelt in derselben Zeit die Sterbenachrichten derer, über die sie »Grabschriften in die Luft geschrieben« und »Chöre nach der Mitternacht« aufzeichnet, und findet spät, über fünfzig Jahre alt, ihre unverwechselbare eigene Sprache, die sich aus Bibel und jüdischer Mystik speist und »gottdurchlässig« sein will. Die Bilderwelt der Natur und ihre ästhetische Überhöhung wird nicht verlassen, aber anders gebraucht. Es gibt keine schrillen Töne, nur klagende, eine Art Metaphysik unter den sprachlichen Bedingungen der Moderne.

»O du weinendes Herz der Welt!
Von dir wollte Gott gefunden werden
Keimblatt der Liebe.«

Der Staub ist nicht durchsichtig, wir sind es, die ihn transparent machen für Gott, darum ist Dichtung eine »Fahrt ins Staublose«. Die Antwort der deutschen Dichterin auf die »Shoah« ist also nicht die Einwurzelung in ein nationales Bewußtsein, sondern eine mystische Identifikation mit dem »Volk ihrer Seele«, den Opfern. Die Frage »Warum die schwarze Antwort des Hasses auf dein Dasein, Israel?« wird am Anfang eines Gedichtes gestellt und am Ende, ratlos, wiederholt. Die Erklärungen zu dieser Frage, wie sie von Hannah Arendt oder Max Horckheimer gegeben worden sind, versuchen, die Mörder zu analysieren. Nelly Sachs sieht eigentlich nur die Opfer – und Gott. Sie bewahrt, wie Ruth Dinesen in ihrer Biographie gezeigt hat, eine doppelte Identität, als deutsche Romantikerin in der Muttersprache bleibend beheimatet, die die zunächst nur aufgezwungene jüdische Identität annimmt im mystischen Sinn universaler Menschlichkeit. Die Flucht wird Heimat, das Exil wird Asyl, die Bibel und ihre Bilder werden zur Menschheitssprache der Sehnsucht. Die Jakobsleiter, auf der die Engel auf- und absteigen, ist ihre Antwort auf das Land Israel, dem sie »nicht Kampfgesänge« singen will.

»Und die verlorenen Erinnerungen suchen
die durch die Erde weissagend duften
und auf dem Stein schlafen
darin die Beete der Träume wurzeln
und die Heimwehleiter
die den Tod übersteigt.«

Über dem berühmten Gedicht, das die Vernichtungslager, die »sinnreich erdachten Wohnungen des Todes«, beklagt, steht ein Hiobzitat, das mir wie ein Schlüsselwort für die Poesie der Nelly Sachs, die ein einziges vielstimmiges Gedicht darstellt, erscheint. »Und wenn diese meine Haut zerschlagen sein wird, so werde ich ohne mein Fleisch Gott schauen« (Hiob 19,26). Das mutet fremd an, weil es unsere Erfahrung übersteigt und uns als verkörperte Wesen transzendiert. Aber es ist das innerste Thema, ohne das nichts in dieser Dichtung verstehbar ist, es ist die mystische Liebe zu Gott, die interesselos ist, wie der peruanische Theologe Gutierrez in seinem Hiobbuch unvergeßlich gezeigt hat, eine unbegründbare Liebe, die nicht nach Belohnung schielt und die Theodizeefrage hinter sich läßt, weil sie von einer Zuschauerposition aus an den lenkendstrafenden Gott gestellt wird. Die mystische Position wohnt – immer schon – in Gott und leidet darum anders. Jakob, der mit Gott gerungen hat und ihn nicht ließ, ist ein anderer Name für diese Ur-Erfahrung: »Und die verzogene Sehnsucht hinkt an ihren Ort.«

> »Nur einige von den großen Verzweiflern
> haben so geliebt
> daß der Nacht Granit aufsprang«

heißt es in »Flügel der Prophetie«, und dann werden Elia und Christus im selben Atem des Gedichts genannt. Zu diesen »großen Verzweiflern« gehört auch diese winzige Frau, Lichen von ihren Freundinnen genannt, die monatelang in psychiatrischen Krankenhäusern zugebracht hat, als das Gefühl, verfolgt zu werden, über ihr zusammenschlug. Ihre Gedichte über alte verwirrte Menschen gehören zum Schönsten, das zum Thema Altern und Sterben existiert. »Du, in der Nacht, mit dem Verlernen der Welt Beschäftigte . . .«

So erstaunlich es zunächst scheinen mag, es gibt im Werk der Nelly Sachs keine Anklage an den allmächtigen Potentaten im Himmel, der der Vernichtung seines Volkes zusähe. Ganz ähnlich wie bei Elie Wiesel und bei Hans Jonas gibt es statt dessen das weitergehende Gebet.

> »Mit Lippen am Stein des Gebets
> küsse ich lebenslang Tod
> bis der singende Samen aus Gold
> den Fels der Trennung zerbricht.«

Mystische Frömmigkeit leidet an der Machtlosigkeit der Liebe, ohne sie je aufzugeben. Wie in der Kabbala alles heilig ist, nicht nur der geistige Teil, so leben auch im Stein die Funken Gottes. So versucht Nelly Sachs, der chassidischen, dem Dogma abgeneigten Auffassung nahezukommen, auf dem Weg zu einem »wieder den Alltag und den ganzen Menschen heiligenden Judentum«. Die mystische Ekstase des Chassidismus bedeutet, nach Bubers Verständnis, nicht das Absterben der Seele von der Welt, sondern ihre volle Entfaltung. Was Nelly Sachs versucht, nennt sie in einem Brief »Alles, was ich denke und tue . . . an jene unsichtbare Nabelschnur zu hängen, die Ewigkeit heißt. Dies hat nichts mit einer jenseitsgerichteten Anschauung zu tun, wir sind ja berufen, mit unsern Leibern das Licht zu vollbringen, was sollten sonst auch die wandernden Kräfte der ganzen Schöpfung bedeuten« (24. 3. 1948).

> *»Ich kenne nicht den Raum*
> *wo die ausgewanderte Liebe*
> *ihren Sieg niederlegt.«*

Welche Siege hätte die Liebe vorzuweisen? Wo wäre denn Gott sichtbar? Hat denn »das Herz, der gefesselte Flüchtling« je eine andere Berufung als die, »Wunde zu sein«? Das Verhältnis der Nelly Sachs zum Schmerz erscheint manchmal wie gesuchte Abhängigkeit, die sie singen macht. Aber solche Erklärung hilft nicht, weil sie das Individuum pathologisch erklärt, statt die Verwundung der Welt, in der Kinder »wie zum Spiel in die spielenden Flammen geworfen« werden, wahrzunehmen. Über eine Tänzerin heißt es einmal: »Sie will untröstlich sein.« Diese Untröstlichkeit ist die Kraft, die uns weiter nach Gott rufen macht.

Der Engel schwieg

Über Heinrich Böll

Vor mehr als vierzig Jahren schrieb Heinrich Böll, damals 32 Jahre alt und am Beginn seiner schriftstellerischen Laufbahn, eine seiner dunklen, traurigen und schönen Geschichten auf. Sie wurde nie veröffentlicht, die Zeit für »Trümmerliteratur« war angeblich schon 1950 vorüber. Das Wort »Roman« will mir nicht recht über die Lippen, es handelt sich um zwei unterschiedene, relativ lose miteinander verknüpfte Erzählfäden. Das eine ist eine Liebesgeschichte und das andere eine Art Kriminalstory, bei der am Ende ein besitzbedrohendes Testament unterschlagen wird. Die Geschichte beginnt mit dem 8. Mai 1945; später hat man gern von der »Stunde Null« gesprochen, aber Böll wäre nicht der Realist, der er war, wenn er nicht den Unterschied bemerkt hätte, mit dem selbst ein so allgemeines nationales Schicksal wie die Niederlage die Kleinbürger und die Besitzbürger traf.

Die sehr sparsam und, falls das Wort noch verständlich ist, innig erzählte Liebesgeschichte handelt von einem Heimkehrer, der wie Böll selber »Entfernung von der Truppe« begangen hat, dem Tod durch Erschießung knapp entgangen ist und ohne Ausweis und Papiere sehen muß, wie er unter allgegenwärtigem Schmutz und Trümmern überleben kann. Das Thema der Desertion ist von der Friedensbewegung der achtziger Jahre erst sehr spät entdeckt und ins öffentliche Bewußtsein gehoben worden. Für Böll war es ein Lebensthema: der unheroische Widerstand des kleines Mannes, der anarchistischen kleinen Leute. Die damit verwobene Geschichte einer reichen »verbandskatholischen«, sakrale Kunst sammelnden Familie nimmt die Restauration der Adenauerepoche, deren schärfster Kritiker Böll werden sollte, vorweg.

Es ist eigenartig, heute einen frühen Böll zu lesen. Nicht nur, weil die Welt der Trümmer, jedenfalls dieser, und seit 1989 die Nachkriegszeit vergangen ist, auch die Erzählkunst hat sich so differenziert, daß »ernste« und »unterhaltende« (sprich: lesbare) Bücher von verschiedenen Schriftstellern verfaßt werden und andere Menschen erreichen. Das Erzählen selber erscheint im artistischen Betrieb oft wie eine primitive Vorform literarischer Intelligenz, und die Weltwahrnehmung oder Aufschlüsselung wird immer weniger als Aufgabe der Poesie angenommen. Vielleicht läßt sich erst jetzt – unter den Bedingungen eines anderen ästhetischen Diskurses – erkennen, was diesen zugleich volkstümlichen wie weltberühmten Schriftsteller Heinrich Böll ausmacht.

Er ist zuerst ein Erzähler von Gottes Gnaden, der Gestalten, Handlung und Atmosphäre so zusammenordnet, daß Menschen, auch lesende KleinbürgerInnen, sich identifizieren können. Er stellt eine Welt her, nicht nur eine Kunstwelt, eine Spezialwelt oder eine Innenwelt. Er schreibt sinnlich: Man riecht den Geruch des Geldes, hört die Dachrinne klappern, schmeckt den Geschmack des Brotes. Böll ist ein »poetischer Realist«, man könnte ihn auch in die Tradition eines sentimentalischen oder beseelten Realismus einordnen. Seine Art wahrzunehmen und zu schreiben hat ihre Wurzeln im Katholizismus, eine zwar im Schatten der Domtürme entstandene, gleichwohl radikal antiklerikale Frömmigkeit. Am Beginn des Buches sieht der desertierte Soldat im Dunkeln, halb im Schutt, eine Gestalt, die (wie sich herausstellt) eine Plastik ist; »das erste Gesicht, das ihm in der Stadt begegnete: das steinerne Antlitz eines Engels, milde und schmerzlich lächelnd; Gesicht und Haar waren mit dichtem dunklen Staub bedeckt«. Der hungrige Heimkehrer bläst den Schmutz »vorsichtig weg, fast liebevoll, nun selbst lächelnd, befreite das ganze milde Oval von Staub, und plötzlich sah er, daß das Lächeln aus Gips war«. Es ist ein Engel, dem er da begegnet, aber entstellt, »der grausame Lack der Frömmigkeitsindustrie, die goldenen Borden am Gewand – und das Lächeln des

Gesichts erschien ihm plötzlich so tot wie das allzu wallende Haar«.

Diese Begegnung mit dem Engel hat verschiedene Funktionen in der Erzählung: Sie bringt die Dimension, die das ganze Buch trägt, zum Sprechen; die der Religion – eine Religion der Armen, des niederen Klerus und vor allem der Sakramente, von denen die wichtigsten in diesem Buch Brot und Zigaretten, Blut und, in einem verschobenen Sinn, Geld sind. Daß der Engel aus Gips ist, zeigt unmißverständlich auf die Korruptionsgeschichte des Christentums hin; schließlich läßt uns die Begegnung mit dem Engel den Helden der Geschichte kennenlernen, erotisch und religiös, was sich bei Böll nicht trennen läßt. Was für eine Geste der Zärtlichkeit bringt dieser junge Mann auf, der doch nur Papiere und etwas zu essen sucht, eine Geste ohne Zweck und Ziel, schön wie alle wirkliche Religion, und gleich – »plötzlich« – wieder zerstört. »Die Freude, die ihn beim Anblick des lächelnden steinernen Gesichts erfüllt hatte, erlosch.« Ich verstehe den Titel des Buches als einen Ausdruck dieser Religion genannten Weltzärtlichkeit und zugleich des Schmerzes über ihren Verlust.

In einer späteren Rede (1966) hat Böll einiges über die »Freiheit der Kunst« gesagt, das vielleicht auch den Lesern, für die die Realerfahrungen dieses Buches einer mythischen Vorzeit angehören, weil sie selber nie Hunger bis zum Schwindelanfall, Obdachlosigkeit bis zur Übernachtung im überfüllten und verlausten Bunker, Staub und Schmutz, allgegenwärtig in einer Trümmerlandschaft, erfahren haben.

Böll sagte zur Einweihung des Schauspielhauses in Wuppertal über die Kunst: »Sie ist frei, sie ordnet Material, und sie ist ein drittes, untröstlich.« Die beiden ersten Kriterien entstammen der traditionellen ästhetischen Diskussion, sie drücken das Verhältnis derer, die Kunst machen, zum Staat oder zu anderen Institutionen unter den Bedingungen der Moderne aus: Freiheit und eine erst herzustellende Ordnung. Es gibt kein Tabu mehr für den Prozeß, in dem Freiheit und Ordnung hergestellt werden. Und Böll spricht in seiner Rede gegen die staatlichen und klerikalen Tabus der westdeutschen Restauration.

Die dritte Bestimmung, die er einführt, hat einen ganz anderen Ursprung und hängt mit dem zusammen, was manche Böll und der sogenannten Nachkriegsliteratur als »Gesinnungsästhetik« vorgeworfen haben. (Ich halte schon den Begriff für ungewöhnlich geistlos.) Was da als eine falsche Sucht, das Gute und Wahre doch mit dem Schönen zu verbinden, denunziert wird, hängt in Wirklichkeit mit der Heimatlosigkeit, die auch der Heimkehrer dieses frühen Romans mitbringt, zusammen. Böll verwahrt sich in der Wuppertaler Rede gegen die Verwechslung von trostlos und untröstlich, »trostlos ist sie (die Kunst) nie, aber immer untröstlich – das ist nur eines der unzähligen Synonyme für Poesie; frei, geordnet, untröstlich – eine geheimnisvolle Trinität, die nicht aufgebrochen werden kann.«

Der Engel lächelt und macht den Menschen, der ihm begegnet, lächeln. Und der Engel ist zugleich aus Gips und ein Produkt der Frömmigkeitsindustrie. Können wir deswegen auf Engel verzichten? Uns in der postmodernen Trostlosigkeit einrichten? Ich denke, wir brauchen solche schönen, wahren und untröstlichen Geschichten.

Zeitvergessen und Zeitbewußtsein

Über Märchen

Der große mexikanische Schriftsteller Carlos Fuentes hat eine Rede zur Abschlußfeier der Harvard-Universität 1983 mit einem Nachdenken über die Zeit begonnen: »Vor einiger Zeit«, so Carlos Fuentes, »reiste ich durch den Staat Morelos in Zentralmexiko, auf der Suche nach dem Geburtsort von Emiliano Zapata, dem Dorf Anenecilco. Ich hielt auf dem Weg an und fragte einen Campesino, der auf dem Feld arbeitete, wie weit es zu diesem Dorf sei. Er antwortete mir: Wenn Sie im Morgengrauen aufgebrochen wären, so wären Sie jetzt da.« Dieser Mann hatte eine innere Uhr, die die Zeit seiner eigenen Persönlichkeit und seiner eigenen Kultur anzeigte. Denn die Uhren aller Männer und Frauen, aller Zivilisationen und aller Geschichte, sind nicht auf dieselbe Zeit gestellt. Eines der Wunder auf unserem bedrohten Erdball ist die Verschiedenheit der Erfahrungen, der Erinnerungen und der Wünsche. Jeder Versuch, dieser Verschiedenheit eine uniforme Politik aufzusetzen, ist wie ein Vorspiel zum Tod.«[1]

Im Märchen tauchen wir in eine andere Zeit ein. Im Märchenerzählen halten wir die Zeit an, wie Sheherazade die Zeit der ungebrochenen Männermacht und Tötungslust anhielt. Wir gehen, wenn wir mit Märchen umgehen, einen Schritt zu auf den Bauern, der die Frage nach der Zeit nicht mechanistisch quantifizierend beantworten will; wir erinnern uns nicht nur an alte vergangene Lebensformen, an Spinnräder, Brunnen und Pferde, sondern an eine andere Art, Zeit zu erfahren und in der Zeit zu leben. Gegen die Diktatur der chronologisch meßbaren Zeit verkriechen wir uns in die

Höhlen der Märchen und erinnern uns an die Vielfältigkeit und die andere Qualität der Zeit.

Die Industriezeit mit ihrer Unterwerfung der Menschen unter den Rhythmus der Maschine oder des in gewissem Sinn jenseits der humanen Zeit existierenden Computers zerstört dieses andere, ökologisch gegründete Zeitempfinden. Sie reglementiert die Zeit, zum Beispiel in Arbeit und Freizeit, die keineswegs mit Tag und Nacht identisch sein müssen. Genau diese Grundreglementierung spielt für die Heldinnen und Helden der Märchen keine Rolle: Nicht, als ob sie alle Tagediebe und Faulenzer wären, die wie die Grille bei La Fontaine im Sommer nur vergnügt musiziert, statt ameisenartig Vorräte beizuschaffen, aber sie gehen anders mit der Zeit um, sie erleben und erleiden sie anders, sie vergessen und vertun sie anders. Es gibt eine Art von Freiheit im Märchen, Freiheit zu kommen und zu gehen, zu schlafen (gerade in Augenblicken höchster Gefahr) und zu wachen, zu suchen und zu finden, die innerhalb der reglementierten Industriezeit ganz unwirklich, eben »märchenhaft« erscheint. Diese Freiheit von der Zeit und auch vom Raum und von der Kausalität, dieses irgendwann und irgendwo und irgendwie ist ein anarchistisches Grundelement der menschlichen Phantasie.

Ich will im folgenden verschiedene Formen der Erfahrung mit der Zeit darstellen: die bedrohliche Zeit der unerfüllbaren Aufgaben und die beschwichtigende Zeit des Vergessens, das Erleiden des historischen Unrechts und das Erleben der Fülle der Zeit. Ich beschränke mich im wesentlichen auf zwei sehr verschiedene Märchenlandschaften: Irland und Lothringen, zwei europäische Rand- und Grenzlandschaften, um die verschiedenen Formen der Zeiterfahrung darzustellen.

»Es war einmal ein König in Erin, der hatte nur einen Sohn und den liebte er so sehr, daß er ihn nicht aus den Augen ließ und der Junge weder bei Tag noch bei Nacht aus dem Schloß heraus durfte.

Schließlich war der Sohn 21 Jahre alt geworden. Da sprach er zu seinem Vater: ›Jetzt ist es Zeit, daß du mich einmal herausläßt.‹ ›Wenn du einen Sport treiben willst‹, sagte der König, ›so will ich dir einen Ball und einen Schläger geben.‹«

So beginnt das irische Märchen »Der Sohn des Königs in Erin und der König der Grünen Insel«[2]. Die Zeit – die vergessene, vertane, angehaltene Zeit spielt von Anfang an eine große Rolle. Es ist eines der Märchen, in denen der Held auf allerlei Umwegen aus einem Knaben, einem Tölpel, einem Kind zum erwachsenen Menschen wird. Noch vergehen drei Jahre, in denen der junge Mann mit Ball und Schläger täglich auf dem Rasen übt. Nach dem ersten Jahr taucht ein kleines graues Männchen auf und will gegen ihn spielen. »Worum sollen wir spielen?« fragte der Königssohn. »Derjenige, der von uns gewinnt, bekommt, was er sich wünscht, und der andere muß es ihm unbedingt geben.« Als der junge Königssohn gewinnt, wünscht er sich viele Pferde auf dem Rasen vor dem Schloß seines Vaters, und er bekommt sie.

Noch ist der Junge im Bann der angehaltenen Zeit, der Kindheitsverlängerung; er weiß noch nicht, daß das Männchen ein Bote der anderen Zeit des Wachsens und Hinausziehens ist, seine Wünsche sind nur die seines Vaters. Er verlängert nur, was der Vater vorlebt. Im nächsten Jahr wünscht er sich wieder »auf dem Rasen meines Vaters« ein schönes Schloß, mit Dienern und allem, was sonst noch zu einem Schloß gehört. Schließlich, als der Junge drei Tage und drei Jahre geübt hat, gewinnt das graue Männchen mit einem Punkt im Ballschlagen. »Was wünschst du dir?« fragte der Königssohn. »Ich wünsche mir, daß du heute in einem Jahr und einem Tag auf der Grünen Insel bist.« »Und wo ist diese Insel?« »Geh nur und schau selbst. Vielleicht wirst du sie finden.«

Als der Königssohn an diesem Abend ins Schloß zurückkehrt, ist er traurig und niedergeschlagen. Der Vater läßt den Jungen gehen: »Wenn das so ist, dann gibt es keine Hilfe, aber ich will dir Geld für den Weg geben.« Der Junge zieht aus, er lebt aber immer noch in der Zeit der kindlichen Abhängigkeit. Der erste Riese, den er trifft, gibt ihm zwei Scheiben Brot auf den Weg mit. Als er zum Schloß des zweiten Riesen kommt, stürzt dieser wütend heraus und will ihn töten, da gibt ihm der Junge ein Stück Brot, und der Riese kostet es und ruft: »Das hat meine Mutter gebacken.« Brot ist hier ein Symbol der guten, gefahrabwehrenden Zeit.

Der Riese, der Herr über die Luft ist, verspricht, alle Vögel zusammenzurufen, um sie zu fragen, wo die Grüne Insel liegt. »Der Riese führte den Königssohn hinaus, als sie vor dem Schloß standen, sagte er: ›Ach, jetzt habe ich das Horn drinnen auf dem Tisch liegenlassen.‹ ›Ich hole es dir‹, sagte der Königssohn. Er lief, um das Horn zu holen, aber er konnte es nicht bewegen, also mußte der Riese es selbst holen kommen. Er blies darauf, und alle Vögel, die es unter dem Himmel gibt, versammelten sich um ihn.« Schließlich kommt auch der Adler von der Grünen Insel über das Brennende Gebirge geflogen – auch er ein Bote der anderen Zeit voller Gefahren und Wachsen. Er zeigt dem Jungen den See, in dem die drei Töchter des Königs baden, und verschwindet. Der junge Mann tritt in eine andere Phase der Zeit ein, er muß nun den Kampf mit dem alten König der Grünen Insel um die jüngste Tochter aufnehmen.

Die Zeit hat jetzt eine andere Qualität, die der Prüfungen, der harten, schmutzigen und sinnlosen Arbeit, der Plackerei. Wie er es auch anfängt, die Zeit arbeitet gegen ihn. Er muß den seit 120 Jahren nicht ausgemisteten Kuhstall säubern. »Aber wann immer er eine Schaufel voll Mist nach draußen warf, kamen drei Schaufeln voll durch jedes der vierzig Fenster wieder herein, und zum Schluß mußte er hinausrennen, sonst wäre er drinnen noch unter dem Mist erstickt.« Der See, den er ausschöpfen soll, wird immer tiefer, und der Baum, den er schlagen soll, wird immer dicker. Es ist »wie verhext«, wie wir sagen, die Zeit ist gegen ihn, ein winziges beseitigtes Übel zieht dreimal vierzig neue herbei.

Welche Erfahrung menschlicher Arbeit liegt hier zugrunde? Sind es die Frondienste der kleinen Leute, der Häusler und Ortsgebundenen, der Pächter und Landarbeiter – die arbeiten können, soviel sie wollen, und es doch nicht einmal dazu bringen, ihre Kinder ernähren zu können? Ist es die Armut der Eltern von Hänsel und Gretel, die zur Kindesaussetzung führt – ein auch heute in vielen Teilen der verarmten Zweidrittelwelt übliches Verfahren?

Ich möchte an dieser Stelle einen Augenblick lang über die Methode, die richtige Art, Märchen zu lesen, nachdenken.

Was mich interessiert, wäre eine Art von Forschung, die über die Motivkunde und den Motivvergleich einerseits und die tiefenpsychologische Fragestellung andererseits hinausgeht – in die Sozialgeschichte der Menschen hinein. Die Fragen, die sich bei einem solchen Verfahren stellen, betreffen nicht nur den Umgang des einzelnen mit sich selber in den Phasen des Wachsens, nicht nur das individuelle Wachsen und Reifen im Angesicht der bedrohenden Mächte, sondern vor allem die Beziehungen der Menschen untereinander, Beziehungen, die sich in Herrschaft und Knechtschaft, in Armut und Reichtum, in sinnloser Mühe und in Freude und Lebensgenuß verwirklichen. Welche sozialgeschichtliche Realität benennen die Märchen – und von welcher Zeit träumen ihre Erzähler und ihre Hörer?

Das großartige Buch von Bruno Bettelheim über Märchen[3] hat seine methodologische Begrenzung in einem strikt psychoanalytischen Ansatz, der alle äußere Realität mit ihren Zwängen aus dem Blick drängt und die Märchen auf den psychologischen Innenraum reduziert. Wenn die armen Holzfällereltern von Hänsel und Gretel nicht wissen, wie sie ihre Kinder satt kriegen sollen, so ist das nicht nur eine Projektion der zu allen Zeiten vom Verlassenwerden bedrohten Kinder, die im Märchen ihre eigene Angst bearbeiten, sondern eben auch Widerspiegelung barbarischer Zustände, die auch heute für zwei Drittel der menschlichen Familie real sind; Eltern sehen sich nicht in der Lage, ihren Kindern das Überleben zu sichern. Die rein tiefenpsychologisch orientierte Märcheninterpretation verhüllt diesen realen Zusammenhang von massivem Elend, Klassenunrecht und Ausbeutung auf der einen Seite, die im Märchen als normal, als gegeben vorausgesetzt werden, die aber niemals für immer anerkannt werden, weil auf der anderen Seite die tiefen Bedürfnisse der Menschen nach Gerechtigkeit und Aufhebung des historischen Unrechts sich im Märchen aussprechen – eine andere Zeit in anderer Fülle vorwegnehmend und gestaltend.

Auf das irische Märchen von dem traurig-hilflosen Königssohn bezogen denke ich, daß ein Motiv wie die sinnlose, stets vereitelte, keine Frucht bringende Arbeit nicht ästhetisiert und vollständig verinnerlicht werden darf. Um das innere Wesen der Zeit in diesem Märchen zu verstehen, brauche ich den sozialhistorischen Kontext der Leiden der armen Leute, die Arbeit so und nicht anders erfahren haben. Aber zu einem wirklichen Verständnis gehört auch die Wahrnehmung unseres eigenen Kontextes in seiner sozialen Realität; die Zeit, in der wir leben, muß in unsere Annäherung einfließen. Der Text ist mit seinem Kontext verbunden, und auch wir leben in einem Kontext, aus dem – idealtypisch gesprochen – das Märchen unseres Lebens, genährt vom Märchen, das wir hören oder lesen, erwächst. Text und Kontext gehören so zusammen, wie unser Kontext und unser – noch nicht geschriebener! – Text. Lesen heißt wieder-erkennen, will sagen: im Fremden, anderen, Ungewöhnlichen das Nahe, Eigene, Alltägliche wieder-erlebt werden. Die Zeit der Märchen und unsere eigene muß in einen Dialog geraten, aus dem wir selber gestärkt, ermutigt und getröstet hervorgehen.

Ich will darum verdeutlichen, wie ich persönlich und mit vielen anderen zusammen heute die Zeit der sinnlosen Arbeit und der übermenschlichen Herausforderung erlebe – wann immer wir uns nämlich der Prüfungen, die eine todesbesessene Kultur uns aufträgt, stellen. Menschen, die heute im Widerstand gegen die globale Zerstörung leben, wissen genau, wovon die Rede ist, wenn einem immer neue Schaufeln von Mist ins Gesicht fliegen. Selbst wenn wir einige Mordinstrumente loswerden, so folgt daraus nur neue und konventionelle Aufrüstung, noch gewalttätigere Militarisierung des Lebens: Frauenmilitarisierung, neueste Waffentechnologie. Der junge Mann im Märchen tut, was er kann, aber dann setzt er sich hin und weint, im Angesicht der Königstochter. Sie hat die stärkere magische Kraft, jede Schaufel, die sie ausmistet, zieht 21 Schaufeln nach, die aus dem Fenster fliegen. Sie löst die unlösbaren Aufgaben und ermutigt den jungen Mann dazu, ihrem Vater Widerstand entgegenzusetzen. Gegen die Zeit der sinnlosen fruchtlosen Arbeit und der Übermacht des alten Königs beschwört sie alle möglichen Zauberkünste.

Als die mit dem jungen Königssohn zusammen flieht, wendet sie einen Zauber an, der die Zeit anhält und so die Flucht ermöglicht. »Sie sorgte dafür, daß nur wenig Licht war. Dann nahm sie drei Laibe Brot, die sie gebacken hatte, und legte eines in das Bett des Königssohns, ein zweites in die Mitte der Kammer und eines an die Tür. Dann brachen der Königssohn von Erin und sie auf. Sie flohen in großer Eile. Der König sprach: ›Nun, Sohn des Königs, fang an mit deiner Geschichte.‹ Der Brotlaib im Bett begann eine Geschichte, und die Geschichte war so lang, daß damit der König einen guten Teil der Nacht unterhalten wurde.« Der Miststall, der sich vertiefende See und der immer dicker werdende Baum sind Symbole der menschenfeindlichen, die Liebe der beiden bedrohenden Mächte, es ist die feindliche, unbezwingbare, unveränderbare Zeit, während die Brote, ein weibliches, ein mütterliches Symbol, die Zeit der Gewalt aufhalten – durch Geschichten.

Bei der Flucht helfen dem jungen Paar alle die Dinge, die der alte König dem jungen Mann zuvor abverlangt hat, die er aber, angestachelt durch die Königstochter, nicht herausgegeben hat: die Brustnadel, der Ring und das Schwert. Aus dem passiven, kaum aus dem behüteten Schloß herauszulockenden Jüngling ist nun ein Mann geworden, der dem alten verfolgenden König mit dem Ruder auf den Kopf schlägt, so daß er stirbt. Das Märchen, das eine Auszugs- und Befreiungsgeschichte erzählt, könnte hier enden, aber es folgt ein anderer Teil, der über den ödipalen Konflikt weit hinausführt.

Das Verhängnis der bösen Zeit heißt nun nicht mehr unlösbare Aufgaben, die mit der Zeit immer unlösbarer werden, sondern Vergessen. Eine andere Gestalt der menschenfeindlichen, bleiernen Zeit taucht auf, die uns vielleicht noch vertrauter ist, die scheinbar harmlose glückliche Zeit, die Menschen vergessen macht, wer sie sind oder waren, woher sie kommen und was ihr Ziel war. »Du darfst niemanden küssen«, sagte die Königstochter, »ich warte hier. Achte auch darauf, daß du dich von niemandem küssen läßt. Sonst wirst du mich auf der Stelle vergessen.«

Als sein alter Hund den Königssohn wiedererkennt und küßt, verfällt er ins Vergessen. Das alte Leben holt ihn ein. Ich habe an dieser Stelle einen zweiten Einwand gegen die Interpretation der Märchen auf der psychoanalytischen Ebene, weil ich mich frage, ob die orthodox-freudianische Fixierung auf den ödipalen Konflikt zwischen jung und alt nicht ein Raster ist, der bestimmte Züge der Märchen außer acht läßt. Das Nachdenken über die Rolle der Zeit im Märchen könnte uns gerade über diese Begrenzung hinweghelfen. Zwar ist die bedrohende, die Liebe vereitelnde Zeit in den Händen mächtiger alter Männer. Ihre Zaubermacht ist aber nicht nur in Schmuck und Ring und Schwert, den Statussymbolen der Herrschenden, gegeben. Noch radikaler bedrohen sie das Leben durch das Vergessenmachen, das sie den Lebenden antun. Das Thema vom Sichvergessen in scheinbarem Wohlleben, Sichverirren im begrenzten Alltagsauftrag und dem Sich-selber-so-Begrenzen, daß die Verflachung des Lebens und die Zerstörung der Liebe gar nicht mehr wahrgenommen werden, ist ja ein Motiv vieler Märchen. Warum sollen wir uns mit Suchen große Mühe geben?! sagen die älteren Brüder des Dummlings, die aufgefordert werden, den schönsten Teppich oder Ring zu bringen. Ja, warum sollen Menschen die historische Herausforderung, den Stall des Militarismus auszumisten, auf sich nehmen, warum sollen sie den See des Unrechts austrocknen, wenn es doch viel näher liegt, sich ein kleines Glück zu besorgen, das eben auf dem Vergessen beruht?!

Die Zeit, die lebendig Liebende bedroht, arbeitet nicht nur mit Gewalt, Macht und Geld, sie arbeitet auch mit Selbstvergessenheit, mit Betrug, mit der manipulierten Ignorierung der eigentlichen Aufgaben. Der Kuß des alten Hundes, der den Königssohn nun, ganz am Ende seines Weges voller Gefahren, um alles bringt, ist ein tiefsinniges, geradezu sarkastisches Symbol: Was könnte unschuldiger, heimatseliger sein als der Willkommensgruß des alten Hundes? Aber gerade so – im Namen von Familie, Tradition, Kindheitsnostalgie setzt sich die Zeit, die uns vergessen machen will, durch. Das alte Leben fängt den Jungen ein.

Es ist nun die Frau, die geprüft wird, und ihre schwerste Aufgabe besteht darin, das lebenzerstörende Vergessen zu überwinden. Sie verdingt sich bei einem Schmied, sie geht zum Schloß und backt einen Hochzeitskuchen, mit dessen Hilfe sie Zutritt zur Hochzeit erhält, und dann benutzt sie ein symbolisches Geschichtenerzählen, um den Königssohn zu erinnern: »Sie warf zwei Körner Hafer hin, und daraus wurden ein Hahn und eine Henne. Sie warf ein Korn Hafer zwischen die zwei. Die Henne nahm das Korn, und der Hahn pickte sie. ›An dem Tag, an dem du den Kuhstall ausgemistet hast, wärest du nicht so mit mir umgegangen‹, sagte die Henne.«

Diese Szene ist ein Symbol für die Beziehung zwischen Mann und Frau, wie sie in manchen irischen Märchen gesehen wird. Die Frau ist die Handelnde, Aktive, der Mann verhält sich passiv – aggressiv, er nimmt das Korn nicht, pickt aber. »So wärest du mit mir nicht umgegangen an dem Tag, da du den großen Baum fällen mußtest, um das Schwert meines Vaters zu holen, und auch nicht, als ich die drei Brote buk und wir zwei flohen.« Damit ist auch die andere Gestalt der bösen Zeit, das Vergessen im Besitz und Selbstzufriedenheit, gebannt, der Königssohn erinnert sich.

Die bleierne Zeit bedroht die Menschen auf zwei Weisen: mit unlösbaren Aufgaben und mit heillosem Vergessen. Mann und Frau haben in diesem irischen Märchen verschiedene Formen, sich ihr zu stellen; noch hat die patriarchale Rollenfixierung, die eingreifend-befreiendes Handeln nur dem Mann erlaubt, den Sinn des menschlichen Miteinanders nicht zerstört. Heute gelesen, hat das Märchen von dem »Sohn des Königs in Erin und dem König der Grünen Insel« zwar einen androzentrischen Titel, aber eine feministische, befreiende, aus fremdverhängter und selbstverschuldeter Unmündigkeit herausgehende Tendenz. Diese drückt sich wieder – wie beim Brot, das gegen die große Rüstung und Macht aufgeboten wird – humoristisch aus. Als der Königssohn sich in die alte Familie hinein vergessen hat, geht die Königstochter, von deren Trauer oder Verzweiflung hier nichts erzählt wird, zum Haus eines Schmiedes. Nachts klettern sie auf einen Baum. »In dieser Nacht schien der Mond, und das Mädchen des Schmieds kam, um Wasser zu holen. Da sah sie das Spiegelbild der jungen Frau im Wasser und meinte, es sei ihr eigenes Gesicht. ›Ach, ist es nicht eine Schande, daß ein so schönes Mädchen wie ich hier in der Hütte eines Schmieds Dienst tun muß!‹ Sie warf den Eimer fort, rannte fort und ward nicht mehr gesehen. Die Frau des Schmieds wartete. Dann fürchtete sie, das Mädchen sei in den Brunnen gefallen. Da ging sie nach ihr schauen. Sie sah das Spiegelbild im Wasser, hielt es für ihr eigenes Gesicht und sagte: ›Ist es nicht eine Schande, die Frau und Sklavin eines Schmieds zu sein, wenn man so gut aussieht!‹ Also rannte sie fort, und ihr Mann bekam sie nie mehr zu Gesicht.«

Beide Frauen waren von dem Schmied abhängig und kannten sich selber nicht. Sie hatten sich selber vergessen, ehe die Königstochter im Spiegelbild erschien. Sie hatten keine Initiative und harrten – vermutlich jammernd – aus. Erst die selbstbewußte und zauberkundige Frau zeigte ihnen den Weg, um aus der Zwangsgewalt des Schmiedes freizukommen. Auch im Sinne dieses heiteren Details ist der Titel des Märchens von männlicher Blindheit diktiert. Die Geschichte gehört durchaus in die Gruppe *der* Frauenmärchen, die von starken, wissenden, ihren Mann erlösenden Frauen handeln.[4]

Wenn es stimmt, daß die soziale Geschichte der Menschen, mit ihrem Hunger, ihrer Arbeit und ihren Wünschen, eine zentrale Dimension der Märchen ist, und zwar auch derer, die sich – wie viele keltische – der Sprache des Mythos annähern, dann wird die Ahistorizität vieler, wohl der meisten Märchen zu einem Phänomen, das unsere Verwunderung hervorrufen kann. Was bedeutet denn das »Es war einmal« wirklich? Ist es die immer gleiche Entfernung von der gegenwärtigen, geschichtlich geprägten Zeit? Bedeutet es die Ewigkeit von Unrecht und Unterdrückung, die so sehr vorausgesetzt wird, daß es sich gar nicht mehr lohnt, auf die historische Zeit überhaupt abzuheben? Ist die Märchenzeit schlechthin »andere Zeit«, oder verdinglichen wir sie damit nur noch einmal, machen sie zur Kinderspeise, von Ammen überliefert und ohne wirkliche todanhaltende und lebenge-

staltende Kraft? In welcher Beziehung stehen die Märchenzeit des »Es war einmal« und die sozial-historische Zeit, an
deren Kämpfen und Leiden wir beteiligt sind?

Ich kann diese Fragen hier nur stellen; sie zu beantworten
ist eine Lebensaufgabe für alle, die eine existentielle Beziehung zum Märchen haben. Ich möchte aber kurz auf einen
Roman hinweisen, in dem sie exemplarisch dargestellt werden, das ist Jurek Beckers »Jakob der Lügner«, die
Geschichte aus einem Konzentrationslager, in der ein alter
Jude Nachrichten aus einem nicht vorhandenen Radio erfindet, um den Insassen zu helfen, um sie zu trösten. Dieser
große Roman thematisiert auf seine Weise die Fragestellung
nach der Rolle der Zeit innerhalb der poetischen Fiktion und
außerhalb ihrer.

Beim Nachdenken über die Bedeutung historischer Zeit im
Märchen stieß ich auf eine Märchensammlung, die der weithin angenommenen »schönen Zeitlosigkeit« entgegensteht:
»Was sich nie und nirgend hat begeben, so hören wir sagen,
das allein veraltet nie.« Nicht so in den Lothringer Märchen,
die Angelika Merkelbach-Pinck zwischen 1930 und 1939
gesammelt hat. Diese Märchen, Legenden und Schwänke
enthalten viele realistische, der jüngeren Vergangenheit ent-
sprechende Elemente. Ich will nur zwei mehrfach auftau-
chende Gestalten nennen: Die eine ist der alte, abgedankte
Soldat, der ohne Geld oder Arbeitsplatz fortgeschickt wurde.
Er ist nicht nur Held einiger Märchen, wie etwa das vom alten
Ramée, sondern, wie die Sammlerin im Rückblick selber
berichtet, auch Erzähler. »Besonders ausgiebige Märchener-
zähler waren die ›Napoleonsdiener‹, das heißt gediente Soldaten, die unversorgt den Sommer auf der Landstraße durch-
brachten und wintersüber einen Unterschlupf bei einem gut-
mütigen Bauern suchten. Ein warmes Lager im Heu, ein
kräftiger Teller Suppe am offenen Herd, ein Plätzchen im
Dämmer der Meistube stellte sie zufrieden. Kleine Hand-
reichungen für den Meister und die Meisterin im Haus, Stall
und Scheune und lange Erzählungen in der Spinnstube waren
der Dank für das Winterquartier. Sie hatten weite Wege und
große Gefahren hinter sich gebracht, viel gesehen und erlebt,

sie konnten erzählen, was sie nächtelang an den Wachtfeuern gehört hatten. Immer spielte dabei das Soldatenleben eine große Rolle.«[5]

Das Motiv vom altgedienten Soldaten ist häufig und dient keineswegs einer obrigkeitsfrommen Tradition. Die Wut des alten Soldaten über das ihm widerfahrene Unrecht treibt ihn vorwärts. Der Held aus dem Grimmschen Märchen Nr. 100 »Des Teufels rußiger Bruder« hat »nichts zu leben« und »weiß sich nicht mehr zu helfen«. In dieser Situation hilft ihm der Teufel, und zwar ein durchaus freundlicher Teufel. Er macht ihm ein faires Angebot: Sieben Jahre soll er ihm das Haus reinhalten und die höllischen Feuer schüren. Danach bekommt er seinen Lohn und ist frei. Der Soldat nimmt das Angebot an, fegt, räumt auf und schürt das Feuer unter den Kesseln, in denen die »Höllenbraten« schmoren. Er soll aber nicht wissen, wer diese Sünder sind, die so grausam bestraft werden. Bei Gefahr seines Lebens darf er nicht in die Kessel hineinsehen. Eines Tages tut er es dennoch und findet im ersten Kessel seinen Unteroffizier. »Aha, Vogel, treff ich dich hier?« sagt der Soldat und stellt fest: »Du hast mich gehabt, jetzt hab' ich dich«, schließt den Deckel und feuert kräftig nach.

Im zweiten Kessel sitzt sein Fähnrich, im dritten gar sein General. Der Soldat verfährt wie bei Nummer eins, beim General allerdings benutzt er zusätzlich den Blasebalg und läßt »das Höllenfeuer recht unter ihm flackern«. Nur ein Märchen konnte es sich leisten, derart rüde mit militärischen Autoritäten umzugehen. Als verachtete Ammengeschichten wurden Märchen von kaum einer Obrigkeit für voll genommen und praktisch niemals zensiert. Darum kann sich hier die Aggression gegen Vorgesetzte frei entfalten.[6] Der Soldat wird nicht etwa bestraft, sondern vom Teufel gelobt, weil er so schön nachgefeuert hat, und er avanciert zum rußigen Bruder.

Eine andere charakteristische und subversive Gestalt im Lothringer Märchen ist der tüchtige und gerissene Dorfschmied. Das florierende Unternehmen, das er aufbaut, läßt schon den Beginn der Industrialisierung ahnen; kraft seines

handwerklichen Könnens und seines Einfallsreichtums über-
listet er nicht nur den Teufel, sondern selbst Petrus im
Himmel!

Die Geschichte, die mir für die Behandlung der Zeit wich-
tig geworden ist, heißt »Das Wunderschiff des glücklichen
Hans«. Sie spinnt das aus den Brüdern Grimm bekannte
Motiv vom Schiff, das zu Wasser und Lande fahren kann,
weiter aus.[7] In diesem Märchen von einem einfältigen dritten
Sohn, der einer alten Frau gegenüber barmherzig ist, spielt die
Arbeit eine zentrale Rolle. Da tauchen die Axt und das Hand-
werksgeschirr, die Maschine des Schiffs, seine Fahnen und
Segel, vor allem aber das technische Wunderwerk eines Krans
auf. Die Geschwindigkeit und Behendigkeit eines Schiffes
wird gerühmt, und die wichtigsten Eigenschaften des Helden
sind Beharrlichkeit, Arbeitsamkeit und Erfindungsgeist. Erst
durch sie wird er mit Zauberkräften verbunden, und das
Märchen stellt eine brisante Mischung aus Phantasie und
Realismus her.

Aus den unmöglichen Aufgaben einer Urzeit sind hier eher
Prüfungen geworden, von denen nicht ohne Schmunzeln
berichtet wird; zum Beispiel muß der Held zu Fuß nach
Amerika reisen! »An einem gewissen Brunnen solle er dort
eine Flasche Wasser holen und die Bescheinigung von der
Behörde bringen, daß er dort war. Der Brunnen war tausend
Meilen entfernt.« Diese Beschreibung der Prüfung enthält
eine merkwürdige, fast bürokratische Genauigkeit, und wie
der Raum hier vermessen wird, so auch die Zeit, deren
Widrigkeit nicht mehr durch Schaufeln von Mist symbolisch
dargestellt wird, sondern durch die Intrigen und Betrügereien
der Hofleute, die den als gut, aber schwach dargestellten
König beherrschen. Die soziale Konstellation ist klar gesehen, schon zu Beginn wird leicht ironisch von den »vielen
Prinzen, Grafen, Fürstensöhnen und anderen Edelleuten«
gesprochen, die sich ohne Erfolg an die schwierige Aufgabe,
ein zu Land und zu Wasser fahrendes Schiff zu bauen,
machen. Ihnen gegenüber steht eine arme Witwe aus einem
abgelegenen Schwarzwalddörfchen mit ihren drei Söhnen;
die Gestalt der sorgenden und betenden Mutter ist verdoppelt

in dem alten bettelnden Mütterchen, das als guter Geist in den Helden fährt. Nach einer der Prüfungen »jauchzte die Königstochter, und der König war wieder der Meinung, seine Tochter nun dem Hans geben zu können. Aber immer wieder das Teufelspack von Edelleuten und Hofleuten! Sie waren nicht zufrieden und wußten nicht, welche Einsprüche sie erheben sollten, damit die Hochzeit nicht sein könnte. Da sagte der König feierlich: ›Noch eine Prüfung gebe ich zu, aber dann kann es sein, wie es will, es wird geheiratet oder nicht.‹ Nun sollte die letzte Prüfung stattfinden. ›Und das wäre?‹ sagte Hans beleidigt. ›Sie sollen‹, antwortete der König, ›alles Gold des Landes, ob es Geld, Ohrringe, Halsketten oder anderes Geschmeide ist, und alles Silber dreimal ums königliche Schloß herumtragen. Wenn Sie das packen, so soll mich kein Mensch mehr abwendig machen, Ihnen meine Tochter zur Frau zu geben.‹«

Nach Beratung mit dem Mütterchen schlägt Hans eine technische Neuerung vor – den Bau eines Krans. »Euer Majestät werden verstehen, daß solch eine Last mir nicht aufgeladen werden kann, ohne mich bald hin, bald her zu stoßen. Um mich vor solchen Unpäßlichkeiten zu schützen, möchte ich Ew. Majestät raten, einen Kran herzurichten, wie bis jetzt keiner besteht. Die Überraschung, wie ein solcher gemacht wird, will ich gern übernehmen, denn ich bin der Meinung, daß in Ihrem Land doch kein Mensch ist, der eine solche Vorrichtung überschauen und bauen lassen kann, ebensowenig wie einer da war, der ein Wunderschiff wie das meine gebaut oder zu bauen überwacht hätte.« Die Darstellung wird nun vollends humoristisch. Der Geist des erfindenden Ingenieurs siegt über die geist- und ahnungslosen Höflinge. Hans, der lothringisch schwätzende fromme Junge aus dem Schwarzwald, sieht seine Aufgabe als erfüllt an, hat aber zugleich das Interesse am Lohn für all die Prüfungen verloren! Er veräppelt das großmächtig-großmäulige System der Herren. »Als er jetzt wieder anfing, den Umkreis zu machen, sagte er – aber leiser –: ›Königliche Majestät, nun fangen wir zum dritten Male an‹ und machte so dumme Tritte, als wenn er gerade umstürzen wolle. Je länger, je mehr machte er diese dummen Streiche. Als er noch einhundertundfünfzig Schritte vom Tor weg war, stellte er sich an, als wolle er umstürzen. Da fingen die Edelleute schon an zu kichern und pfiffen ihn aus. Doch auf einmal machte er einen deutschen Parademarsch und sang: ›Ich hatt' einen Kameraden.‹ Da liefen sie aber alle fort aus Furcht, daß sie für ihr Gespött bestraft würden.«

Daraufhin wirft der dem Hans dienstbare Riese die Last aus Gold und Schmuck und Wertsachen in sein Schiff. Hans schreit: »›So, König vom Nichts-Haben, wir haben genug und brauchen die Königstochter nicht.‹ Das Schiff gab Volldampf und fuhr reichbeladen aus dem armen Lande. Der König blieb mit seiner schönen Tochter arm zurück, und bald legten sich die Backen der so schönen Tochter des reichen Königs in tiefe Furchen.«

Die Zeit der Mächtigen, die das Volk ausplündern, indem sie es zwingen, alle Schmucksachen abzuliefern, wird hier auf den Kopf gestellt. Das nationale Liedsymbol wird höchst subversiv verwandt, so daß die Vertreter des *ancien regime* mit ihren Privilegien und Rechtsbrüchen sich verziehen müssen. Die Zeit der Ingenieure und Erfinder wird hier in altes Märchengut – vom barmherzigen dritten Sohn, der einer alten Frau keine Bitte abschlagen konnte – integriert. Es findet eine Art von Entmythologisierung oder Dekonstruktion statt. Und der älteste Trug der Märchen – daß nur die Prinzessin gut und schön genug ist, dem männlichen Helden zu gehören – wird hier lächelnd entlarvt. Was hoch war, wird niedrig, was alt war, jung. »Das Gesicht des alten Mütterchens aber wurde ganz jung, so daß sie einem schönen, jungen Mädchen von neunzehn Jahren glich, was sie in Wirklichkeit auch erst war.« Nun kann auch die alte Rollenverteilung, in der der Mann der Frau den Heiratsantrag macht, umgedreht werden. »Als sie die Mutter und die Brüder reich beschenkt hatten, sagte eines Tages das Röschen – denn so hieß das runzelige Mütterchen –: ›Nun, Hans, wollen wir zusammenbleiben.‹ Und sie bauten sich ein schönes Schloß, heirateten sich und lebten viele Jahre wohl und zufrieden zusammen.«

Die bedrohliche Zeit der Prüfung ist überstanden. Aber auch die Zeit der Selbstvergessenheit, in der Handwerksburschen von Prinzessinnen träumen müssen, ist überwunden. Mit dem Realismus der Darstellung, der zum Beispiel die Schwäche des Königs und die Arroganz seiner Höflinge zeigt, ist für den Erzähler auch die Fähigkeit zu humoristischer Darstellung gewachsen. Und Humor ist ja in der Tat einer der großen Aufbrüche aus der uns zwingenden Zeit, rückt er sie doch unter eine andere Perspektive, die der Ewigkeit. Der Humor dieses Märchens erreicht eine Freiheit von der bleiernen Zeit, eine Distanz vom Gegebenen, eine Leichtigkeit des Spiels.

So zeigt sich hier wie in vielen Märchen am Ende ein Stück von der »Fülle der Zeit«, die uns versprochen ist: Junge und Alte vertauscht, Zeit und Raum in ihrer Macht verringert, Mensch und Tier in ein System gegenseitiger Hilfe bezogen und die alte Ungerechtigkeit nicht durch Vergessen beschwichtigt, sondern real mit ihrer Macht am Ende.

Anmerkungen

[1]) Harvard Commencement Speech, 1983, by Carlos Fuentes, from the Congressional Record, July 15, 1983, Vol. 129, No. 99 by Christopher Dodd.
[2]) H. Hetmann, Irischer Zaubergarten. Märchen, Sagen und Geschichten von der Grünen Insel, Düsseldorf 1979.
[3]) B. Bettelheim, Kinder brauchen Märchen, München 1987.
[4]) S. Früh, Die Frau, die auszog, ihren Mann zu erlösen. Europäische Frauenmärchen, Frankfurt 1985.
[5]) A. Merkelbach-Pinck, Lothringer Märchen, Köln 1984.
[6]) Vgl. C.-H. Mallet, Zur tiefenpsychologischen Bedeutung von Märchen, in: Westermanns Monatshefte 1983.
[7]) Vgl. KHM 64 »Die goldene Gans« und KHM 71 »Sechse kommen durch die ganze Welt«.

Quellennachweis

Der Vogel Wunschlos fliegt nicht weit
aus: Utopie kreativ, Juli 1991.

Eine Erinnerung um der Zukunft willen
aus: Mystik und Politik. Johann Baptist Metz zu ehren, herausgegeben von Edward Schillebeeckx, Mainz 1988 (Matthias Grünewald
Verlag).

Die Sowohl-als-auch-Falle
aus: Die Weltbühne 87 (1992) 30.

»Warum wollt ihr denn sterben?«
aus: Ist der Katholizismus noch zu retten?, Herausgegeben von
Siegfried R. Dunde, Gütersloh 1993.

Mittelfristige Hoffnungszeichen
aus: Prioritäten, Zürich 1991 (Pendo Verlag).

Zu Hause war noch niemand
aus: Daniel Cohn-Bendit u. a., Einwanderbares Deutschland oder
Vertreibung aus dem Wohlstandsparadies, Frankfurt 1991.

Das Ozonloch in der Kunst
aus: Das neue Interesse an der Kultur, hrsg. von Hajo Cornel und
Volkhard Knigge, Hagen 1990 (Kulturpolitische Gesellschaft).

Von Siegfried zu Rambo
aus: Viele Orte. Überall? Feminismus in Bewegung. Festschrift für
Frigga Haug, herausgegeben von Kornelia Hanser, Berlin/Hamburg
(Argument Verlag).

Zur Freiheit befreit – zum Schweigen verdammt
aus: Weibliche Identität im Wandel. Studium Generale Wintersemester 1989/90 der Ruprecht-Karls-Universität Heidelberg.

Aus der Zeit der Verzweiflung
aus: Junge Kirche 11/1987.

Die mit Tränen säen, werden mit Freuden ernten
aus: Biotope der Hoffnung. Ludwig Kaufmann zu ehren, herausgegeben von Nikolaus Klein u. a., Olten 1988 (Walter Verlag).

Die Zukunft der Armen
aus: Gottes Zukunft – Zukunft der Welt. Festschrift für Jürgen Moltmann zum 60. Geburtstag, München (Chr. Kaiser Verlag).

Eine spezielle Vorliebe für die Armen
aus: Ein Richter, ein Bürger, ein Christ. Festschrift für Helmut Simon, herausgegeben von Willy Brandt u.a., Baden-Baden (Nomos Verlagsgesellschaft).

Die verschüttete Sehnsucht ausgraben
aus: Junge Kirche 11/1990.

Das Eis der Seele spalten
aus: Jahrbuch der Religionspädagogik, Band 4/1987, Neukirchen-Vluyn (Neukirchener Verlag).

Alle übrigen Texte sind Originalbeiträge, die erstmals in diesem Buch veröffentlicht werden.